冒険する組織のつくりかた

「軍事的世界観」を抜け出す5つの思考法

MIMIGURI代表
安斎勇樹

テオリア
THEORIA

はじめに

「〝会社にいる自分〟に違和感がある――」

いま、そんな人が増えています。

会社に対する〝ちぐはぐ感〟を放置したまま働き続けた結果、いわゆる「**バーンアウト（燃え尽き症候群）**」の状態に陥った人の話もよく耳にするようになりました。

組織が求める「役」をうまく演じようとすればするほど、「**組織人」になりきれない自分**が耐えられなくなるのかもしれません。

あるいは、世の中の環境が変化し、自分のキャリアを見つめ直したり、別の生き方を模索したりする機会・時間が生まれたことも一因でしょう。

とくに、**成長意欲の高い主体的な人ほど、そういう〝ズレ〟に敏感**です。

少しでもモヤモヤが続けば、いまの職場にサッと見切りをつけ、活躍の場を求めて別の会社に転職したり、独立の道を選んだりします。

組織の水面下で膨らむ「巨大なモヤモヤ」

こうした動きは、氷山の一角にすぎません。

「会社にいる自分」への違和感は、あらゆる人に広がっています。

仕事そのものが面白いか、満足な成果を上げられているか、組織内で高く評価されているかは、あまり関係ありません。

むしろ、仕事のパフォーマンスが高くて、順調に昇進しているような人ほど、**「なぜこの組織でがんばり続けないといけないのか？」がよくわからなくなる**——。

そんな厄介な現象が起こっているのです。

いま、「氷山」の下には、**人と組織をめぐる〝巨大なモヤモヤ〟**が渦巻いています。

この違和感は、ものすごい勢いで、しかし、とても静かに広がっています。

そのため、みんなおかしいと感じているのに、だれもそれを表立っては口にしません。

えっ、みんな平気なの？
しんどいのは私だけ……？

と思いながらも、心にフタをして働いている
若手社員や現場メンバー…

「目標の管理」が私の役割なんだし、
部下に嫌われても仕方ない……

と別人格を生み出して、なんとか自分のメンタル
を守ろうとする**ミドルマネジャー**…

好業績なのに、なぜかみんなの目が死んでいるな。
ひょっとして私のせい……？

と内心ドキドキしながら、
気づかないフリをする**経営者**…

離職者が増えて、採用もうまくいかない。
ひとまず研修かな……

とお茶を濁すばかりの**人事担当者**…

会社に対する「ちぐはぐ感」は、人々から意欲を奪い、職場全体になんとも言えない停滞感を生み出します。

この状況が続けば、事業の成長は鈍化《どんか》し、組織は内側からダメになっていくでしょう。

いったいなにが起きているのか――？
どうすれば、このモヤモヤを解消できるのか――？

「組織人なんかになりたくない！」

私・安斎勇樹は、企業の「**組織づくり**」を得意領域とする経営コンサルティングファーム「ＭＩ《ミ》ＭＩ《ミ》ＧＵ《グ》ＲＩ《リ》」の経営者をしています。

ＭＩＭＩＧＵＲＩは、文部科学省の認定を受けた研究機関でもあり、アカデミックな知見を下敷きにしながら、これまで３５０社以上の会社を支援してきました。

資生堂、シチズン、京セラ、三菱電機、キッコーマン、竹中工務店、東急などの大企業から、マネーフォワード、SmartHR、ANYCOLORなどのベンチャー企業に至るまで、さまざまな会社の「組織づくり」に伴走してきた実績があります。

しかし、いきなりちゃぶ台をひっくり返すようですが、**私自身はもともと「組織」というものに対して、あまりいいイメージを持っていませんでした。**

とくに若いころは、学校や会社といった世の中の組織のなかにある種の「ウソっぽさ」を感じ、嫌悪感すら抱いていたと思います。

「組織なんかに縛られず、一人で自由に働きたい！」

そんな思いを持っていた私は、一般企業には就職せず大学に残りました。

そして、東京大学大学院で博士号を取得し、そのまま東大でフルタイムの研究者として働きはじめたのです。

研究テーマだった「ワークショップデザイン」や「人と組織の創造性を高める方法論」の面白さにのめり込んだ私は、当初そのままアカデミズムの世界に留まるつもりでした。

しかし、大学院生のころから興味の赴《おもむ》くままに、さまざまな企業のワークショップを支援するうち、MIMIGURIの前身となる会社を起業することになったのです。気づけば組織や事業はどんどん大きくなり、自分のなかに**「研究者」と「経営者」という2つの顔**が出来上がっていました。

そんな私にとって、冒頭で描いた「**組織への違和感**」は、長年にわたる関心事でした。

MIMIGURIの経営者としても、「メンバーの創造性を潰さない会社をつくること」には、ずっと心を砕いてきたつもりです。

「自分がずっと嫌悪してきたような組織だけは、絶対につくりたくない！」という思いがあったからです。

ビジネスは「戦争」であり、会社は「軍隊」だった
——根底にある「軍事的な世界観」

組織に苦手意識があるのは自分だけ——てっきり私はそう思っていました。

しかし、どうやらそんなこともなさそうです。

いまや、クライアント企業からの相談に向き合っていても、ほぼ100%と言ってもいいくらい「人と組織をめぐる〝巨大なモヤモヤ〟」の問題に行き着きます。

働く個人と会社とのあいだで、なにか決定的なすれ違いが起こっているのです。

結論から言うなら、ここにあるのは「**世界観のズレ**」です。

世界観などと言うとちょっと大げさに感じられるかもしれませんが、ここではひとまず「ものの見方」「考え方」「価値観」といった意味でとらえてもらえれば大丈夫です。

「働く個人が持っている世界観」と「組織に蔓延《まんえん》している世界観」とのあいだのミスマッチが広がった結果、「〝組織に所属する自分〟がどうにもしっくりこない……」という人が増えているわけです。

そう言われても、あまりピンとこない人もいるでしょう。

「働く個人の世界観」はまだしも、とくに「組織の世界観」のほうは、なかなかイメージしづらいですよね。

そこで手がかりとなるのは「言葉」です。**人・組織がどんな世界観を持っているかは、ふだんなにげなく使っている言い回しや口ぐせに表れる**からです。

これはわりとよく指摘されることですが、実際のところ、ビジネス用語のなかには**軍事関連の由来を持つ言葉**がたくさんあります。

最も使用頻度が高いのは、「戦略」でしょう。

そのほか、古典的なところだと**戦術**や**兵站**《へいたん》（戦地に物資・兵員を送るロジスティクス活動）がありますし、わりと近年に注目された**アジャイル**、**OODA**《ウーダ》**ループ**、**VUCA**《ヴーカ》などの用語も、もともとのルーツは米軍にあると言われています。

また、**孫子の兵法**や**ランチェスターの法則**のように、現実の戦争のために開発された軍略ツールが、ビジネスの世界に転用されているケースもあります。

それ以外にも、「軍事的な発想」**が見え隠れする言い回し**は、かなりたくさんあります。平和主義者を自認するやさしい人でも、ビジネスの場面ではわりと無邪気に〝軍事的色彩〟の強いフレーズを多用していたりしますよね。

冷静に振り返ってみると、ちょっと異様なことに思えてきませんか？

商品力を**武器**にして、
市場での**競争優位性**を
高めていこう！

既存顧客をガッチリ
囲い込んで、参入してくる
競合他社を**駆逐しよう**！

即戦力となる営業部隊の人員を補給し、
ターゲット顧客を**刈り取ろう**！

調達したヒト・モノ・カネを
投下して、一気にマーケットを
制圧しよう！

圧倒的スピード感と
泥臭い**ゲリラ戦**で、
大手の**牙城**を
打ち崩そう！

レッドオーシャンの市場を
抜け出して、
ブルーオーシャンで戦おう！

業界内の**アライアンス**を強化して、
外資に対する**防護壁**を強化しよう！

彼に**参謀**として
加わってもらい、**陣頭指揮**
をとってもらおう！

トップの決定事項を
マネジャーに**通達**し、
現場の**士気**を高めよう！

もちろん、これらは単なるメタファー（比喩）です。

こんな言い回しをしているからといって、その人が軍国主義的な思想を持っているわけではないと思います。

また、誤解しないでいただきたいのですが、私は「こういう言葉遣いをやめるべきだ！」などと呼びかけるつもりは1ミリもありません。

しかしながら今日に至るまで、組織で働くたくさんの人たちが、**まるで〝軍隊〟にいるかのような景色のなかで、あたかも〝戦争〟をするかのように仕事をしてきた**というのは、一面の真理ではないでしょうか？

私はこのような暗黙の見方を「**軍事的世界観**」と呼んでいます。

これまでのビジネス・会社経営は、あまりにも「軍事的なものの見方」に傾倒しすぎていたのではないか？——これが、本書の根底にある問題意識です。

会社は〝人生の一部〟にすぎない

──「会社中心のキャリア観」から「人生中心のキャリア観」へ

軍事的世界観は、現代の会社組織の「無意識」の領域にまでベッタリと染み込んでいます。

会社で働く個人たちもまた、この世界観を〝当たり前のもの〟として受け止めてきました。そのため、ふつうに仕事をしているときには、私たちはそれに気づくことすらありません。

かつて、会社で働く人たちは「企業戦士」などと呼ばれ、彼らも自分たちを「上からの命令を忠実に実行する兵隊」だと信じて疑いませんでした。

会社から異動を言い渡されれば、そのとおりの部署で割り当てられた業務をやる──。

転勤の辞令が下れば、会社から命じられた地域に移り住む──。

組織のミッションのために自分を押し殺す「会社中心のキャリア観」が一般的だった時代には、ほとんどの人がこういう状況を受け入れてきたのです。

しかしいま、〝天動説と地動説〞に匹敵するほどの大転換が、キャリアの中心軸にも起こりつつあります。

とくに若い世代にとっては、会社はもはや「人生の1つの構成要素」にすぎません。

彼ら彼女らの主要命題はあくまでも「幸せな人生を送るためにどんなキャリアを歩むべきか?」であって、「会社のためになにをすべきか?」ではないのです。

こちらは「**人生中心のキャリア観**」とでも呼ぶべきでしょう。

このキャリア観は、コロナ禍などをきっかけとして、若手以外の世代にも広がってきています。

そして、軍事的世界観と相性のよかった「会社中心のキャリア観」が捨て去られた結果、「急に目が覚めたような感覚」に襲われて戸惑いを覚える人が、あちこちに増えることになりました。

キャリア観のシフト——会社中心から人生中心へ

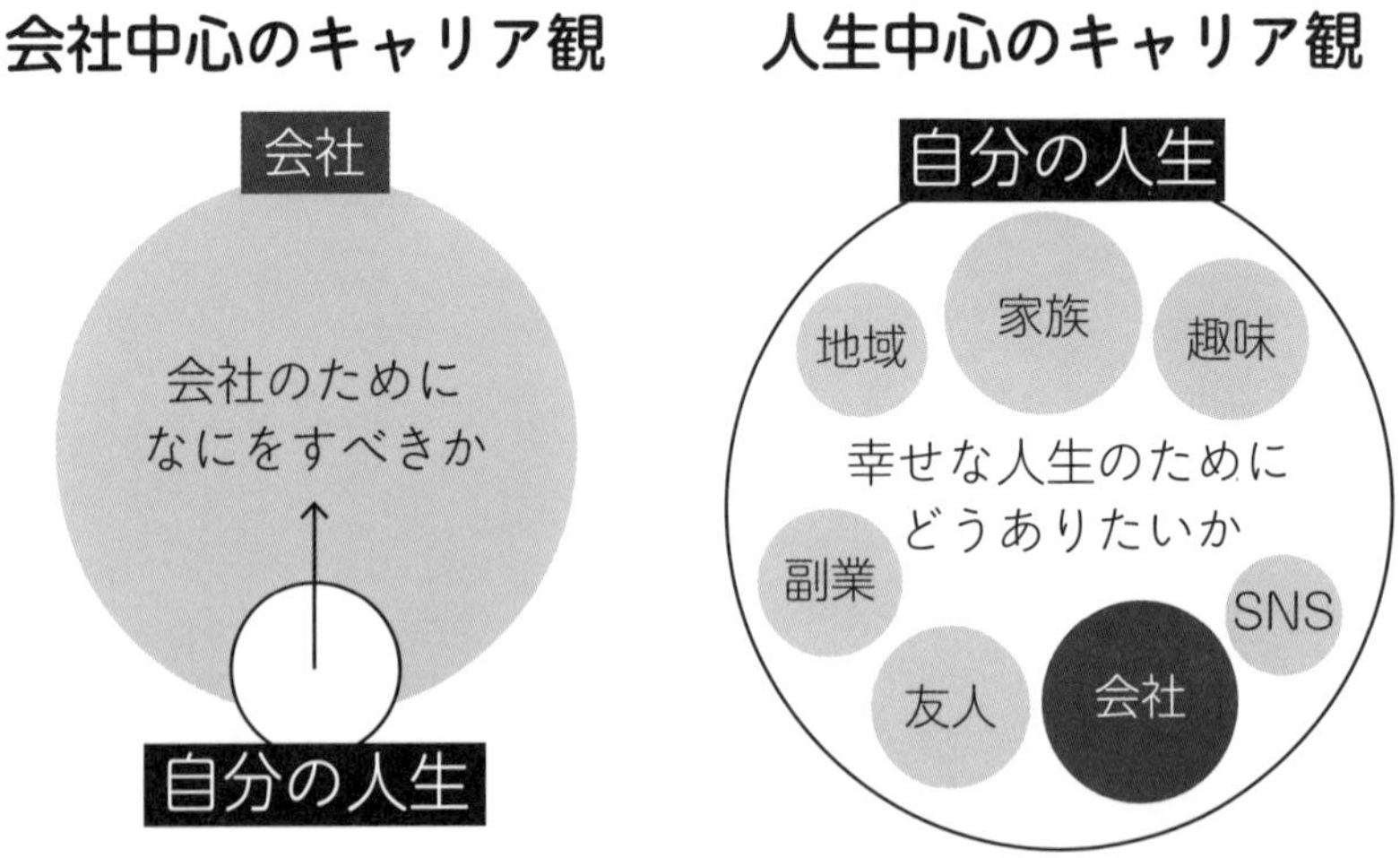

会社のミッションに隷属し、
与えられた役割に自分を押し込める

さらなる自己実現を探究するための
1つの構成要素として会社がある

「なぜ〝人生の一要素〟にすぎない会社に、振り回されないといけないのだろう?」
「組織に忠誠を誓って〝戦争ごっこ〟をすることに、どんな意味があるのだろう?」

こうした問いに対する「わからなさ」こそが、「会社に所属している自分」に対する違和感の正体なのです。

「冒険的な世界観」へのアップデートが求められている

このキャリア観のシフトは、不可逆なものです。

いまから会社の側がどれだけがんばったところで、人々を「会社中心のキャリア観」に引き戻すことはまず無理でしょう。

ですから、**いつまでも軍事的な世界観を引きずっている組織からは、今後、人がどんどん逃げ出していきます。**

すでにたくさんの〝脱走兵〟が出てしまった会社もあるかもしれません。

ここで組織にできることは、たった1つ——**「世界観のパラダイムシフト」**です。組織に染みついた「軍事的なものの見方」を変化させることでしか、人と組織の矛盾は解きほぐせません。

逆に、**これがうまくいけば、組織がぶつかる問題の大半は、かなりラクに解消できます。**これは私自身、日々のコンサルティングの場面でも、大いに痛感しているところです。

いま、軍事的世界観から次のパラダイムに移行しようと努力している企業には、その動きに共感した魅力的な人たちが次々と集まっています。

また、組織が持っている「ものの見方」を根底から変えられれば、どんなに規模が大きくて歴史の古い企業であっても、新しく生まれ変わることができるのです。

他方で、**時流に乗った小手先のアプローチばかりに飛びついている組織からは、いつまで経っても「水面下の巨大なモヤモヤ」が消えません。**

表面的な施策にどれだけ力を注いだところで、軍事的組織に対する人々の違和感は、もはやごまかせないところまできているからです。

では、これからの組織は、いったいどんな世界観を目指すべきなのか——?

それに対する答えが、本書のキーワード「**冒険**」です。

これまで多くの組織は、限られた市場のなかで「敵国」からシェアを奪い取るため、「兵力」を増強して「戦略」を展開する世界観のなかで戦ってきました。

ここに共通しているのは、働く人やお客さんなどの〝**人間**〟を「**目標達成のための〝道具〟**」と**見なす考え方**です。

しかしこれからの組織では、不確実な世界のなかで各人が自分なりの目的を探索しながら、時には仲間たちと協力して新たな価値を生み出していく——まさに冒険者たちが持っているような世界観が求められます。

私はこれを「**冒険的世界観**」と呼んでいます。

現代の人・組織には、「**軍事的な世界観**」**から**「**冒険的な世界観**」**へのアップデート**が求められているのです。

「組織の世界観」にパラダイムシフトを起こす

兵力を率いて、
敵国にいかに勝利するか

軍事的世界観

▶

不確実な世界で、
新しい価値を探究する

冒険的世界観

リーダーを〝演じる〟のは、もうやめにしよう

本書『冒険する組織のつくりかた』は、そのための全メソッドを凝縮した一冊です。研究者としてアカデミックな知見も参照しながら、クライアント企業の変革事例や自社での実践にも裏打ちされた具体的なメソッドを、惜しむことなく詰め込みました。

この本を通じて、冒険的な組織づくりの見取り図を手に入れれば、**経営者**や**ミドルマネジャー**、**人事関係者**のみなさんは、水面下に渦巻くモヤモヤを解消し、メンバーがいきいきと創造性を発揮する組織・チームをつくることができるはずです。

また、冒険する組織のなによりもの核心は、「**全員が自己実現をあきらめない**」ということにあります。

現場で働くメンバーはもちろんのこと、ともすると「自己犠牲的な調整役」に自分を押し込めがちなマネジャーたち自身も、〝偽りのペルソナ〟を身につける必要がなくなります。

冒険する組織とは、**マネジャーが「自然体」でいられる会社**でもあるからです。

さらに、本書で語る組織づくりは、**経営リーダーや管理職だけのものではありません。**

軍隊のような会社であれば、変革を主導するのは、どこまでもトップリーダーでしょう。

しかし、冒険する組織においては、**一人ひとりが組織づくりの主人公**です。

各個人の探究が「半径5メートルの職場」をまず揺さぶり、やがては組織全体を変えるうねりを生み出すことも珍しくありません。

ですから本書は、**現場でモヤモヤしている個人にこそ役立つ「羅針盤」**でもあるのです。

そんなわけで本書は、これまで私が続けてきた「探究＝冒険」の集大成とも言うべき一冊に仕上がったという手応えを感じています。

しかし、組織づくりの要点や各企業・チームが抱えている問題は、きわめて多岐にわたっているため、ずいぶんとボリュームがある本になりました。

「ちゃんと読み通せるだろうか……」と心配になっている人もいるかもしれませんが、どうかご安心ください。

ここに書かれていることは、どれも著者としてお伝えしたいことばかりではありますが、最初から通読にこだわらなくても大丈夫です。

たとえば、［序論］と［第Ⅰ部 理論編］（第1〜3章）でエッセンスをつかんだあと、［第Ⅱ部 実践編］（第4〜8章）の気になる項目だけに目を通す、といった読み方もおすすめです。

組織に対する問題意識は、その時々で変化していきます。なにか困ったことにぶつかるたびごとに、本書をいわば**「組織づくりの百科事典」**としてご活用いただければ、著者としてもうれしいかぎりです（もちろん、冒頭から全体を読み通していただくのも大歓迎です！）。

それでは、いよいよ「冒険する組織」への探究をはじめていきましょう。

新時代の組織づくりに必要な「冒険的世界観」とは、そもそもどんなものなのか——？

〝はじまりの地〟となる［序論］では、まずその内実に踏み込んでみたいと思います。

冒険する組織のつくりかた

CONTENTS

はじめに

序論

〝冒険する組織〟とはなにか？

——「軍事的世界観」からの脱却

第Ⅰ部 理論編

冒険する組織の考え方

第Ⅱ部 実践編

新時代の組織をつくる「20のカギ」

第7章 冒険する「学習文化づくり」のカギ

第8章 冒険する「組織変革」のカギ

序論

〝冒険する組織〟とはなにか？

──「軍事的世界観」からの脱却

「古びた武器」を"捨てる"のではなく、「新たな航海」に"再利用"する

現代のビジネス戦略の考え方は、軍事戦略の知の体系やフレームワークをもとに発展してきました。

ビル・ゲイツや孫正義といった著名な経営者が、中国春秋時代（紀元前500年ごろ）の兵法書『孫子』〈1〉を愛読書にあげているのは有名な話です。

また、19世紀にプロイセンの軍人カール・フォン・クラウゼヴィッツが著した『戦争論』〈2〉や、第一次世界大戦期イギリスの戦闘機エンジニアが考案した「ランチェスターの法則」なども、ビジネスのツールとして読み替えられてきました。

さらに、第二次世界大戦における日本軍の敗因を追究した名著『失敗の本質』〈3〉も、しばしば「日本企業の病理を読み解く一冊」として参照されています。

こうした発想はどこから生まれたのでしょうか？

経営学の系譜を辿《たど》ってみると、その起源が見えてきます。

一般的に経営学の起源は、20世紀初頭に**フレデリック・テイラー**が提唱した「**科学的管理法**」にあるとされています。ところが、この頃はまだ「戦略」や「戦術」といった言葉は使われておらず、あくまで工場労働者の効果的な生産管理の方法論に主眼が置かれていました。

それが一変するのが、第二次世界大戦があった1940年代です。1947年に刊行されたハーバート・サイモンの古典的名著『経営行動』[4]では、目標を合理的に達成する手段として、「**戦略**」という言葉が使われているのが確認できます。**戦場で発展した意思決定の方法や兵站術《へいたん》（ロジスティクス）が、ビジネスの世界にも直接的に〝輸入〟され、軍事と経営が深く結びついていった**のです[5]。

それに伴い、組織に所属する人の「教育・育成」にも、兵士の軍事訓練と共通した方法論が入り込むことになりました。たとえば、今日の人材育成の世界ではかなり一般的な「**インストラクショナルデザイン**（**教授設計／ID**）」の考え方は、多くの兵士を短期間で効率的に育成する手法として、もともと第二次世界大戦下に開発・重宝されたものだったりします。

一方、これらの発想やメソッドに軍事的なルーツがあるからといって、それを「非人道的だ」などと批判するのはあまりに短絡的でしょう。

「軍略」に基づいてシェアを奪い合う熾烈《しれつ》なビジネス競争があったおかげで、私たちの生活は便利で快適なものになってきました。とくに20世紀後半以降のグローバル化やIT化は、ビジネス界における戦略論の貢献なくしては語れません。また、ビジネスが「攻略可能なゲーム」になったおかげで、人々は「会社＝軍隊」に所属しながら安心して家族を養ったり、老後の見通しを立てたりできるようにもなったのです。

ところが近年では、こうした道具立ての「限界」ばかりが強調される傾向があります。

たしかに、一連の軍事的ツールが有効なのは、勝つべき敵やルールがはっきりと決まっていて、ある程度先を見通せるような条件下に限られます。逆に言えば、短期的な勝ち筋が見えづらい現代のビジネス環境においては、これらは思ったほどのパフォーマンスを発揮しません。

しかし、マーケティングの戦略論や意思決定の方法、競合分析のフレームワークなどの方法論にまったく頼らないのは、あまり賢いやり方とは言えないでしょう。

どれだけ世界の不確実性が高くても、これらの思考法を捨て去るのは得策ではないのです。

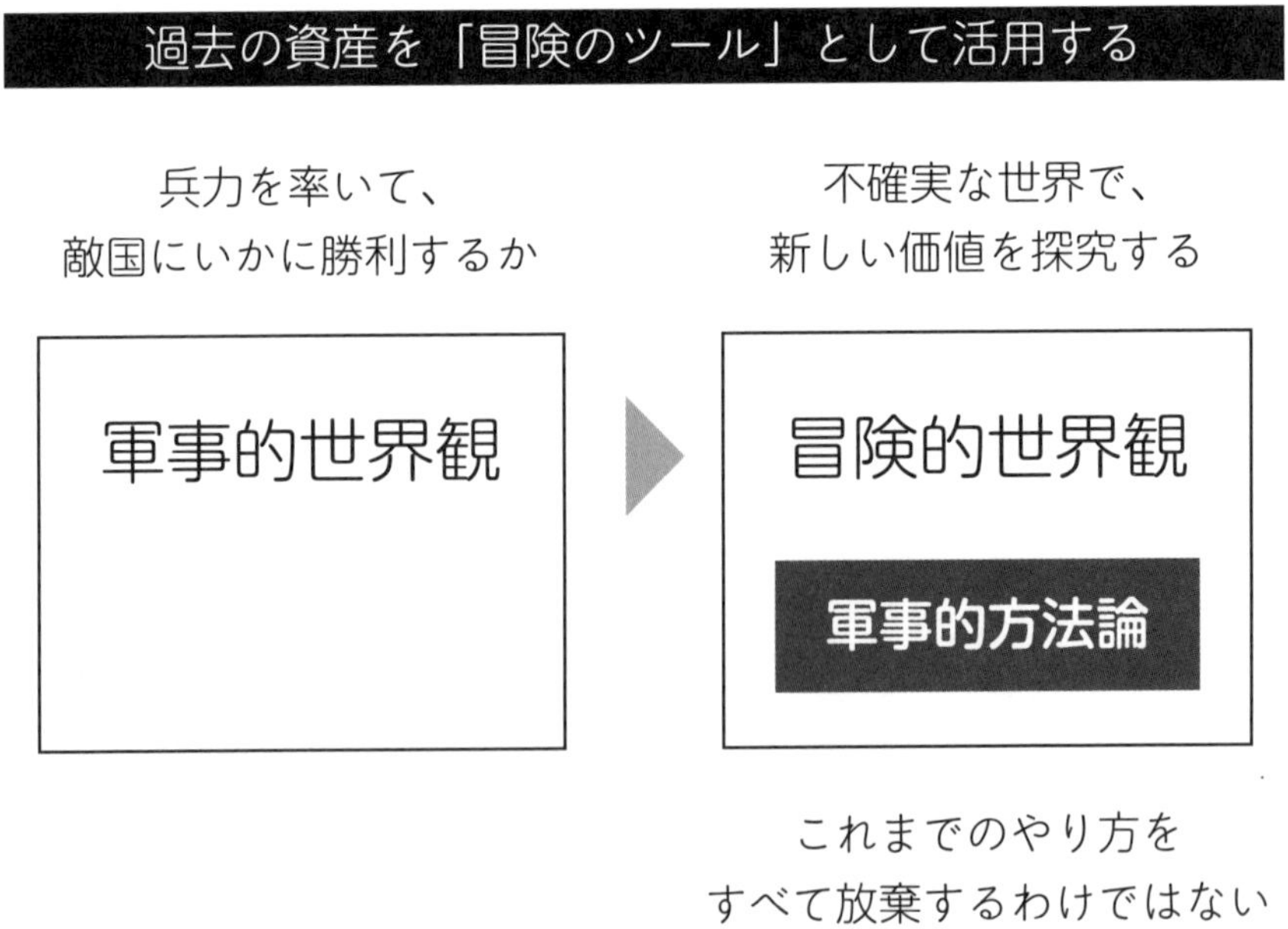

「はじめに」で予告したとおり、本書の目的は、軍事的世界観から冒険的世界観へと「組織のパラダイム」をシフトさせることにあります。ですがこれは、有益な軍事的ツールを〝すべて放棄する〟ということではありません。

大事なのは、ツールとしての有益性と、その背後にある世界観とを切り離して考えることです。**時代環境に合わせて「組織の価値基準（WHY）」をアップデートしつつ、軍事的世界観のなかで育まれた「組織の方法論（HOW）」を賢く活用する**ことは十分に可能です。

この先、本書では冒険的シフトに向けたさまざまな方途を語っていきます。

しかしここには、先人が築いた軍事的方法論を否定する意図はありません。むしろ、ビジネスにおける各種の戦略論は、冒険的世界観にとっても人類の欠かせない知的資産であり、リスペクトすべき対象であるのは変わらないのです。

「奪い合い」から「開拓」へ
——ビジネスの前提が変わった

とはいえ、多くの人が気づいているとおり、軍事的世界観の下で突き進んできたビジネスや経営が、いま大きな転換点を迎えているのは事実です。

いちばん典型的なのが、**「成長の限界」**が見えてきたことでしょう。ビジネスの拡大スピードが飛躍的に高まった結果、すでに可視化されている資源の奪い合いは、いよいよ行き詰まりつつあります。一説には「全世界の人がアメリカ人と同じ暮らしをするためには、5・1個分の地球が必要になる」などという試算もあるほどです[6]。

残された道は、メタバースや宇宙空間などの〝新天地〟を探索するか、既存の資源をこれまでにない発想でとらえ直すことくらいでしょう。

こうした状況を受けて、個人の価値観も大きく変わりつつあります。これに拍車をかけたのが、**「長寿化」**や**「生成AI（人工知能）の登場」**でしょう。

英ロンドン・ビジネススクール教授のリンダ・グラットンが『LIFE　SHIFT』[7]などで「人生100年時代」の到来を説いたとおり、私たちに与えられる人生の時間は増大しています。また、ChatGPTに代表される生成AIが世に出てきたことで、人間の仕事の大部分が機械で代替

新しいビジネス観──「奪い合い」から「開拓」へ

ライバルと競争しながら
限られた領地を奪い合う

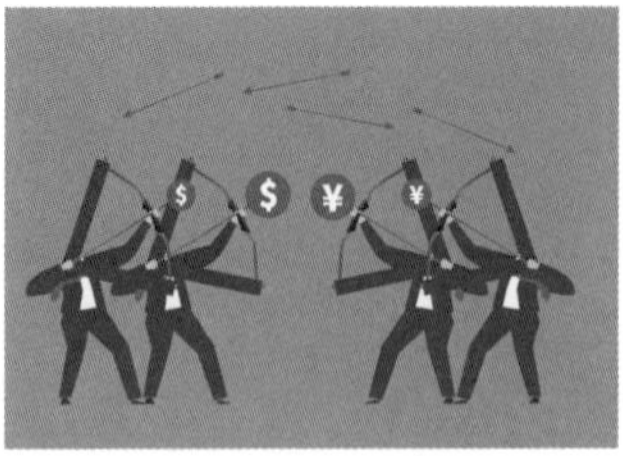

仲間と共創しながら
よりよい社会の
可能性を探究する

できてしまう未来が、いよいよ現実味を帯びてきました。

これらを背景として、人々のあいだでは「**私はなにに時間を使うべきなのか？**」「**本当に自分がやるべき仕事とはなんだろう？**」**という問い直し**が進んでいます。

事業成長と人的成長の両面での価値転換が進んだ結果、ビジネスの前提そのものが大きく変化してしまったのです。これまでの時代においては、ビジネスと言えば「ライバル会社と競争しながら、マーケットシェアを奪い合うこと」以外のなにものでもありませんでしたが、もはやそれは万人に共有された常識とは言えません。

かつて「**領地の奪い合い」だったビジネスは、いまや「仲間と共創しながらよりよい社会の可能性を探究する活動」としてとらえ直されつつあるのです。**

〝組織のOS〟が古いままだと、「心理的安全性」も「1 on 1」も機能しない

この変化を受けて、すでにそれぞれの「個人」は世界観をシフトさせています。

また、その個人が生きている「社会」全体でも、同じような動きが見られます。

他方、これらと対照的なのが、企業などを中心とする「組織」です。**個人と社会という両極に挟まれている「組織」のレベルにおいてだけ、いまだに〝古いものの見方〟が残り続けているのです。**このギャップから生まれた「人と組織のあいだの摩擦」については、「はじめに」で触れたとおりです。

もちろん、組織の側もさまざまな手を打ってきました。

というよりも、組織開発や人事関連の世界で近年注目されたキーワードや施策はどれも、この摩擦に対処しようとする努力の産物だと言っていいでしょう。

- 社会における企業の存在意義を問い直す「**パーパス経営**」
- 人材の価値を最大限に引き出す「**人的資本経営**」
- 従業員や取引先の幸せをも実現する「**ウェルビーイング経営**」
- 一人ひとりの個性や強みに焦点を当てた「**タレントマネジメント**」
- 自分の意見を安心して表明できる「**心理的安全性**」
- マネジャーとメンバーが定期的に対話する「**1on1ミーティング**」
- その質を高める「**傾聴**」や「**コーチング**」
- 会社に対する愛着・思い入れを引き上げる「**エンゲージメント向上**」

すべては、人と組織のあいだにある「世界観のズレ」を埋める取り組みです。

これらの施策は、たしかに組織を変えていく可能性を秘めているでしょう。

しかし、すでに多くの人たちが気づいているとおり、これらを各論的に導入するだけでは、組織の「病」が根治《こんち》することはありません。パーパスを策定して、傾聴の研修を実施して、1on1を義務づける——これらはいわば「**組織のアプリケーション**」にすぎないからです。

それらを動かすための「**組織のOS**」が古いままでは、当然ながらアプリはまともに機能しません。また、いくら最新ツールをたくさんインストールしたところで、「軍事的OS」がアップデートされることはないのです。

暗誦《あんしょう》できるが、浸透はしていないパーパス……。

部下に関心がない上司の、形だけの不自然な傾聴……。

話題がなくてスキップされ続ける1on1……。

「不正を根絶するために、心理的安全性を徹底せよ！」——このような軍事的なスローガンに従業員たちが戦慄しているようなケースさえ目にします。

各論の施策ばかりに時間を費やしていても、組織の価値観を変えるどころか、かえって悪影響を及ぼすことすらあるのです。

なによりもまず必要なのは、組織の根底にある「ものの見方」を変えていくこと――。

自分たちの無意識に刷り込まれている「軍事的なものの見方」を切り替えてからでなければ、組織を変えようとするすべての努力は無駄になりかねないのです。

軍隊はいずれ必ず〝官僚化〟する
――大企業病から抜け出す「3つの道」

とはいえ、ここまでの話を読んで、違和感を抱いている人もいるかもしれません。

とくによくいただくのが、「うちの会社は『軍隊』というほど〝軍事的〟ではないです」といった反応です。

たしかに、ものすごい勢いで業績を伸ばしている急成長ベンチャーなどを別とすれば、**いまどきの日本企業には「軍隊」のようなアグレッシブさはない**かもしれません。

これを理解するうえで有用なのが、「**組織文化**」の観点です。

組織文化とは、組織やチームのなかで共有されている暗黙のルールや規則、価値観のことです。

企業の組織文化は、主に「**統率性**」**を重視するか、**「**柔軟性**」**を重視するか**に大きく分けられます。言い換えれば、前者は「権力で動く組織」であり、後者は「感情で動く組織」です。

「**軍事的文化**」とは、「統率性」のカルチャーだと言えます。

ところが「統率性」の強い企業が肥大化していくと、**外部のライバルとの熾烈な競争に向けられていたエネルギーが失われ、次第に**「**内向き**」**になっていきます**。その行き着く先が、組織内ルールや社内評価、職位や序列に重きを置く「**官僚的文化**」です。

屈強な軍隊組織がいつのまにか硬直化し、もはやトップダウンの権力も及ばないほどまでに、自ら設けたルールでがんじがらめになってしまう——そんな事例はいくらでもあります。

官僚的組織によく見られる「**大企業病**」とは、外部志向性を失った軍事的組織の〝なれの果て〟なのです。

ここから抜け出すためには、3つの道が残されています。

1つめは「**心を鬼にして、軍事的文化を取り戻す**」**という道**です。実際、「リーダーに〝自分らしさ〟や〝感情〟は必要ない」「マネジャーの仕事は『徹底した目標管理』である」とするマッチョなマネジメント論は、時代の流れのなかで定期的にリバイバルし、悩めるマネジャーたちにもてはやされてきました。

こうした古典的手法への回帰は、たしかに短期的にはめざましい成果を上げます。しかし、いずれはメンバーのバーンアウトや大量離職を招きかねないため、中長期的に見るとあまり効果的なやり方とは言えません。

とくに、これだけ人材難が叫ばれる近年、あまりにも〝体育会系〟的なカルチャーを押し出していくのは、優秀な若手たちから「ブラック」「パワハラ」とレッテルを貼られ、敬遠されてしまうリスクしかありません。

2つめは、統率性をゆるめて、**個人の感情に寄り添った「安心感のある組織」に生まれ変わる方向性**です。これは**「家族的文化」**への道と呼ぶことにしましょう。「ブラックな働き方」に対する世の中の風当たりを鑑《かんが》みると、この方向へのシフトにも、一定の合理性があると思います。

しかし残念ながら、この道に進んだ企業も、あまりうまくいきません。だれもが安心して発言・行動できる環境（いわゆる心理的安全性が高い状態）はもちろん大切ですが、「内向き」な文化を維持したままひたすら統率を弱めていくと、

残された3つの道

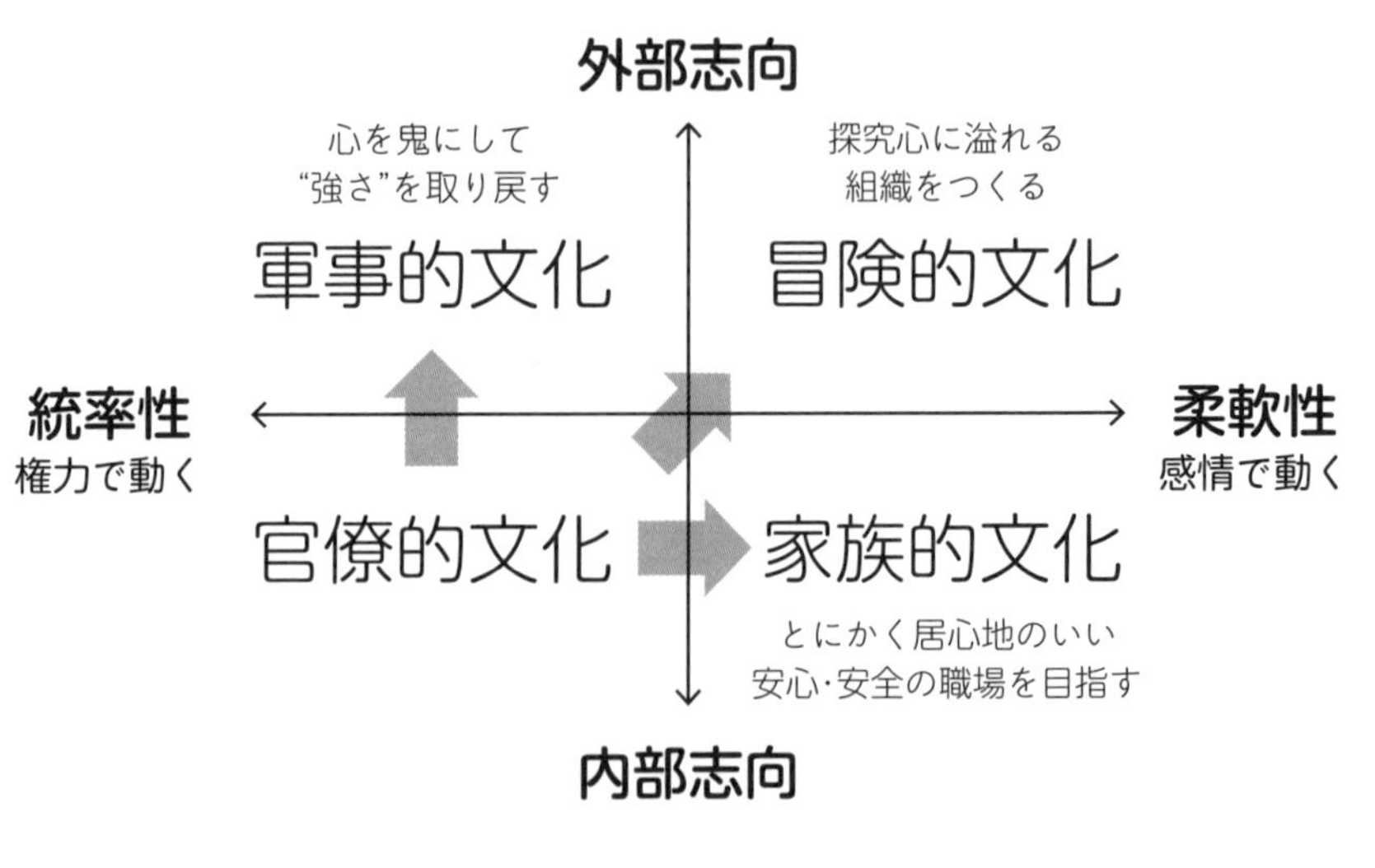

出典：Cameron, K. S. (1985); Quinn, R. E., & Rohrbaugh, J. (1983). [8] などを参考に著者作成

会社は単なる「ぬるま湯」状態に陥るからです。

当然ながら、業績にはマイナス影響が出てきますし、働く人たちのモチベーションも低下していきます。「労働時間も短くて、仕事の負荷も軽め。上司や先輩もやさしくてストレスも少ない。けれども、いつまで経っても成長実感が得られない」といういわゆる**「ゆるい職場」に苦しむ若手社員が増えている現象**も、家族的文化が抱える問題点として読み解くことができます〈9〉。

「2つの探究」を両立させ、真の「ベンチャー精神」を取り戻す

そこで残されるのが「**第3の道**」です。

心を鬼にして〝強い組織〟へ回帰するのでもなく、とにかく居心地のいい〝安心・安全な職場〟を目指すのでもない方向性——それが「**冒険的文化**」です。

なぜこの3つめの道が「**冒険的**」なのかについては、説明が必要でしょう。

通常、ビジネスの世界で私たちが「冒険しよう」と言うとき、そこには「リスクをとる」「賭けに出る」「あえて危ない橋を渡る」といった意味合いを込めがちです。

しかし、私がこの言葉に込めているのは、もう少し違ったニュアンスです。

44ページの図からもわかるとおり、冒険的文化は、軍事的文化のように新たな価値を探し求める「外部志向性」と、家族的文化のように個人の思いに寄り添う「柔軟性」とを併せ持っています。

これは言い換えれば、**組織による「社会的ミッションの探究」と、個人による「自己実現の探究」とを両立させようとする考え方**です。

もちろん、この2つの探究を同時に成り立たせるのは、決して容易ではありません。むしろ、企業の価値創出とそれぞれの個人的関心は、相矛盾する関係にあるというのが通説でした。

だからこそ、軍事的な組織のように「個性を放棄する」か、家族的な組織のように「外的価値を犠牲にする」かのどちらかしかないと思われてきたのです。

冒険的な"組織づくり"のキーワード

冒険的事業観
社会的ミッションの探究

↑↓

この両立をあきらめずに
探究し続ける組織をつくる

↑↓

冒険的キャリア観
個々の自己実現の探究

▶▶

Quest
「探究」

まだわかっていないことに
ついて深く考え、
納得のいく答えを
見つけること

しかし、第3の道においては、どちらか一方を断念することはしません。
この2つの探究のパラドックスに向き合い続け、その両立をあきらめないのです。

ここからもわかるとおり、冒険的な組織づくりにおいては「**探究**（Quest）」こそが、最重要キーワードとなります。探究とは、**「まだわかっていないこと」について深く考え、納得のいく「よりよい答え」を見つけようとする活動**のことです。

一方で、Questには「冒険」という訳語もあります。本書で提案する「冒険する組織」とは、やみくもに危険を冒す組織のことではなく、**一人ひとりのメンバーが好奇心や関心に基づいて自己実現を探究し、同時に集団としての社会的ミッションを追い求める組織**のことなのです。

また、「**社会的ミッション**」という言葉について、ここでひとまず押さえておいていただきたいのは、社会的ミッションの**「達成」ではなく「探究」**としている点です。

ミッション（Mission）は、もともと「神に与えられた使命」という宗教的な文脈を持った単語です。そこから転じて、ジャングル探検や宇宙探査など、未知なる世界を切り拓く探索活動の「指針」としての意味合いでも使われます。

この意味でのミッションとは、**冒険の道しるべとなりながらも、冒険が進むにつれて新たに〝更新〟されていくもの**です。

それゆえミッションとは、単なる〝達成〟すべきゴールではありません。むしろ、「自分たちはなんのために冒険するのか？」を問いながら、たえず〝探究〟し続けるものなのです。「冒険＝探究」に終わりはありません。

個々の自己実現をあきらめない「麦わらの一味」
——冒険的世界観としての『ONE PIECE』

「冒険的」という言葉の内実について、ひと息で説明してきましたが、いかがでしょうか？実際のところ、いきなり「『社会的ミッションの探究』と『個々の自己実現の探究』の両立を目指す」などと言われても、なかなかピンと来ない人も多いのではないかと思います（まだまだこの先、繰り返しいろいろな角度から説明していきますので、ご安心ください）。

ここで参照しておきたいのが、『ONE PIECE』に登場する「麦わらの一味」です。

尾田栄一郎さんの『ONE PIECE』は、「最も多く発行された単一作者によるコミックシリーズ」としてギネス世界記録にも認定されている超・人気マンガ作品で、全世界発行部数はなんと5億部を超えています（私自身、以前から『ONE PIECE』の熱烈なファンです）。

この作品が世界中の人々を惹きつけてやまない理由の1つには、物語に通底している「冒険的世界観」があるのではないか——私は以前からそう考えています。

「麦わらの一味」とは、主人公のモンキー・D・ルフィという少年（麦わら帽子がトレードマーク）が結成した海賊団の名称です。ルフィは「海賊王になる」という野望に突き動かされながら、正体不明の財宝「ワンピース」を求めて危険な冒険の旅を続けています。旅の途中では、ゾロ、サンジ、ナミといった仲間が加わっていき、麦わらの一味が形成されていきます。

重要なのは、この仲間たちが「**ルフィの野望を叶える手下」として一味に所属しているわけではない**という点です。メンバーたちにはそれぞれ自分の夢や好奇心に基づく自己実現のテーマがあり、それを叶えるためにルフィと同じ船に乗っているにすぎません。彼らは自らを「麦わらの一味のメンバー」という役割に押し込めることはしませんし、ルフィも自分の夢を彼らに押しつけたりはしないのです。

「冒険する組織」としての『ONE PIECE』“麦わらの一味”

他方、麦わらの一味は、バラバラな方向を向いた雑多なメンバーの寄せ集めかというと、じつはそんなこともありません。

この海賊団のユニークさは、**各メンバーの自己実現の物語を尊重するからこそ、多少回り道になったとしても、ときには仲間の探究を助け合い、互いの絆を深めながら航海を続けている**という点にあります。

バラバラな夢とバラバラな能力を持った異能の集団がコラボレーションすることで、不確実な世界を乗り越えるための圧倒的な推進力が生まれる——これが麦わらの一味のストーリーに見られる基本的なモチーフなのです。

一方、それとは対照的なのが、彼らが対峙することになる「世界政府」です。とくに、世界政府が束ねている「海軍」は、典型的な軍事的世界観の下で動いています（一部、志や人情を優先するチームもありますが）。

トップの権力が絶対視される海軍では、**上からの指令を遂行し、成果を出すこと**だけが求められています。当然、そこにいる個人の自己実現や内面的葛藤が顧《かえり》みられることはありません。

『ONE PIECE』に見られる軍事的世界観と冒険的世界観のコントラストを下敷きにしてみると、組織内のあらゆる要素の「意味合い」がみごとに変わります。

たとえば、軍事的な世界観の下では「採用」という活動は、**「兵力の増強」**以外のなにものでもありません。軍事的組織の採用担当者は、自分の仕事を「実現すべき目的のために必要な人的リソースを徴集し、審査し、登用すること」だと認識しています。

他方で、麦わらの一味のような冒険的世界観を持った組織にとって、採用活動はまったく違う意味を持ちます。あえて言えば、**探究の旅路を共にする「仲間との出会い」**といったところでしょうか。

決して「楽しいだけ」ではない。「最も過酷な道」かもしれない

さて、「冒険する組織」や「冒険的世界観」のイメージが、少しつかめてきたでしょうか？誤解を避ける意味で、最後に1つだけ注意点に触れておきたいと思います。

それは、**「冒険する組織」は決して自由気ままで楽しいばかりの「ぬるま湯」ではない**ということです。冒険的文化には、家族的文化と同様、個人の感情や想いに寄り添う側面があります。しかし、それが必ずしも「やさしさ」につながるとはかぎりません。

[序論]	[第Ⅰ部] 理論			[第Ⅱ部] 実践				
世界観	第1章 レンズ	第2章 モデル	第3章 基本原則	第4章 目標設定	第5章 チーム	第6章 対話の場	第7章 学習文化	第8章 組織変革
	目標 チーム 会議 成長 組織		目標 チーム 会議 成長 組織	1 2 3 4	5 6 7 8	9 10 11	12 13 14	15 16 17 18 19 20

むしろ、**個人の想いを駆動力としながら、同時に自分たちの社会的ミッションをも追い求めていくのは、きわめてハードなこと**です。

その意味では、命じられたまま戦地に赴き、与えられた任務を愚直にこなすだけの軍事的文化のほうが、ずっと気楽だとさえ言えるかもしれません。

また、軍事的文化・官僚的文化に染まりきっている組織では、たとえ「戦力外」のレッテルを貼られてしまっても、昇進・昇給をあきらめるのと引き換えに、競争から〝降りる〟ことができます。

一方で、冒険的文化を持った組織では、そういうわけにはいきません。ひとたび同じ船に乗ったからには、みんなで一緒に冒険に出かけることになりますし、**たえず「なぜ自分はこの船に乗っているのか？」という問いに向き合い続けなければならない**からです。

たとえば、『ONE PIECE』におけるナミは、当初決して戦闘能力が高いメンバーではありませんでした。しかし、作品を読んだことがある人ならご存じのとおり、彼女はいきなり敵のいる前線に容赦なく放り込まれたりもしているのです。

冒険する組織においては、だれからも命令されない代わりに、すべてを自分の頭で考えて決断を下し、どんどん個性を発揮していくことが求められます。

これはこれで過酷な世界です。

ここからもわかるとおり、**「軍事的世界観からの脱却」＝「戦いのない世界への脱出」ではありません。**

冒険する組織は、社会的なミッションに向かう外部志向性を持っている以上、「他者との摩擦・衝突」とは無縁ではあり得ないからです。

だからこそ私たちは、この［序論］の冒頭で確認したとおり（36ページ）、先人たちが積み上げてきた数々の軍事的方法論を手放すわけにはいきません。

軍事的な世界観を脱ぎ捨てることはあっても、危険な航海を続けるための武器として、軍事的なツールはやはり保持しておくべきです。

このように冒険・探究への道は、きわめて過酷かつ困難です。

しかし、もしそうなのだとしても（！）、私たちは軍事的世界観から冒険的世界観へのパラダイムシフトを成し遂げるしかありません。

人と組織の〝ズレ〟を解消するには、企業として社会的な価値を生み出しながらも、同時に個々人が自己実現を追い求められるような組織に生まれ変わるほかないからです。

そして、**そうした「世界観のシフト」は、どんな組織にも実現できます。**

そのために、トップリーダーやミドルマネジャーがやれることは、たくさんあります。

また、現場で働くメンバーたちの側から「変革のうねり」を生み出すことも、十分に可能です。


では、いったいどこから着手すればいいのか？

どんな考え方をすれば「組織の世界観を変える」ことができるのか――？

続く［第Ⅰ部 理論編］では、この点についてみなさんと一緒に考えていきたいと思います。

第I部　理論編

冒険する組織の考え方

第1章

会社の「世界観」を変える

——5つの冒険的レンズ

表面的な施策や研修を導入するだけでは、組織の根底にある世界観を変えることはできません。各論的な「アプリケーション」ではなく、「組織のOS」である世界観を転換させるには、個々の施策を重ねるのとは別の発想が必要なのです。

しかし、いきなり「世界観そのものを変えろ」と言われても、いったいどこから手をつければいいのかと困ってしまいますよね。

そこで有効なのが、もう少しポイントを絞ったアプローチです。

最初から「全体」を変えようとするのではなく、組織の考え方がとくに色濃く反映される「部分」を取り出して、まずはそこから「ものの見方」を変えていくわけです。

それを私は「**組織のレンズ**」と呼んでいます。凝り固まった軍事的世界観をほぐすには、次の「5つのレンズ」を冒険的世界観に沿って解釈し直す必要があります。

◎世界観を変える5つのレンズ

①目標のレンズ　行動を縛り上げる指令▼好奇心をかき立てる問い
②チームのレンズ　機能別に編成した小隊▼個性を活かし合う仲間
③会議のレンズ　伝令と意思決定の場▼対話と価値創造の場
④成長のレンズ　望ましいスキル・行動の習得▼新たなアイデンティティの探究
⑤組織のレンズ　事業戦略のための手段▼人と事業の可能性を広げる土壌

組織のマクロな世界観は、こうしたミクロなレンズの集合で成り立っています。

会社の世界観を変えるには、これらのレンズを取り替えることからはじめるべきです。

ここからは「**①目標**」「**②チーム**」「**③会議**」「**④成長**」「**⑤組織**」の順で、どんな「レンズ交換」が必要になるのかを見ていくことにしましょう。

1 目標のレンズ

「行動を縛り上げる指令」から「好奇心をかき立てる問い」へ

「冒険（Quest）」には「問い（Question）」が欠かせない

敵と戦う軍隊にも、旅を続ける冒険者にも、指針となる「目標」は欠かせません。

しかし、**目標をどのようなものとしてとらえるかは、両者で大きく異なっています。**

権力によってメンバーを統率し、計画を合理的に達成する軍事的組織にとって、目標とはトップによって課される「ノルマ」であり、従業員の**アクションを規定する「指令」**を意味しています。明確かつ必達の目標があるおかげで、個々のメンバーはなにをするべきかを迷わずに済みます。個人の行動は組織の目標に沿ったものになるよう、評価制度や賞罰などを通じて動機づけされており、コントロールされています。

他方で、冒険する組織においても、営業上の数値目標は存在します。

しかしそれは、軍事的組織のように「行動を制御するノルマ」として課されるわけではありません。むしろ、一人ひとりのポテンシャルを解放する指針となるよう、目標の設計や伝え方には工夫が凝らされています。言い換えれば、唯一の「答え」としてではなく、メンバーの好奇心を刺激し、**多様な試行錯誤を触発する「問い」**として設計されているのです。

ですから、人々が進んで目標に取り組むのも、上司からの命令や賞罰といった外的強制力が働くからではありません。「面白そう」「やってみたい」「考えてみたい」といった、内発的動機をくすぐる問いのおかげで、**メンバーたちが〝つい答えたくなってしまう〟**のです。

やらされ感を生む「指令」が、つい答えたくなる「問い」に変わる瞬間

その具体例として、拙著『問いかけの作法』[10]でも登場した「カーナビの開発チーム」のエピソードをご紹介しましょう。

とある自動車の周辺機器メーカーは、カーナビを主力製品として業績を伸ばしてきました。

しかし、カーナビは近年、スマホのマップ機能に代替されつつあります。さらに今後、自動運転が普及したりすれば、わざわざ車載カーナビを買う人はほとんどいなくなるかもしれません。

そこで、会社の不透明な先行きに危機感を抱いた同社トップが、**「AIを活用した未来のカーナビ開発」に向けたプロジェクト**を立ち上げました。

ところが、いくら企画会議を重ねても、なかなかいいアイデアが出ない。

そんなときに、プロジェクトのファシリテーター役として、私に声がかかったのです。

私はまず、開発チームの方々に話を聞きに行ってみました。しかし、彼らから出てくるのは後ろ向きな発言ばかりでした。明らかにチームには覇気がなく、完全に行き詰まっていたのです。

どうやら彼らは「カーナビをなんとしても生き残らせろ」という上層部からの「指令」の重要性を頭では理解しながらも、そこに感情が追いついていないようでした。

そして、**「カーナビにAIを搭載する」という手段が自己目的化してしまい、自由な発想が生まれなくなっていた**のです。軍事的世界観で動いている組織には、よく見られる光景です。

「ところで、みなさんはなぜカーナビをつくっているんですか?」

私はこんな問いを投げかけてみました。

開発チームのみなさんが、少しムッとした表情になったのをよく覚えています。彼らの仕事そのものを否定しているように誤解されたのかもしれません。

しかし、重苦しい空気のなか、チームリーダーの方からこんな答えが返ってきました。

「正直なところ、私たちは別に**カーナビがつくりたいわけではない**んです。ただ、もし仮に自動運転社会がやってきても、『移動する時間』そのものはなくなりません。私たちはカーナビをつくりたいのではなく、**『豊かな移動時間』を提供したい**んです」

この言葉を聞いた瞬間、チームメンバーの方々も、言葉を発した本人も、「あっ！」という顔をされたのが印象的でした。

「ＡＩを活用してカーナビを生き残らせること」は、上から与えられた「指令」として解釈され、彼らの自由なアイデア、さらにはモチベーションまでをも抑制してしまっていました。日々、こうした指令に沿って合理的改善を重ねていくうちに、彼らの態度はより受動的に、そして発想はどんどん近視眼的になっていたのでしょう。

しかし、このときたまたま飛び出した言葉によって、**彼らの目標が「どうすれば人々の移動時間が豊かなものになるか？」という「問い」へとみごとリフレーミングされた**のです。

しかもこの問いは、根っからの技術者である彼らにとって、大いに好奇心をかき立てるものでした。みなさんの顔つきがみるみる変わり、その場で面白いアイデアがどんどん湧き出しはじめたのです。

まさに「問い（Question）」の力によって、自分たちの「冒険（Quest）の理由」が思い起こされた瞬間でした。

「野生の思考」を失った会社は、人間を〝単なる道具〟と見なす

軍事的組織には、目標を「**行動を縛り上げる指令**」として解釈するレンズが備わっています。ここからは、さまざまな「〜しなければならない」という思い込みが生み出され、人と組織が本来持っている創造性が抑制されてしまいます。

冒険する組織に生まれ変わる第一歩は「**目標のレンズ**」を取り替えて、既存の目標を「**好奇心をかき立てる問い**」へと変換してみることです。これに成功すれば、組織内の目標は「達成すべきノルマ」ではなく、「個人の内発的動機の火種」に変わります。

他方で、このような目標観に対しては、次のような反論があるでしょう。

「そうはいっても、きちんと利益を上げなければ、企業はやっていけない。メンバーにやる気を出させるような〝問い〟はたしかに大事かもしれないが、やはり現場に数値目標をしっかりと伝えて達成させないといけないのではないか？」

もちろん、冒険する組織においても利益を上げること、そして数値目標を達成することは重要です。そのために、経営の方針をトップダウンで伝えることになる場面もあるでしょう。

誤解しないでいただきたいのは、必ずしも数値目標そのものが悪いわけではないということです。［第4章］で後述するように、数値目標を「好奇心をかき立てる問い」として機能させることは、工夫次第で十分に可能です。

むしろ、いま私たちが批判的に見つめ直すべきは、「行動を縛り上げる指令」という軍事的目標観の背後にある前提、すなわち**「人間を〝道具〟として扱う思想」**のほうです。

この論点を深めるうえでは、フランスの文化人類学者**クロード・レヴィ＝ストロース**が1962年に発表した歴史的名著『野生の思考』[11]が参考になります。

同書が出版された当時、西洋では科学が発展し、近代合理主義的な思考法こそが、人類の歴史的進歩の象徴だと考えられていました。その典型がいわゆる「**エンジニアリング**」です。

しかしレヴィ＝ストロースは、それまで未熟で野蛮とされてきた共同体でのフィールドワークを通じて、エンジニアリング的な思考を批判的に問い直し、それとは異質の構造を持った思考の型を発見します。彼はそれを「**野生の思考**」と名づけ、その象徴的な例として「**ブリコラージュ**」を挙げました。

エンジニアリング（**合理的思考**）とは、まず完成図として定義された目標があって、達成の計画に即して「最適な道具」を調達する考え方です。プラモデルや組み立て家具のように、**設計図に沿った部品こそが有用で、そうでないものは不要**とされます。

たとえば「今夜はビーフカレーをつくる」と決めたら、必要なのは牛肉であって、豚肉ではない。逆に言えば、牛肉が手に入らないかぎり、この目標は達成されません。

「合理的思考」と「野生的思考」

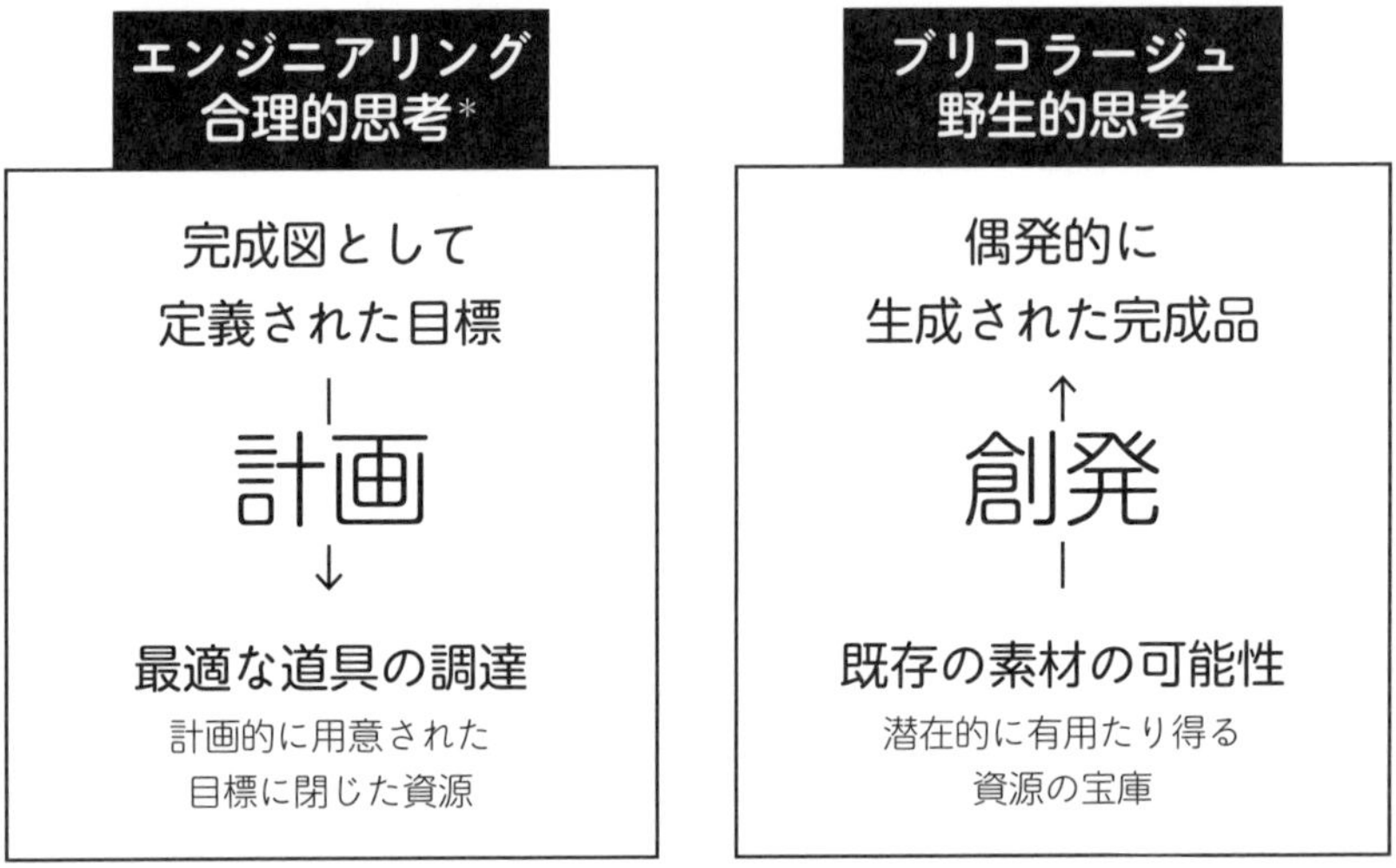

出典：レヴィ=ストロース『野生の思考』(11) を参考に著者作成
＊原文では「科学的思考」

他方で、**ブリコラージュ（野生的思考）**とは、ありあわせの素材を組み合わせながら偶発的に生成されたものを、目的に合わせて「完成品」としてしまうアプローチです。**設計図は存在せず、素材のよさと対話するところからすべてがスタート**します。

私たちは日々の活動を通して、すぐに必要かはわからないけれど、いつか役立つかもしれない「ポテンシャルを秘めた素材」をストックしています。スーパーの割引で買って冷凍しておいた豚肉が、たまたま食べたくなったカレーの気分にマッチして、今夜の食卓の主役を飾るかもしれない。

これは素材の可能性を最大限に活かす方法であり、計画ありきのエンジニアリングとは真逆の考え方です。レヴィ＝ストロースは、このブリコラージュもまた人間にとって自然かつ、普遍的な思考法だと指摘しました。

その意味で、あまりにもエンジニアリングに傾倒した**軍事的世界観のマネジメントは、「野生が消失した経営」**だと言えるのです。

ところで、「経営が定めた目標＝完成図」の達成に向けて、最適な資源を調達していくことのなにがいけないのでしょうか？　それ自体には、さして大きな問題はないように思えます。

しかし、ここで見落としてはならないのが、エンジニアリング的な経営においては、**従業員という資源に対しても、「道具」としての最適化が期待・評価される**という点です。経営における野生の消失とは、「**人間の道具化**」を意味します。

道具として不十分な人材は「矯正・交換・廃棄」の対象となり、外部から調達された「新たな人材＝道具」に代替されます。当然ながらこれは、人間の主体性や創造性を抑圧します。それゆえ、合理的思考を突き詰めた経営は、目標達成への最短距離を選んでいるように見えて、中長期的には「人材＝道具」の有用性を自ら毀損《きそん》していくというパラドックスに陥っていくのです。

「行動を縛り上げる指令」としての軍事的な目標観の根底には、人間を道具と見なす前提があります。冒険的世界観を獲得するには、このレンズを廃棄しなければなりません。

しかし、これは「合理的思考を放棄して、すべてを野生的思考に戻そう」「目標なんて捨ててしまえ」という話ではありません。

近代的知性の象徴であるエンジニアリングはうまく活用しながらも、**組織のなかに適度に野生を取り戻して、〝合理〟と〝野生〟のバランスを保ちたい**——。

冒険的世界観におけるマネジメントとは、
“合理”と“野生”のバランスを保つこと

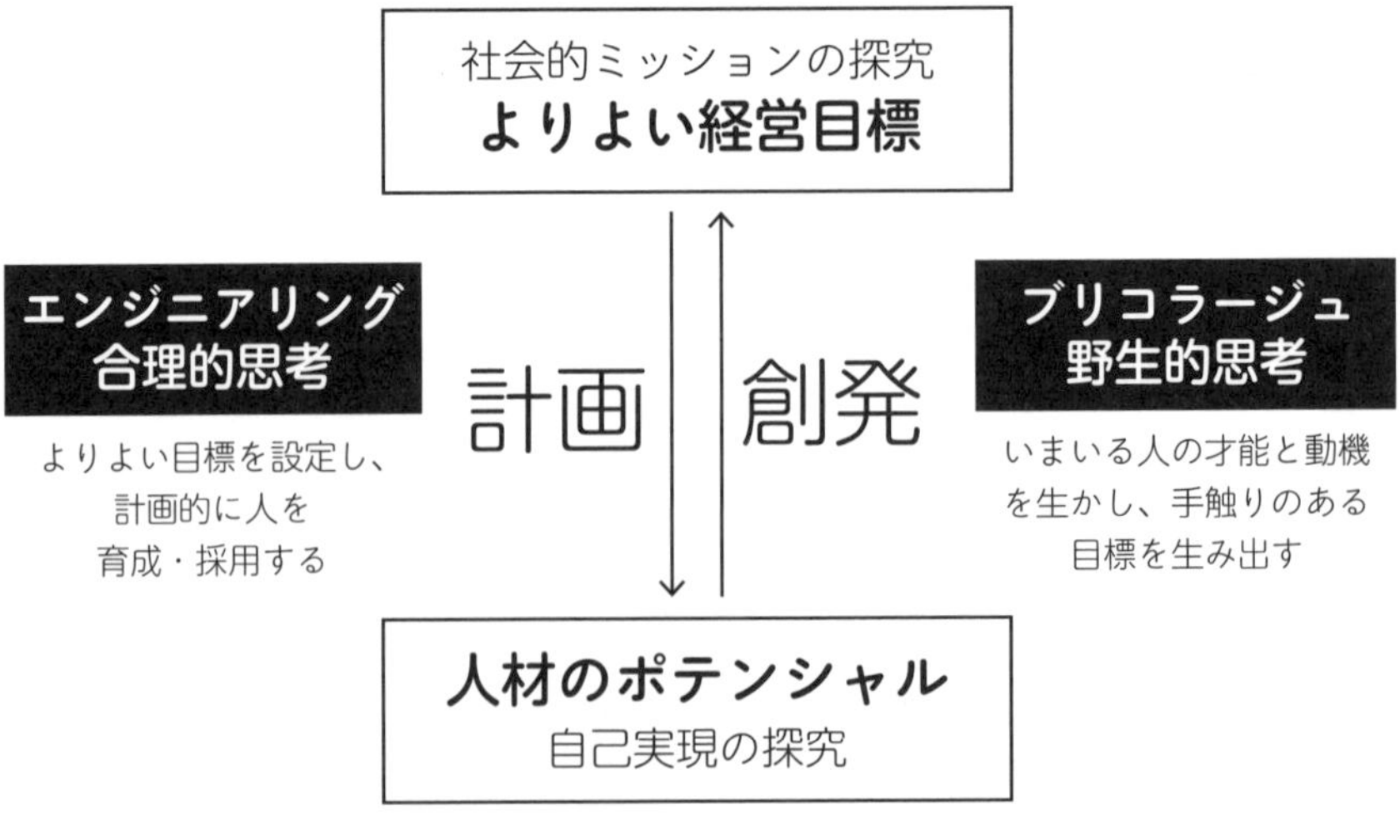

出典：レヴィ=ストロース『野生の思考』[11]を参考に著者作成

だからこそ、これまでどおり目標は設定するにしても、それを「好奇心をかき立てる問い」として運用することで、解釈のための「遊び」を残しながら、人の可能性を解放する手段として活用する道を探るべきなのです。

なぜ「目標が明確すぎる組織」は危ういのか？

――「選択と集中」から「分散と修繕」へ

エンジニアリング（合理的思考）を象徴するのが、「選択と集中」という戦略です。

これは、企業が目標を達成していくためには、競合を打ち負かせる領域を「選択」し、そこにヒト・モノ・カネといった資源を「集中」させるべきだという考え方です。

「選択と集中」は、勝ち筋がはっきりと見えている状況下や短期的な局面においては、非常に効果的です。自分たちの強みを最大限に活かせるので、コストも抑えることができます。

ところが、環境の変化が激しく不確実な要素が多いとき、あるいは、中長期スパンでものごとを進めていくときには、この戦略が成功する確率は低くなります。

不確実性が高かったり、時間軸が長かったりするときには、そもそもどの事業を「選択」して、どこにリソースを「集中」させればいいのかの見極めがつきづらくなるからです。

こういう局面では、あらかじめ固定的なゴールや綿密な計画を設定するのではなく、外部状況の変化や自分たちの知識・体験のアップデートに応じて、柔軟に行動を変化させていったほうが、パフォーマンスが高まりやすくなります。その意味で、**経営の世界に「野生的思考」を取り戻すことは、不確実性の高い時代環境への対応策でもある**のです。

このとき、「選択と集中」に代わる戦略が「**分散と修繕**」です。つまり、リソースを投入する対象をあえて一点に絞るのではなく、ひとまずさまざまな領域に手を広げ（分散）、そこから得られた洞察をベースとして、目標をあとづけ的に手直ししていく（修繕）というスタイルです。

不透明性の高い現代においては、あらかじめ見通しを絞り込んで、一点集中で資源を投げ込むエンジニアリング的なやり方だと、失敗したときのリスクがあまりにも高すぎ

「選択と集中」から「分散と修繕」へ

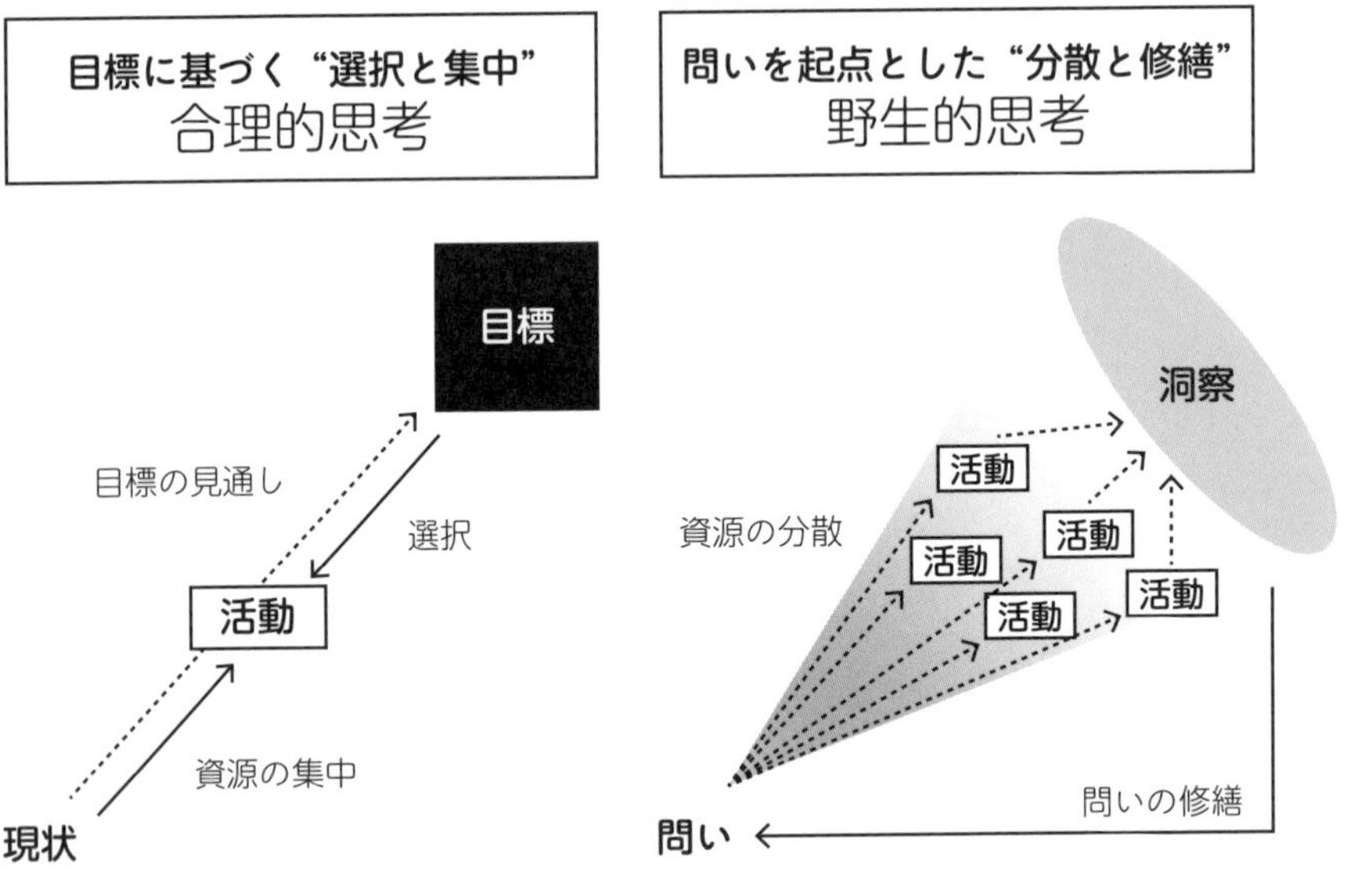

出典：レヴィ=ストロース『野生の思考』[11]を参考に著者作成

ます。「分散と修繕」の考え方を下敷きにして、ある意味で〝行き当たりばったり〟に目標を設定していくほうが、なにかと好都合なのです。

そして、**「分散と修繕」と相性がいいのが「問い」**です。**目標を「固定的な命令文」ではなく、「余白のある疑問文」のかたちに落とし込む**ことで、各メンバーは思い思いの探索を行い、さまざまな「自分なりの答え」を引き出すようになります。

しかも、その問いがメンバーの好奇心をかき立てるものであれば、「分散」の幅はより広くなり、答えの多様性はいっそう高まります。そして、その多様な答えのなかから、真にリソースを投入すべき領域が見えてきたり、より活発な探究を誘発する魅力的な問いが新たに見つかったりもします。

もちろん、「選択と集中」戦略が効果的な局面もありますから、使い分けは必要です。

しかし、いつまでも従来の考え方ばかりにしがみつき、「行動を縛り上げる指令」としての目標だけを掲げている組織は、ビジネスの勝率を高めていくうえでも、かなり苦労することになるでしょう。

目標を「好奇心をかき立てる問い」のかたちに落とし込み、メンバーたちによる「分散と修繕」のサイクルを素早く回しながら価値を生んでいく考え方は、これからの時代を生き抜いていくうえでは不可欠なのです。

②チームのレンズ

「機能別に編成した小隊」から「個性を活かし合う仲間」へ

「戦士だけのパーティ」でのゲーム攻略はしんどい

組織は、目標を共有する「チーム」の集合によって成り立っています。部門や課によっては1つのチームの規模が50名や100名にも及び、それがより小さなユニットに小分けされている場合もあるでしょう。

本書では、**少人数**（**数名から十数名**）**から成るスモールチーム**のことを「**チーム**」と呼んでいます。そして、**チームメンバーが働く場**を「**職場**」と表記しています。

そもそも、私たちがチームを形成するのは、協力し合う必要があるからです。

しかし、**軍事的世界観と冒険的世界観では、協力の「目的」が異なる**ため、チームの意味合いも変化します。

軍事的世界観におけるチームは、目的達成のための**「機能的な分業部隊」**です。

多くの企業における「部署」がそうであるように、各チームは同一職種のメンバーで構成され、そのなかで最も優秀なプレーヤーがリーダーやマネジャーを務めることになります。

たとえば、営業チームは全員が営業職で構成され、最も営業成績の高い人物がリーダーとなります。チームには数値的な目標があり、各メンバーの能力に応じてそれが割り振られています。

これは、RPG（ロール・プレイング・ゲーム）でいえば、**「同じ職業」のキャラクターだけでパーティを組んでいる状態**に等しいと言えるでしょう。

たとえば、レベル70のリーダー戦士の下に、レベル45の中堅エース戦士がいて、さらに荒削りではあるが将来が有望なレベル20の若手戦士、まだまだ現場では戦力にならないレベル5の新米戦士が続くという感じです。つまり、彼らの職業は全員、同じ「戦士」なのです。

RPGで遊んだことがある人ならわかると思いますが、同一機能を持ったキャラクターのみで編成されたパーティは、ゲームを進めるうえではあまりバランスがよくありません。

他方で、現実の企業組織のなかでは、むしろ「営業だけ」「SEだけ」「経理だけ」といったチーム体制がとられているのがふつうです。**達成すべき目標が明確で分業が可能な場合には、そのほうが効果的**だからです。

たとえば、確実に売れることがわかっているプロダクトがあって、すでに一部の地域で圧倒的な実績を出しているとき、次にやるべきことははっきりしています。営業メンバーだけで構成されるチームを結成して各エリアへと割り振り、そのプロダクトをひたすら全国に拡販するよう「行動を縛り上げる指令」を下せばいいのです。

しかし、「目標のレンズ」のところでも触れたとおり、現代のように不確実性の高い環境下では、必ずしも物事を計画的に進められないケースも増えています。だからこそ、あれこれに手を広げながら顧客ニーズや環境の変化を敏感に察知し、そこで得られた洞察をもとにスピーディに対応していく必要があります。

「任務別の小隊」から「個性を活かす共同体」へ

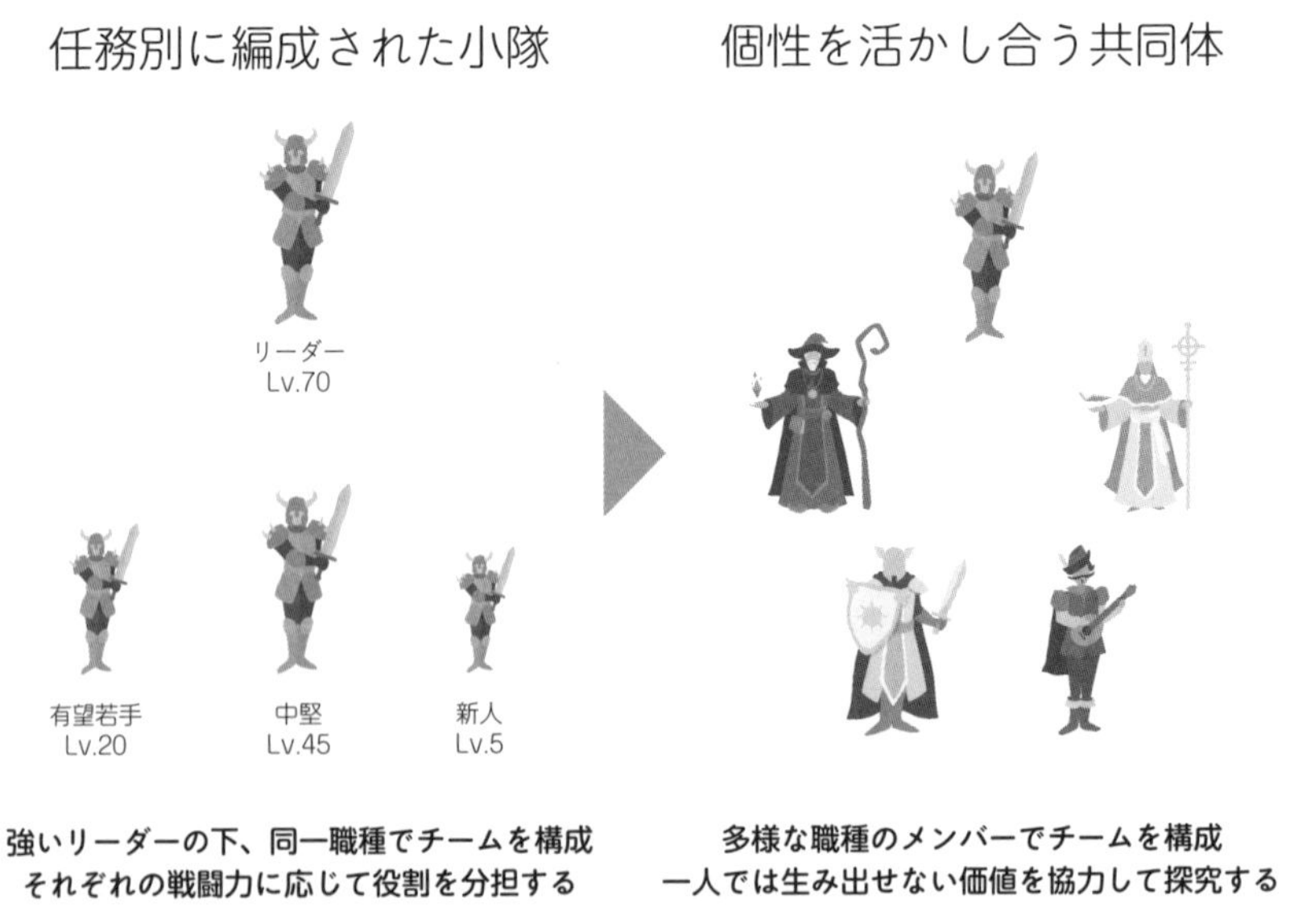
任務別に編成された小隊
個性を活かし合う共同体
リーダー
Lv.70
有望若手
Lv.20
中堅
Lv.45
新人
Lv.5
強いリーダーの下、同一職種でチームを構成
それぞれの戦闘力に応じて役割を分担する
多様な職種のメンバーでチームを構成
一人では生み出せない価値を協力して探究する

こうした**「分散と修繕」型の戦略を実行するときには、単一職種のチームよりも、多様な専門性・個性を持った混成チームのほうが適しています。**

これはRPGでいえば、「勇者」「戦士」「僧侶」「魔法使い」などといった複数の職業から編成されるパーティです。一般に、能力値や特性の異なるキャラクターを組み合わせたほうが、ゲーム内での冒険は圧倒的に進めやすくなります。

実際、創造的な成果が求められる企業では、異なる職種のメンバーで構成されたチームがかなり一般的になりつつあります。たとえば、プロダクト開発のチームのなかに、エンジニアだけでなくデザイナーやマーケター、プロジェクトマネジャーなど多職種のメンバーが組み込まれているようなケースです。

なぜ同じチームで働くのか？
——個性が違うからこそ、「道具」ではなく「仲間」になる

チーム観をアップデートするとき、重要なポイントは2つあります。

1つめは、**「お互いの個性を活かし合う」**ことです。

「デキる営業」をリーダーとした同一職種のチームの場合、未熟な新人メンバーたちがまずや

るべきは、「リーダーのやり方を真似すること」です。それぞれの個性は度外視して、売れるための成功パターンをリーダーからひたすらコピー・吸収することが求められます。

他方、異なる職能が集まった冒険的チームでは、そういうわけにはいきません。エンジニアとしての美学、デザイナーとして譲れないポイント、各人の感性や優先事項など、メンバーごとのこだわりの違いを理解しつつ、一人では生み出せない価値を探究する必要があるからです。

第2のポイントは、チームを「**精神的な共同体**」としてとらえることです。

軍事的世界観におけるチームは、職種や専門性に応じて機械的に分けられていました。そういう環境下では、必ずしもメンバー間の精神的なつながりは必要ありません。「私が営業部にいる理由」は「私が営業職だから」で十分でした。

他方で、職種や専門性、こだわりの異なる個性豊かなメンバーが1つのチームに集《つど》うときには、お互いが持っている背景や感情を理解し、精神的につながり合っている必要があります。「精神的につながり合う」とは、**メンバーを「仲間」として見る**ということです。

これは言い換えれば、「目標のレンズ」のところで指摘した、部下や同僚を「道具」として見る発想（63ページ）の真逆です。

私たちは合理化が進む現代社会に生きるなかで、**他人を「道具」としてとらえるものの見方を無自覚に習得してしまっています。**

たとえば、態度の悪いコンビニの店員さんに対して、「ちゃんと仕事をしてほしいな……」と思うことはあっても、「長時間のシフトで疲れているのかな？」とか「昨日、なにかイヤなことでもあったのだろうか？」などと気遣うことはほとんどないでしょう。

他者を「コンビニ店員」として記号的にとらえ、ある種の「道具」として利用しているからこそ、私たちはふだんお店を気軽に利用できているのです。

逆に言えば、店員が「有用な道具」として機能しないと、反応が悪いテレビのリモコンに苛《いら》つくように、「ちゃんと動いてほしいな……」とイライラすることすらあるかもしれません。

合理的思考に傾倒した軍事的世界観のチームでは、「道具的な関係性」が蔓延しています。とくに管理者・評価者であるマネジャーにとって、チームのメンバーは割り当てられた目標を達成するための「道具」になりがちです。

冒険的世界観におけるチームとは、一人ひとりのメンバーを単なる〝道具〟ではなく、個性ある〝人間〟として認め、「仲間」として互いにつながり合う共同体です。多様な職能を活かすことは重要ですが、営業も、エンジニアも、デザイナーも、職能に関係なく、一人の人間です。『ONE PIECE』に登場する「麦わらの一味」が同じ船に乗っているのは、彼らが「仲間同士だから」です。「自分の目標の達成にとってお互いが有用だから」ではありません。

せっかく同じ職場で働く以上、**「同じ船に乗る意味」を一緒に考えてみる**——これが、チームのレンズを「機能別に編成した小隊」から「個性を活かす精神的共同体」へ交換するということです。ここでは、人材の表層的なスキル面だけでなく、「その人が何者なのか」「どんな背景を持っているのか」「なぜここで働いているのか」なども含めて、相手を全人格的に理解しようとする姿勢が求められます。

〝ドライな組織〟ほど「致命的な問題」を見落とすワケ
――ハイフェッツの「適応課題」

こうしたチーム観については、違和感を覚える人も多いかもしれません。

「チームの関係性が良好なのに越したことはないけれど……最低限の業務がうまく回りさえすればそれでいいのでは？　職場の同僚にすぎないのに、わざわざ相手のパーソナリティまでも理解して、精神的につながり合うのは面倒だな……」

とくに現代ではそういう声をよく耳にするようになりました。私自身、一人でじっと物事を考えたりするのが好きですし、四六時中ずっと他人といたいタイプではないので、こういう気持ちはとてもよくわかります。

しかし、やはり組織づくりの専門家としての視点に立つと、これからの時代のチームは、たまたま職場を同じくする「ドライな寄せ集め集団」ではなく、お互いに精神的につながり合った「仲間」であるべきなのです。

なぜなら、今後の組織では、**後者のようなチームのレンズでしか見えてこない厄介ごとが頻出することになる**からです。レンズが古いままだと、物事の本質を見誤り、見当外れな打ち手を繰り返すことになりかねません。

リーダーシップを専門とする経営学者の**ロナルド・ハイフェッツ**は、組織やチームにおける問題には、「**技術的課題**」と「**適応課題**」という2種類があると述べています。[12]

技術的課題とは、**すでにある知識・技術によって解決できるトラブル**のことです。つまり、なにか困ったことが起きたとしても、しかるべき〝やり方〟を知っていさえすれば、すぐに解けてしまうような物事のことです。たとえば、「サーバーがダウンする」という事故に見舞われた場合、正しく対処するための知識・技術を持っている専門家を用意すれば、これはたちまち解決することができます。

他方で、より難しいのが適応課題のほうです。こちらは、**当事者が考え方や価値観、関係性を変えないかぎり解決しないような問題**のことです。適応課題が厄介なのは、**その解決のためにある種の〝自己変容〟が必要になる**からです。適切な知識や技術さえあれば、自分をいっさい変えなくても解決できる技術的課題とは、この点が対照的です。

たとえば、「組織内でなかなか新規事業が生まれない」という問題があるとき、人はしばしばこれをアイデアや技術が足りないせい（技術的課題）だと考えてしまいます。しかしこれは、典型的な適応課題です。

軍事的世界観の組織では、チームの精神的な関係性が希薄なため、お互いを道具のように機能的に「こういう人だ」と決めつけるバイアスがあちこちで生まれています。マネジャーのほうでは「うちのメンバーは頭が固すぎる。だからロクなアイデアを提案してこない……」と決めつけている一方、現場のメンバーたちは「うちの上層部は最新トレンドのことを知らないし、聞く耳を持とうとしない。だからアイデアを提案してもどうせ却下される……」などと不満を持っていたりする――。

実際のところ、この組織で現場起点の新規事業が成就《じょうじゅ》しないのは、アイデアや技術が不足しているからではありません。

「技術的課題」と「適応課題」

技術的課題
Technical Problem

解決策が明確で、既存の知識・技術で解決可能な問題

適応課題
Adaptive Challenge

問題の当事者が「認識」や「関係性」を変えなければ解決しない問題

出典：Heifetz, R. A., Linsky, M. & Grashow, A. (2009); Heifetz, R. A., & Linsky, M. (2017).[12] などを参考に著者作成

職場で働く人たちがお互いに内心でなにを考えているのか、どんなことに価値観やこだわりを持っているのか、そして、お互いがどんな葛藤を抱えているのかが見えなくなっていることこそが、真の原因なのです。

ところが、「機能別に編成した小隊」というチームのレンズに囚われている組織では、こうした適応課題は気づかれることがありません。そのため、原因が「ノウハウ不足＝技術的課題」にあると誤解され、たとえば「技術者の発想を柔らかくするために、アイデア研修を導入する」といった安易な（そしてまったく効果の出ない）施策に手を出してしまうケースが散見されます。

今後、さまざまな個性・職能・専門性を束ねた多様性のあるチームが増えていくなかでは、これまで以上にさまざまな適応課題が生まれてくるでしょう。なぜなら、それぞれのメンバーはこれまで以上に複雑なバックグラウンドを抱え、バラバラな価値観を持っているからです。

適応課題の存在に気づき、それを解決していくためには、チーム・組織内のメンバーに対する深い理解が不可欠です。「同じ営業同士なんだし、わざわざ説明しなくてもわかってくれますよね？」といった〝阿吽《あうん》の呼吸〟や〝ツーカー〟はもはや通用しません。

できるかぎり対話を重ねながら、お互いを理解しようとする努力があって初めて、異能を束ねる「麦わらの一味」のようなチームは維持できるのです。

③ 会議のレンズ

「伝令と意思決定の場」から「対話と価値創造の場」へ

「軍略会議」がチームの熱量を奪う

会議やミーティングをしない組織はありません。形式や頻度はさまざまですが、組織というものは、「場を設けて話すこと」の連続で成り立っているといっても過言ではありません。

ただし、組織の世界観が変わってくれば、当然、「会議」というもののとらえ方も大きく異なります。「**なんのために集まってコミュニケーションをとるのか?**」**という目的が変わる**と言ってもいいでしょう。

軍事的組織における会議には、３つの役割が考えられます。

①メンバーそれぞれが集めてきた情報を持ち寄る「報告」の場
②みんなで意見を出し合ってやり方を決める「意思決定」の場
③リーダーからメンバーに方針を伝える「伝令」の場

こうした会議観の典型として私が想起するのは、原泰久さんの超人気マンガ『キングダム』における軍略会議のシーンです。

古代中国の春秋戦国時代における武将たちの争いを描いた『キングダム』は、若き時代の始皇帝と彼に仕えた武将の李信を主人公とした冒険物語ですが、当然ながら全体としては軍事的世界観がベースに敷き詰められています（ちなみに私は『ONE PIECE』と同じくらい『キングダム』も大好きです）。

作中では、武将たちが実際の戦場を模《も》した盤面を取り囲み、兵士などを表す駒（兵棋《へいぎ》と呼ぶそうです）を動かしながら、どこをどう攻めるかを話し合う様子が描かれています。軍師らが戦況報告をもとに最善と思われる戦略を練り上げて、将軍が最終的な意思決定を下し、その命令が各リーダーに伝えられる――軍事的世界観における会議とは、まさにこうした**「伝令と意思決定の場」**だと言えます。

軍事的世界観には、この「伝令と意思決定の場」が正しく機能しさえすれば、すべてうまくいくという前提があります。

たしかに、**「機能別に編成した小隊」**に**「行動を縛り上げる指令」を下していく組織では、こうした会議のやり方が最適**でしょう。

しかし、組織にはさまざまな感情と価値観を持った人がおり、意思決定された内容をただ伝令するだけでは、その意図までがきちんと伝わらないことがあります。

「会議の場で方針が示されているのに、プロジェクトの熱量が徐々に下がってしまう……」などの問題が起きるのは、そもそも全員がその方針に対して乗り気ではないからです。

こういうとき、「これは組織としての決定事項なので、とにかく言われたとおりにやってください！」という具合にリーダーが強権発動を繰り返していくと、ますますチーム・組織のなかには〝わかり合えない感〟が広がっていきます。

出典：原泰久『キングダム』65巻[13]

対話は「雑談・討論・議論」とどう違う？

――「相手の前提」を知ろうとする行為

冒険する組織、つまり、「個性を活かし合う仲間」に「好奇心をかき立てる問い」を投げかける組織にするためには、会議の目的ややり方を根底から変えなければなりません。

そこで必要なのが、**「対話と価値創造の場」**としての会議のレンズです。

とくに重要になるのが**「対話」**という概念です。

私たちはよく「じっくり対話をしましょう」「お互いの対話が大事です」などと口にしていますが、この概念はしばしば誤解されがちです。

ここで、対話とその他のコミュニケーションの違いについて確認しておきましょう。

まず、対話は**「雑談」**とは違います。雑談とは、お互いのボール（本音・価値観）は見せないで、当たり障りない会話を交わすことをいいます。人間関係を円滑にするための情報交換ですから、これはこれで、対話の助走としての重要な役目があります。

他方、「**討論**」とは、互いにボールをぶつけ合い、相手を説得したり論破したりすることを目指したコミュニケーションです。対話とは最も対極的だと言えるでしょう。

また、対話はしばしば「**議論**」とも混同されているようです。議論というのは、お互いのボールはさておき、全員にとって合理的・客観的な正解を見つけようとする行為です。これはどちらかといえば、軍事的組織において中心的なコミュニケーション形態ですが、冒険する組織でもある程度は必要になります。

対話とは、「**互いの意見の背後にある前提に目を向けることで、凝り固まった考え方や関係性を再構築しようとするコミュニケーション**」です。

もう少しゆるく言うならば、自分のボールは脇に置きつつ、相手のボールを観察しようとすること、といったところでしょうか。

対話とはなにか——その他のコミュニケーションとの違い

雑談

互いのボール（考え・価値観）は見せない、
当たり障りない会話

討論

互いのボールをぶつけ合い、
勝敗をはっきりさせる

議論

互いのボールはさておき、
全員にとって合理的な正解を見つける

対話

自分のボールは脇に置いて、相手のボールを観察。
お互いを尊重し、新たな解決策やビジョンを共に描く

ここからもわかるとおり、対話の主眼は、雑談・討論・議論とは違って、**相手が持っている価値観や本音を尊重し、その背景を知ろうとすること**にあります。

冒険する組織における会議では、雑談や議論を引き続き活用しながらも、対話的なコミュニケーションを通じた価値創造を重視します。

会議を「伝令の場」ではなく、「対話の場」としてとらえ直せば、雑談・討論・議論では到達し得なかったような、新たな解決策やビジョンを共に描くことができます。

社内で「対話」をするための3つのステップ――察知・理解・共創

伝令としての社内コミュニケーションに慣れきった人にとって、「対話」の実像はなかなかイメージしづらいのではないかと思います。

社内コミュニケーションの具体論については、［第Ⅱ部 実践編］でまた後述しますが、ひとまずここでは「対話を実現するためのポイント」を確認しておきましょう。

社内でだれかと話すときには、この3つのステップを意識してみると、対話的なコミュニケーションが構築しやすくなるはずです。

ステップ①　前提のズレを「察知」する
ステップ②　互いの前提の違いを「理解」する
ステップ③　目線を合わせ、新たな意味を「共創」する

ここでは、上司・部下間におけるコミュニケーションのケースに沿って考えてみましょう。
なんとなく元気がなさそうな部下の様子に気づき、上司が声をかけます。

［ステップ①］前提のズレを「察知」する

上司「最近、元気がなさそうに見えますけど、なにかありましたか？」
部下「いえ……。たいしたことじゃないので大丈夫です」
上司「些細《ささい》なことでもいいですよ。どうしたんですか？」
部下「例のプロジェクト、先週に中断が決まったじゃないですか。あれは私がもともと起案したものだったので、なんだか納得いかないというか、ちょっとモヤモヤしていて……」

上司「そうだったんですね。……中断の理由は会議で説明したと思いますが、もう少し具体的には、どんなところにモヤモヤを感じていますか？」

なにげない表情の変化から様子を窺ったところ、きちんと説明したはずの「プロジェクトの中断」について、部下が納得のいかない思いを抱えていることがわかりました。
まだその要因はわかりませんが、なにかしらの前提がズレている可能性がありそうです。まずは、この違和感に気づくことが出発点です。

［ステップ②］互いの前提の違いを「理解」する

部下「中断の理由は、経営陣の判断だそうですから、仕方がないことだとわかっているんですが……。しかし、あまりにあっさりと打ち切りが決まったので、自分の起案したプロジェクトの意味がなかったかのような言い方に聞こえて……」

上司「ああ、それは申し訳ない！　きちんと伝えられていなかったけど、じつは経営陣はあなたのリーダーシップをすごく評価していて、プロジェクトの趣旨にもとても共感していたんですよ。もちろん、それは私も同じです。ですが、今回はどうしても市場のタイミングが悪かったので、みんなも断腸の思いで中断を決めたんですよね」

部下「えっ、そうだったんですか!! 正直言うと、自分のこの会社での存在価値が否定されたような気持ちになっていたんです……。中断は残念ですが、ちょっと安心しました」

上司「私が言葉足らずだったせいで、傷つけてしまってごめんなさい! 元気がなかった理由がわかってよかったです。気になっていたことを率直に話してくれて、ありがとうございます!」

互いの前提を共有することで、誤解が解消され、相互理解を深めることができました。これだけでも対話的なコミュニケーションとしては十分ですが、さらに目線を合わせれば、新しい価値や意味づけを共創する絶好の機会になります。

［ステップ③］目線を合わせ、新たな意味を「共創」する

上司「もしかしたら、今回のプロジェクトを〝失敗〟ととらえてしまっているメンバーがほかにもいるかもしれませんね」

部下「きっとそうだと思います。忙しさとショックでちゃんと振り返る余裕がとれていなかったので、このプロジェクトの経験をちゃんとチームで振り返る時間があったほうがよさそうです」

上司「次回の定例ミーティングで、このプロジェクトから得た学びをリフレクションする時間をとりましょうか！」

このようにして、対話によって部下のケアをするにとどまらず、プロジェクトの中断を「学習機会」として意味づけることができました。

冒険的世界観における会議とは、こうした「察知→理解→共創」の対話ステップを通じて、新たな価値を生み出していくための場なのです。

成長のレンズ 4

「望ましいスキル・行動の習得」から「新たなアイデンティティの探究」へ

「冒険的成長」とはなにか

――「使えるやつ」ではなく、「しっくりくる自分」になる

「あの新人、成長したね」

職場でこんな会話がなされるのは、どんなときでしょうか?

人材の育成や評価と密接に関わる「成長」というキーワードもまた、組織づくりと切り離せません。人間の学びをとらえる**成長の解釈にも、組織の世界観が色濃く反映される**ため、レンズの吟味が必要なのです。

軍事的組織においては、成長とは「**望ましいスキル・行動の習得**」を意味します。たとえば、新人セールスが商品知識を身につけて、顧客に商品説明ができるようになったとか、先輩が同行しなくてもクライアントから案件を獲得できるようになったとき、その新人は「成長した」と見なされます。

従業員を目標達成の「道具」と見なす組織では、計画に即した自律的なふるまいが奨励《しょうれい》されます。逆に、計画から逸脱した行動は、たとえ本人がよかれと思ってしたことであっても、フィードバックによって「矯正」されます。

まさに兵士の育成がそうであるように、戦略に基づいた計画をスムーズに遂行できるよう、求められた技術やアクションを訓練・指導することが、軍事的組織における「**人材育成**」なのです。

私が専門とする学習論の研究史を辿ってみると、旧来の「成長・育成」観のルーツの理解がさらに深まります。

このような「行動の改善」を重視する発想は、いまから100年ほど前に支持されていた「**行動主義**（Behaviorism）」と呼ばれる考えに端を発します。

行動主義とは心理学における立場の1つであり、人間の「心」や「無意識」といったとらえどころのないものではなく、外部から観察可能な「行動」のみを科学的な考察の対象とする方法論のことです。

アメリカの心理学者**ジョン・B・ワトソン**による1913年の論文「行動主義の立場からの心理学[14]」以来、心理学の世界では行動主義の旋風が巻き起こりました。有名なパブロフの犬（条件反射）のように、「刺激に対する反応」という観点から人間の心理にアプローチする研究が広がっていったのです。

この流れを汲《く》んだ心理学者の**バラス・スキナー**は、「人間の学びとは、環境からの刺激によって行動が変わることである」とする「**オペラント条件づけ**」の考え方を提示しました。これにより、人を育成するうえでは、「よい刺激」を与えたり、「不適切な刺激」を減らしながら、行動をコントロールするべきだと考えられるようになったのです。

軍事的組織における「成長」観はこの延長線上にあり、人材育成の至るところにも行動主義的なレンズが見え隠れしています。

新人を育てる際に、習得させたいスキル・行動をなるべく事細かに分解して教えこむアプローチや、「部下がミスをしたら即座にフィードバックすべき」という通念は、スキナーの行動主義に基づいています。実際、「人材育成の秘訣は〝アメとムチ〟だ」と考えるリーダーは、いまでも少なくないでしょう。

一方で、冒険的世界観の組織では、表面的に観察可能な「スキル・行動」にとどまらず、もっと豊かで、目に見えにくい、人間としての成長に目を向けます。すでに見たとおり、冒険する組織は、働く人を〝道具〟ではなく〝人間〟として扱い、一人ひとりの「自己実現の探究」を尊重する世界観を下敷きにしています。

冒険する組織の象徴とも言うべき『ONE PIECE』の「麦わらの一味」でいえば、ルフィは「海賊王になる」、航海士のナミは「自分の目で見た世界地図をつくる」、船医のチョッパーは「なんでも治せる医者になって〝万能薬〟になる」など、それぞれ全員が自己実現の欲求とイメージを持っています。

このイメージを手がかりに、自分の欲求を叶えていくことこそが、彼らにとっての「成長」です。

とはいえ、ふつうは「麦わらの一味」ほど明確な「夢」があるわけではないと思います。

その意味では、**自分の内的動機に基づいて、より「〝しっくりくる〟自分」像を発見していくプロセスこそが「成長」**なのだと言えます。その過程でスキルが磨かれることはあるでしょうが、それはあくまで自己実現の手段や副産物にすぎません。

「新たなアイデンティティの探究」そのものが、冒険的世界観における「成長」のものさしなのです。

「やりたいこと」の神格化と「とにかく承認されたい」病のあいだ

自己実現を仕事やキャリアの中心軸に据える成長観は、2000年代に入ってから急激に広まりました。その結果、この考え方に対しては、一定の批判が加えられてきたということも事実です。この点についても、少し掘り下げておきましょう。

文芸評論家の三宅香帆は、ベストセラー『なぜ働いていると本が読めなくなるのか』[15]で、労働史を社会学的に読み解きながら、自己実現を目指す現代ビジネスパーソンの課題と注意点について考察しています。

この議論を私なりに読み解くと、自己実現を「成長」の中心軸に置く考え方には、**「内的動機への偏重」と「外的価値への偏重」という2つの落とし穴**があるように思います。

［落とし穴①］内的動機への偏重——「やりたいこと」の神格化

「内的動機」とは、自分の内側から湧き上がる好奇心に基づくモチベーションのことです。「だれかに言われたからやる」とか、「お金のために仕方なくやる」のではなく、**本人がそれ自**

体に関心があり、やってみたいと感じている状態のことを指します。

２０００年代の「ゆとり教育」で推進された「やりたいこと」「好きなこと」を重視するキャリア教育の結果として、自己実現における内的動機の重要性が強調されるようになりました。

しかしその弊害として、「やりたいことが見つからない」と悩む人や、経済的リスクを顧みずに、いわゆる〝稼げない進路〟に進む若者を増やしてしまったことが問題視されています。

この問題の根幹は、**内的動機が〝神格化〟されてしまったこと**にあります。

先行きが不透明な時代、多くの人は「やりたいこと」がはっきりと見えているわけではありません。それにもかかわらず、**だれもが「将来の夢」や「野望」を明確に持っていなければならないかのような風潮**が広がり、それがかえってキャリアの悩みの種になってしまったのです。

本来、内的動機は決して**「崇高《すうこう》なビジョン」である必要はありません。**むしろ、だれにでもある「面白そうだな」「ちょっとやってみたいかも……」といった**手触りのある好奇心で十分**なのです（もちろん、明確な「将来の目標」がある人は、それを大切にしていただきたいと思います）。

［落とし穴②］外的価値への偏重――「とにかく承認されたい」病

「外的価値」とは、**自分の仕事が生み出す報酬や、他者・社会への貢献**のことです。

内的動機を強調しすぎた2000年代の反動もあってか、2010年代には一変して個人競争を前提とする「新自由主義（ネオリベラリズム）」的な資本主義の風潮が強まります。自己実現のあり方としても、自己決定・自己責任の下で、行動を積み重ねながら自分の市場価値を高めていくことが重視されるようになりました。

このような能力主義・達成主義的な自己実現社会を、ドイツ在住の哲学者ビョンチョル・ハンは、著書『疲労社会』〈16〉において「**ハッスルカルチャー**」と呼び、外的価値のために自己犠牲的にがんばりすぎてしまう社会に警鐘《けいしょう》を鳴らしました。

自分の意思で動いていたはずが、「〝商品としての自分の価値〟を高め続けていないと、競争に負けてしまうのではないか……」という不安に襲われる——。これもまた、自分を〝道具化〟する発想だと言えます。**自己実現のためにがんばった結果、人間らしい内的動機が抑圧され、かえって軍事的世界観へと退行してしまう**ようでは本末転倒です。

以上、自己実現型の「成長」観に潜む2つの落とし穴として、「内的動機への偏重」と「外的価値への偏重」について検討してきました。2000年代以降の社会は、自己実現的な成長を希求しながらも、内的動機と外的価値のバランスをうまくとれずに悪戦苦闘してきた20年間だったと言えるでしょう。

逆にいえば、2020年代以降の私たちが目指すべき成長とは、内的動機と外的価値のどちらかに近視眼的に傾倒することなく、なんとか両者を結びつけようと試行錯誤し続けることにほかなりません。

以上を踏まえ、本書では「自己実現」を**「自分の好奇心（＝内的動機）に基づいた活動が、他者・社会への貢献や報酬（＝外的価値）につながっている状態」**と定義しておきたいと思います。

「自分らしさ＝アイデンティティ」が見つかるタイミング

他方で、やはり内的動機と外的価値は、そう簡単には折り合いがつきません。

「野球が大好きで部活を続けたいけれど、親の期待に沿うために受験勉強をしなくてはならない」とか、「バンドとしてはもっとハードな路線を攻めたいのに、ファンやプロデューサーからはポップな楽曲を求められる」といったケースのように、**自分の好奇心の発揮は、必ずしも他者からの期待に合致するとはかぎらない**からです。

この折り合いがつかないと、2000年代の内的動機への偏重、2010年代の外的価値への偏重のように、私たちはどちらかをあきらめて、どちらかに傾倒する安易な道を選んでしまいがちです。あるいは、平日はやりたくない仕事を粛々とこなす分、週末には趣味に没頭してうまくバランスをとるという人もいるでしょう。

他方で、どちらか一方をあきらめずに試行錯誤するうち、「自分の内なる動機」と「生み出された外的価値」がうまく結びつくタイミングがやってくることがあります。

楽しくて続けていたらいつのまにかスキルが身について、ほかの人にも喜ばれるようになったり、最初は頼まれ仕事としてやりはじめたことに思わぬやりがいを感じてしまうようなケースです。

内的動機と外的価値がうまく結びついたとき、私たちは、新しい「自分らしさ」を実感することができます。心理学の言葉でいえば、**新たな「アイデンティティ」を発見した状態**です。[17]

アイデンティティとは、**「自分がどんな人間であるか」についての認識**です。

一般的には、アイデンティティには、さまざまな変数が影響します。所属や役割、得意技や専門性、家庭における

自己実現とは「新たなアイデンティティを見つけること」

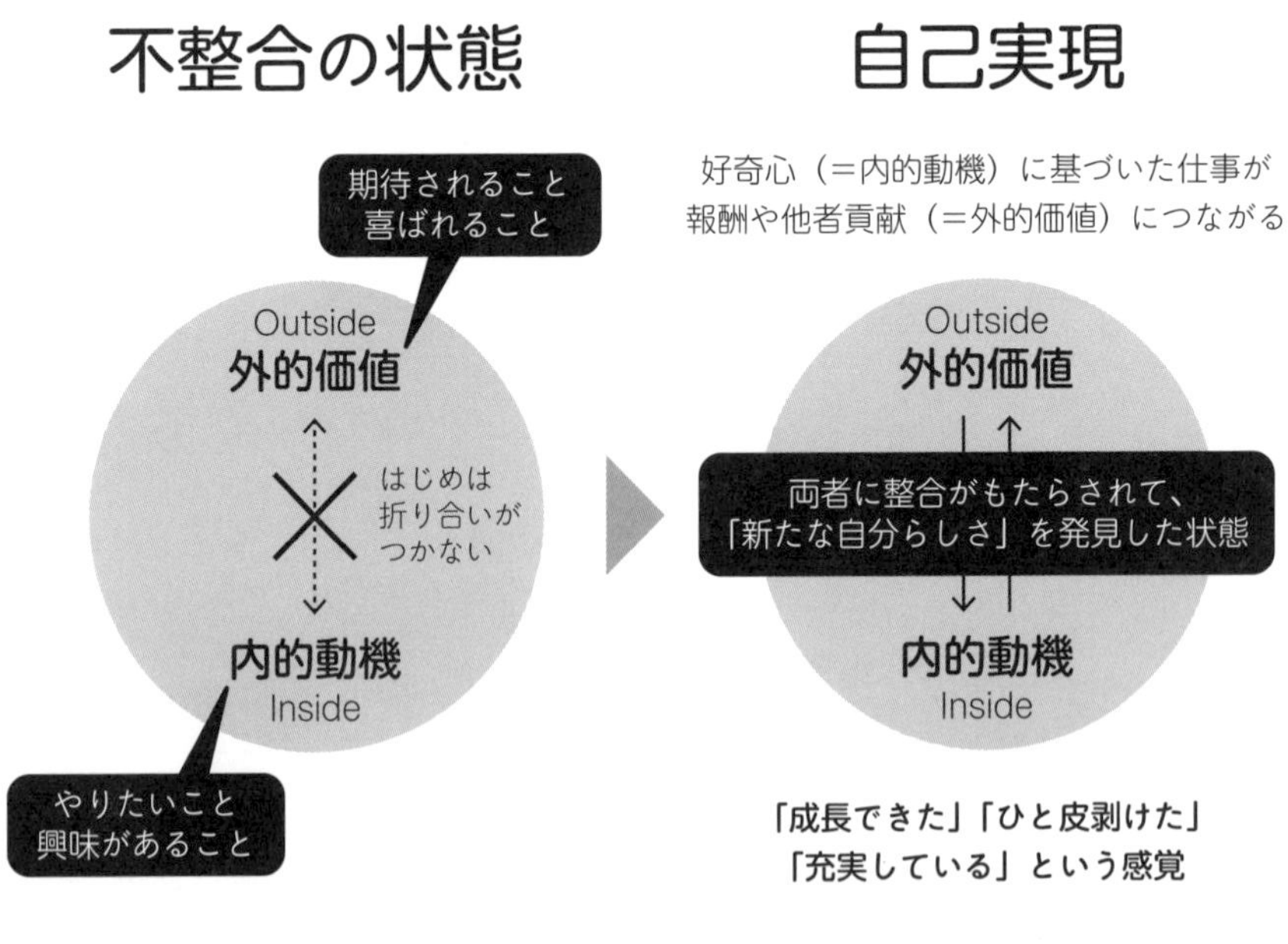

役割やパーソナリティ、出身地・学歴・出自などのバックグラウンドなども大きな構成要素になります。

しかし本書では、内的動機と外的価値の結びつき方、すなわち**「なにに好奇心を向けていて、どんな価値を生み出している人なのか？」**をアイデンティティの中心としてとらえ、冒険的世界観における「成長」のキーワードとしたいと思います。

私自身のキャリアを振り返っても、きっかけになったのは2007年頃、学生時代に遊びでやりはじめた「ワークショップ」でした。そこから、しだいにのめり込み、好奇心に駆られて探究を重ねていった結果、気づけばワークショップが私の仕事の中心になっていました。そして、2013年には運よく『ワークショップデザイン論[18]』という著書も出版することができたのです。

このときに私は「ワークショップの専門家」として、新しいアイデンティティを確立させたのだと思います。ただの趣味だったはずのワークショップが、他者や社会から評価される価値に変わり、得も言われぬ充実感を味わいました。

これが、私にとっての「自己実現」の原体験です。

「アイデンティティの探究」は一生涯にわたって続く

しかし重要なのは、**人のアイデンティティは「ひとたび確立されればそれで終わり」といったものではない**ということです。

内的動機と外的価値が結びついた状態は、あまり長続きしません。人の心というのは不思議なもので、内的動機が満たされると、次第に「飽き」が生じて、まったく別の内的動機を持ちはじめる性質を持っています。

私自身、前述した「ワークショップの専門家」というアイデンティティは長く続かず、次第に興味関心の対象が移っていきました。２０２０年に『問いのデザイン[19]』を出版した30代半ばあたりには、20代で熱狂したワークショップそのものに対する好奇心はすっかり薄れ、自他ともに「問いの専門家」というアイデンティティのほうがしっくりくるようになっていました。

また、外部環境が変わった結果、周りから期待される価値も変化して、それまでに築き上げたアイデンティティが崩れ去ってしまうこともあります。

生成ＡＩの登場により、特定のスキル領域が役に立たなくなったことなどは、その好例でしょう。

私のアイデンティティ変容も、２０２０年のコロナ禍で対面のワークショップが一時的に封印されるとともに、本質的な「問い」を立てることが社会的に求められるようになった結果だと言えます。

このように、ひとたび「自分はこういう人間だ」とアイデンティティを定義しても、その後の人生のさまざまな局面を経て、必ずそれは揺らぎます。

これを心理学では「**アイデンティティ・クライシス**」と呼びます。とくに自分自身や周囲の環境に大きな変化が起こる中年期にかけて、人は一度自分を大きく見失う「**ミドルエイジ・クライシス**（中年の危機）」にぶつかると言われています。

アイデンティティが崩れると人は葛藤し、自分の人生に悩みます。

自己実現の探究には「終わり」がない

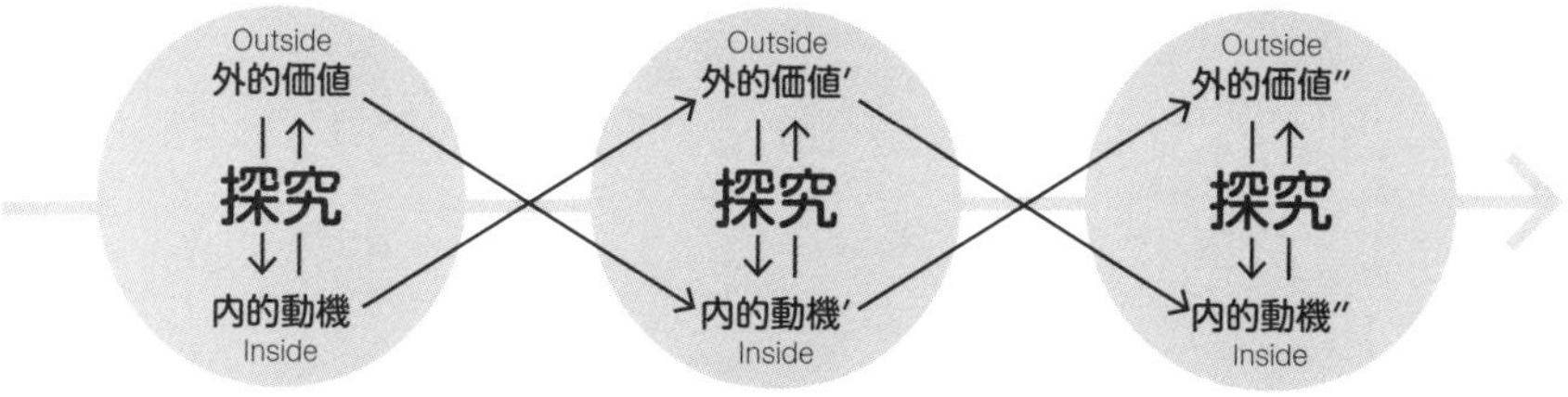

「不整合→新たなアイデンティティの発見」をたえず繰り返す

とはいえ、それは悪いことではありません。新たな「内的動機」と「外的価値」とを結びつける試行錯誤を通して、再び〝新しい自分〟が再構築されることになるからです。このようにして、人は人生のなかで、アイデンティティの「揺らぎ」と「再統合」を何度も繰り返します。

冒険する組織における「成長」とは、仕事を通してたえず自分に向き合い、アイデンティティが変わり続けることなのです。

そしてこれこそが、冒険的世界観における「**自己実現の探究**」の過程だと言えます。

逆に、過去の実績や得意技にしがみついて、古いアイデンティティを無理に固定化したまま探究をやめてしまっている人は、たとえどんなにスキルや能力が高くても、冒険者としては「成長している」とは言えません。

軍事的世界観の「**望ましいスキル・行動の習得**」を超えて、「**新たなアイデンティティの探究**」を成長と考える——これが冒険的世界観での「成長」のレンズなのです。

たとえば仮に、採用業務を5年、研修業務を5年、合計10年にわたって「人事」の仕事をしてきたメンバーの例を考えてみましょう。

これだけのキャリアがあるので、彼はもちろん目の前の仕事をこなせるだけのレベルには達していますが、どうにも最近、「**成長実感のなさ**」に悩んでいます。

「このまま人事の仕事を続けていていいのか？」「もっと別のキャリアを模索するべきなのではないか？」というモヤモヤが胸のなかに渦巻いているのです。

あなたがこのメンバーの上司だったら、どんな言葉を伝えますか？

「悩むことなんかないよ。君には期待している」

「ぜひ、これまでどおり人事パーソンとしての腕を磨き続けてください！」

こうした励ましでは、あまり望ましい結果は得られないでしょう。

冒険的世界観を下敷きにするならば、この部下が求めている成長は、**「人事領域でのスキル向上」ではなく、「人事パーソンとしてのアイデンティティからの脱皮」**だからです。

内的動機と外的価値のバランスを崩して、アイデンティティを見失ってる彼にとっては、いくら人事パーソンとしてのスキルを評価してもらっても「意味」が感じられません。

むしろ、「人事での経験を生かしてコンサル部門にチャレンジしてみては？」とか、「HR系のSaaSプロダクト開発に携《たずさ》わってもらえないか？」といった「新しい可能性」を提示してみるべきです。

成長のレンズをアップデートできていないマネジャーや組織は、働く人の本当の「成長意欲」を見損ねて、こうしたチャンスをみすみす逃すことになりかねないのです。

5 組織のレンズ

「事業戦略のための手段」から「人と事業の可能性を広げる土壌」へ

「戦略」がメイン、「会社」はサブ
――チャンドラーの「組織は戦略に従う」

組織の世界観を変えるためのレンズも、いよいよ5つめになりました。

最後に見ておきたいのが「組織」そのもののとらえ方です。冒険する組織に変わるうえでは、**「そもそも組織はなんのためにあるのか?」**という根本の考え方にも転換が必要になります。

軍事的世界観においては、組織はどこまでも**「事業戦略のための手段」**でした。

ビジネスの前提が「領地の奪い合い」である世界のなかでは、競合から少しでもシェアを奪い、利益を拡大していくことが優先されます。組織というのは、その目的を達成するための単なるツールなのです。

この発想は、アメリカの経営学者**アルフレッド・チャンドラー**による1962年の名著『*Strategy and Structure*』[20]において大きく打ち出されました。

デュポンやゼネラル・モーターズといった代表的企業の歩みを調査し、組織構造の発達プロセスを読み解いていったチャンドラーは、この考え方を**「組織は戦略に従う」**と定式化しています。つまり経営においては、事業を成長させて収益を上げるための「戦略」がまずはあり、それを実現するための「組織」のあり方はあとで規定されるというわけです。

逆に、戦略変更や危機対応など、ビジネス上のやむを得ない事情がないかぎり、組織が変わることはないと彼は考えました。つまり、会社の戦略方針はそのままで、ただ現場の人材育成のためだけに組織構造を変えるなどといったことは、現実的には難しいというわけです。

チャンドラーの組織観においては、**主役はあくまで事業や戦略であり、それを実行する会社の文化や構造は、従属的なポジションに置かれてきた**と言えます。

御社はなぜ「やるべきこと」を実行できないのか？
――アンゾフの逆命題「戦略は組織に従う」

この考え方は軍事的世界観と非常に相性がよかったわけですが、伝統的にもさまざまな批判にさらされてきました。つまり、「本当に組織のあり方というのは、戦略のみによって決定されているのか？　そうとは言えない側面もあるのではないか？」という疑義を呈する声が多数あったのです。

そのなかで最も有名なのが、チャンドラーと同世代の経営学者**イゴール・アンゾフ**の考え方です。

彼が書いた１９７９年の著書『*Strategic Management*』〈21〉には、「**戦略は組織に従う**」というテーゼが登場します。これは「**アンゾフの逆命題**」と呼ばれています。

彼は、チャンドラーの業績には敬意を払いつつも、あえてそれと真っ向から対立する立場をとりました。つまり、**組織が外部環境の変化に対応するときには、組織に備わっている「文化」や「学習能力」が大きなカギを握っている**ことを指摘したのです。

現に世の中を見渡してみても、「儲かるビジネス」が変化しているのに、それにうまく対応できず、古いやり方にしがみついている企業が存在します。

なぜこんなことになってしまうかといえば、新しい事業戦略を試したり、事業のロードマップを見直したり、新規事業を立ち上げたりするためのカルチャーや学習能力が、その会社に欠けて（もしくは失われて）しまっているからです。

わかりやすいのは、生成ＡＩのような新しいテクノロジーの登場でしょう。

生成ＡＩは、ユーザーの価値観やライフスタイルをも根底から覆《くつがえ》しかねない、圧倒的な外部環境の変化ですから、事業戦略においてもこのトレンドに対応していくべきなのは明白です。しかし、多くの企業ではなかなかそれが進みません。

それは、組織に学習能力が足りていないからかもしれないし、過度にリスクを恐れるクセが染みついていたり、新しいことに挑戦する態度が失われていたりするせいかもしれません。

あるいは、過去にひどい不祥事があったせいで、石橋を叩いて渡るような厳格なマニュアルが整備されていたり、情報のセキュリティ管理が厳しすぎて新しいツールが試せないといった事情も考えられます。

いずれにせよ、組織の文化や学習能力がボトルネックとなって、適切な戦略を採用できないケースはたくさんあります。

このように**「どんな組織であるか」**が**「どんな戦略をとるか」を制約してしまう事態**を指して、アンゾフは「戦略は組織に従う」という命題を提出したわけです。

日頃から「土壌」を耕しておけば、人や事業が育つ

アンゾフの逆命題は、組織の役割を前向きにとらえたというよりは、むしろ「組織の現状がビジネスの障壁にもなり得る」という比較的ネガティブな指摘だったと言えるかもしれません。

しかしながら、冒険的世界観の下で再解釈をすると、これは非常に示唆に富んだ考え方だと言えます。

というのも、「戦略は組織に従う」というメッセージは、裏を返せば、**変化に強い組織をつくるほど、採用できる事業戦略の幅が広がる**ということを意味するからです。

すでに見たとおり、どんな戦略が正しいのかが見えづらい不確実な環境下では、その時々の状況に応じて、できるかぎり多様な戦略をとり得る組織のほうが有利になります（68ページ）。これからは「**戦略づくり**」**以前に**「**組織づくり**」**が重要になる時代**なのです。

変化に強い組織をしっかりとつくっておけば、リモートワークを導入せざるを得なくなっても、生成ＡＩのようなテクノロジーが現れても、それらに柔軟に対処できるカルチャーや学習能力が育っているはずです。

逆に、どんなにすぐれた事業戦略を持っていても、組織面をおろそかにしている会社は、こうした変化の力を失っていくことになるでしょう。

さらに、「どんな組織文化なのか」「組織がどれくらい学習能力を持っているのか」といった要素は、「**事業の可能性**」**だけではなく、**「**人の可能性**」**も広げる**ことになります。

組織のあり方は、当然ながらそこで働く人々のコミュニケーションや自己実現にも大きく影響する以上、**いい組織をつくっておけば、**「**それぞれの人がどんなキャリアを歩み得るか**」**も広がる**ことになるのです。

これもまた、人を「決まった業界・職種・役職」のなかに〝道具〟的に押し込めて、本来持っている可能性を制限しようとする軍事的発想とは対照的です。

以上をまとめると、軍事的世界観の下での組織とは「戦略を達成するための手段」にすぎなかったのに対し、冒険的世界観においては「**人や事業の可能性を広げる土壌**」として組織をとらえていくべきだということになります。

通常、会社が組織変革に着手するのは、「なにか別の目的」があるときです。
たとえば、どうしても3年後に達成しないといけない売上目標があり、それに付随してやむを得ず組織も変えていく、といった具合です。

しかし、冒険的世界観における組織づくりは、そのようなものではありません。
組織というものは、システムの入れ替えをするかのごとく、経営者の一存で「機械」のようにパッと変更できるものではないからです。

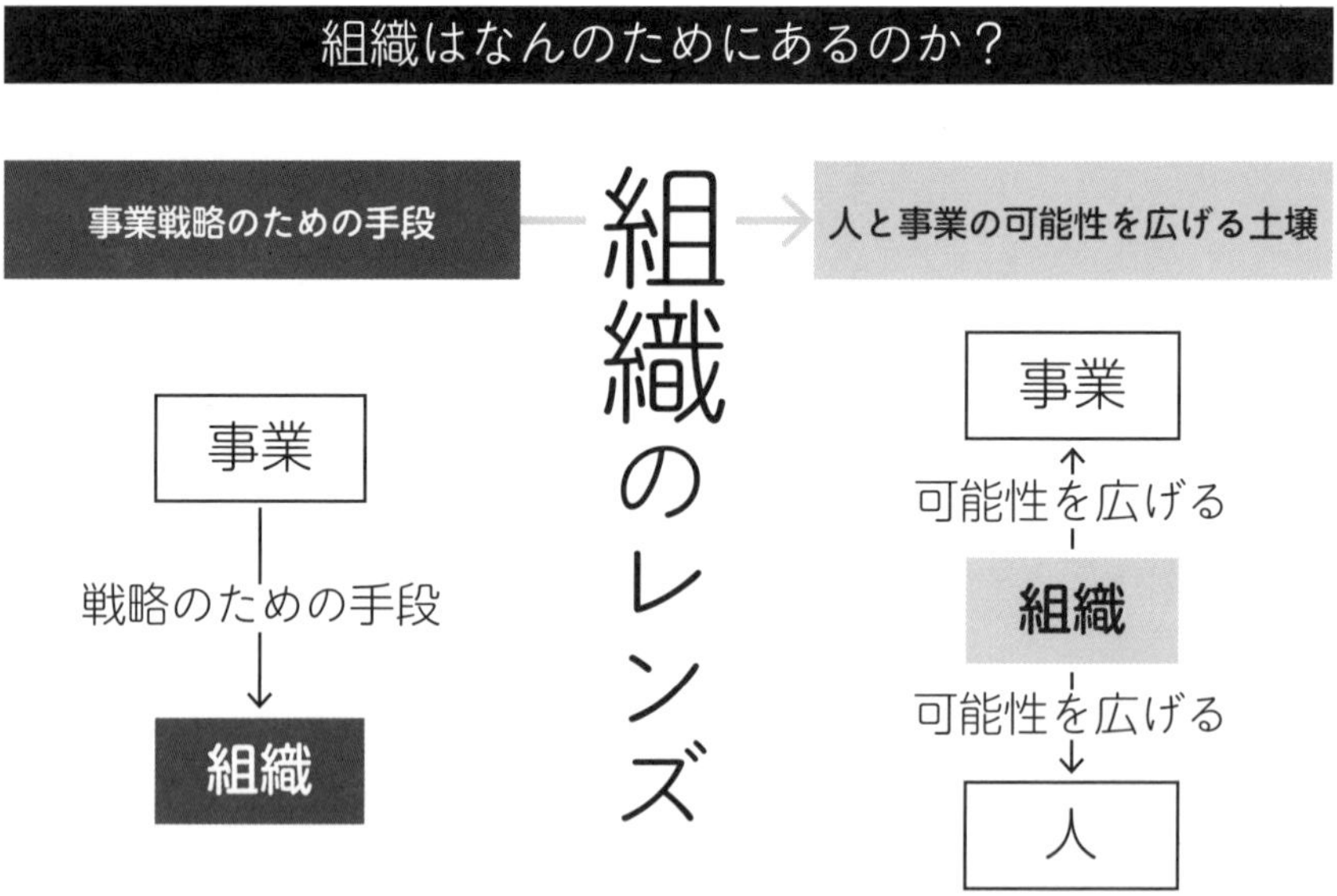

土壌としての組織を耕し続けておくことが、
人と事業の可能性を広げる

むしろ、組織は**「土壌」のように常日頃から耕し続けておくべきもの**です。

私たちはどうしても地上にできる「果実」ばかりに目が行きがちです。

種を蒔《ま》いて、水と肥料さえ与えておけば、あとは勝手に樹木が成長して果実ができるというわけではありません。むしろ、それらのすべては、その木が育つ「土壌」にかなり左右されるのです。

土づくりをないがしろにしたまま、表面的なメンテナンスだけで結果を出そうとしても、その樹木は本来のポテンシャルを発揮できません。

組織づくりとは、人と事業の可能性を最大化するための「土壌」を耕す行為なのです。

土壌は「生きている」と言われることがあります。

土壌のなかには多くの微生物や小動物が住んでいて、それらの生物の活動が、生態系としての土壌を形成しているためです。

組織は「機械」ではなく「生き物」である——これもまた、冒険的世界観の「組織のレンズ」のポイントの1つです。

世界観を変える５つのレンズ

行動を縛り上げる指令	目標のレンズ →	好奇心をかき立てる問い
機能別に編成した小隊	チームのレンズ →	個性を活かし合う仲間
伝令と意思決定の場	会議のレンズ →	対話と価値創造の場
望ましいスキル・行動の習得	成長のレンズ →	新たなアイデンティティの探究
事業戦略のための手段	組織のレンズ →	人と事業の可能性を広げる土壌

† † †

以上、冒険的世界観にシフトするために必要な「5つのレンズ」を見てきました。

ぜひ経営チーム、マネジメントチーム、職場の同僚たちと、これらのレンズについて対話する機会を設けてみてください。

「自分たちの組織・チームにとって、課題となるレンズはどれだろうか?」
「どのレンズからなら、自社でも変えていけそうだろうか?」
「レンズを変えたときに、現実の解釈はどう変わるだろうか?」

まずは、周囲の人たちと新しいレンズを分かち合ってみましょう。

その対話こそが、冒険する組織づくりの第一歩になります。

第2章

自己実現をあきらめない「冒険の羅針盤」——新時代の組織モデル

前章では、冒険的世界観の中核を成す「目標・チーム・会議・成長・組織」という5つのレンズを、軍事的世界観のそれと対比しながら見てきました。

組織をとらえる「ものの見方」を変えたことで、みなさんのなかにも「自分が所属・経営する組織のここを変えたい！」というモチベーションや、「こんなふうにしてみたらどうだろう？」というアイデアが生まれてきたのではないでしょうか。

しかし、いざ具体的な取り組みをしていく段になると、どうしても目の前の仕事や個別の問題に気をとられて、自分がなにをしようとしているのかを見失いやすくなります。

組織は大きくなればなるほど、複雑でとらえどころがなくなるからです。

こんなときに役立つのが**「組織づくりの全体図」**です。

何度も腰痛を繰り返す人に必要なのは、その場しのぎの湿布薬やマッサージではありません。「正しい姿勢」を身につけることです。

そのためには、「どういう姿勢が『正しい姿勢』なのか」という全体像が不可欠です。

それと同じように、**「全体として、組織にどんな状態を実現するべきなのか?」という見取り図**があれば、組織づくりの「迷子」になることを回避できます。

これを私は**「組織モデル」**と呼んでいます。

冒険する組織には、軍事的組織とは根本的に異なる、新たな組織モデルが必要です。

本章では、私が独自に考案した組織モデル「CCM(Creative Cultivation Model)」をご紹介しながら、冒険する組織の「骨格」をおさえていくことにしましょう。

伝統的な「組織モデル」のすぐれていた点、不十分だった点

組織づくりとは「つじつま合わせ」である
——会社のなかの「ズレ」と「整合」

そもそも「組織づくり」とはなんでしょうか？
世の中には多種多様な説明、定義が存在しています。

・ミッション、ビジョン、バリューなどの経営理念をつくって、それを浸透させること
・強い組織カルチャーを醸成《じょうせい》すること
・エンゲージメントやモチベーションのサーベイに基づき、みんなで対話をすること

・評価制度や組織体制、社内規定など、組織の仕組み・構造を変えること
・チームの心理的安全性を高めること

それぞれはたしかに重要ですが、これらはやはり本質とは言えません。
あくまでも「組織づくりについての各論・具体論」にすぎず、「組織づくりそのもの」の輪郭をとらえた説明ではないからです。

それでは組織づくりとは、いったいなにをすることなのか——？

経営学のさまざまな先行研究を踏まえると、**組織づくりとは「組織内の構成要素の『整合』を図ること」**と定義するのが適切です。
「整合を図る」というのは、ちょっと見慣れない言葉かもしれませんが、ここでは「**つながりをよくする**」とか「**つじつまを合わせる**」といった意味で理解してください。つまり、**各要素が矛盾なく折り合いがついた状態をつくる**ということです。

組織のなかにはさまざまな構成要素があります。
「人材」や「業務」のように具体的なものだけでなく、「目標」とか「文化」のように抽象的なものも、組織の構成要素だと言えます。

いくら優秀な人材が揃っていたり、すばらしい目標が掲げられたりしていても、それらがお互いに矛盾していたり、ちぐはぐでアンバランスだったりすれば、組織として成果を上げ続けることはできません。

それらの「ズレ」を正して調和をもたらすこと、つまり**「整合」を図ることこそが、組織づくりの中核**なのです。

逆に、そうした「不整合」が放置されている場合、その会社は組織づくりが不十分だということになります。

現代における「組織づくり」の源流
——ナドラー&タッシュマンの整合性モデル

組織づくりの「整合」の考え方を確立させ、みごとに理論化したのが、下図にあるような**ナドラー&タッシュマンの「整合性モデル」**（Congruence Model）」です。

ナドラー＆タッシュマンの整合性モデル

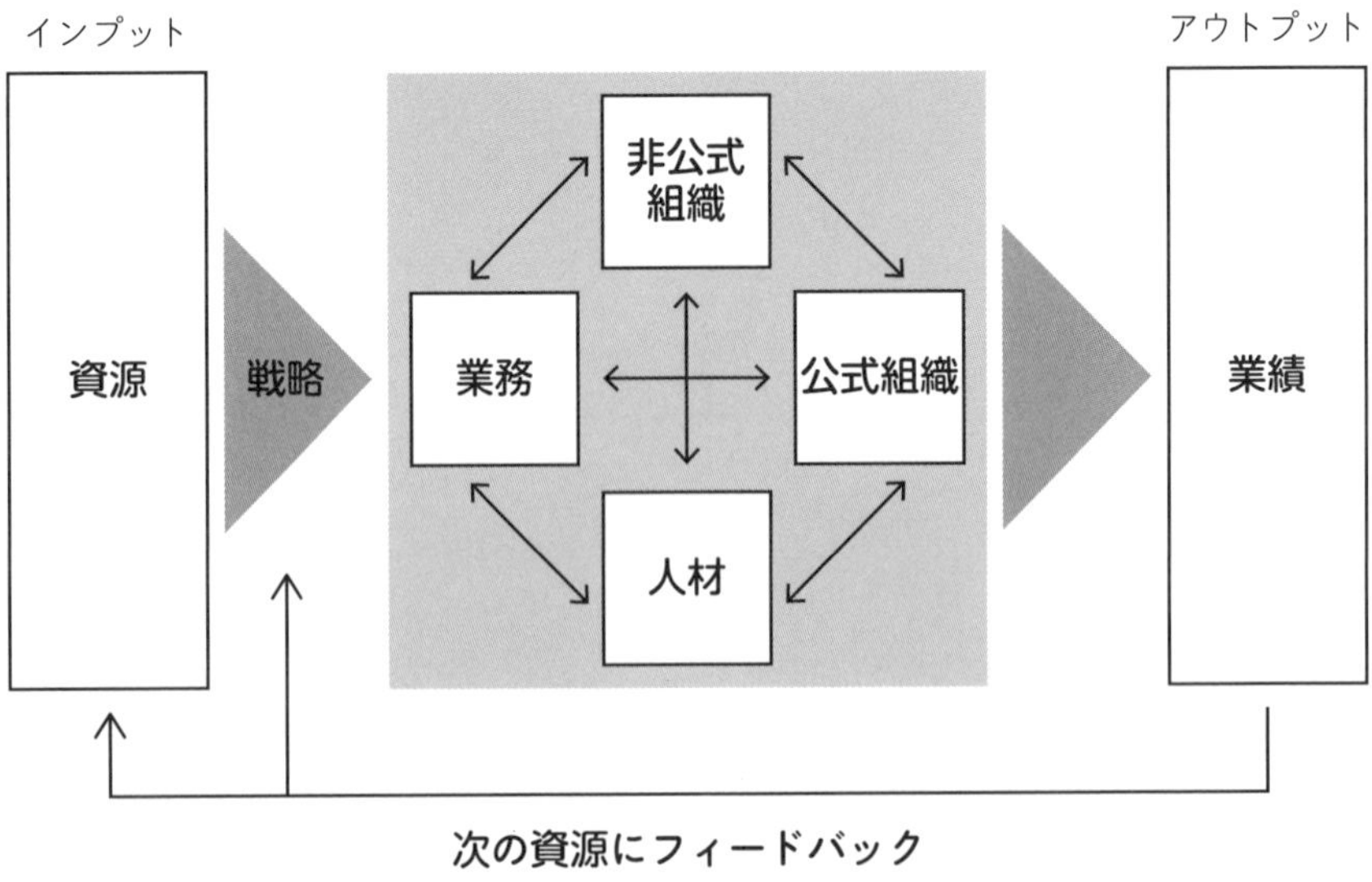

出典：Nadler, D. A., & Tushman, M. L. (1989).[22] を参考に著者作成

この考え方は、組織コンサルタントのデヴィッド・A・ナドラーと、組織行動論の研究者マイケル・L・タッシュマンによって1989年に発表され、組織づくりの一般的モデルとして広く普及してきました。

まず、図のいちばん左にはインプットとしての「資源」があります。それが「戦略」に基づいて投入されると、一定のプロセス（スループット）を経てから、いちばん右の「業績」としてアウトプットされるのが見てとれます。そして、アウトプットされた業績が、また次なる資源・戦略としてフィードバックされる——そんなサイクル図になっているのです。

とくに重要なのが、真ん中の網掛けになっているスループットの部分です。ナドラー&タッシュマンは、ここに含まれている**「業務・人材・公式組織・非公式組織」という4つの要素の「整合」こそが、組織の生産性を高めるうえでのカギ**だとしています。

「業務」は組織を構成する最も重要な活動であり、「戦略」にダイレクトに結びついている必要があるため、いちばん左に位置しています。

「業務」を直接的に支える「公式組織」は、組織構造や人事制度など、個人が業務を遂行するためのシステムを指します。「人材」は、組織内のメンバーの知識やスキル、性格やニーズを指し、「非公式組織」は組織文化や職場コミュニケーションなどを意味しています。

このモデルがすぐれているのは、「業務」や「公式組織」といった操作しやすい〝ハード面〟のみならず、「人材」や「非公式組織」のような〝ソフト面〟も、「整合」の対象に組み込んでいる点です。各要素のつながりが悪いまま放置されていると、同じだけのインプットを投入しても、十分なアウトプットが得られません。

次のようなマイナスのケースを思い描いてみると、より「整合」の大切さがイメージしやすくなると思います。

・新規顧客の開拓が必要なのに、ルートセールスが得意な人材しかいない（「業務」と「人材」のズレ）
・エンジニアとデザイナーに連携してほしいのに、組織が縦割りになっていて互いに話す機会が少ない（「業務」と「公式組織」のズレ）
・新規事業の立ち上げが急務だが、社内にリスクを許容する文化がない（「業務」と「非公式組織」のズレ）
・ポテンシャルの高いメンバーに機会提供がなされず、くすぶって離職するケースが相次いでいる（「人材」と「公式組織」のズレ）
・中途採用で優秀なメンバーが続々入社しているが、カルチャーフィットしていない（「人材」と「非公式組織」のズレ）

・組織の価値規範を体現している人材を、評価する仕組みがない（**「非公式組織」と「公式組織」**のズレ）

コンサルタントの実践知をベースにしていたこともあって、このモデルは実務の世界にも広く受け入れられてきました。

実際、組織コンサルタントであったナドラーは、経営者に指導する際に、この整合性モデルを用いて自社のどこにズレ（不整合）が生じているのかを特定していくアプローチをとっていたようです。

また、同時期に発案された有名な経営戦略フレームワークである**マッキンゼーの「7S」**にも、「複数の構成要素（7つの経営資源）のあいだの整合を図る」という発想が見られます。

これらのモデルにどのような因果があったかは不明ですが、IT化とグローバル化の下でビジネスが大きく揺れ動くなか、会社がバラバラにならないように「整合を図る」

マッキンゼーの7Sフレームワーク

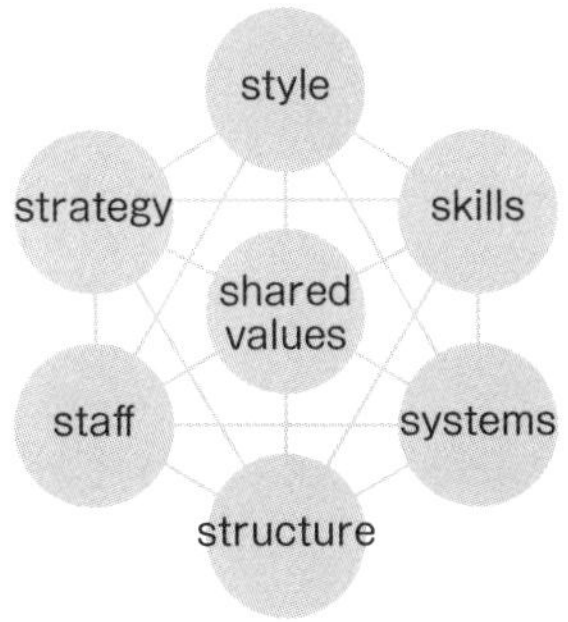

出典：McKinsey & Company. (2008). [23]

というコンセプトは、組織づくりの大きな指針になりました。整合性モデルは現代でも頻繁に参照されており、考案者のタッシュマン自身も、2016年に出版された自著『両利きの経営』〈24〉のなかで、このモデルの修正版に言及しています。

組織はベルトコンベアではない。人間はロボットではない
――伝統的モデルが抱える「3つの課題」

ややもすると近視眼的になりがちな組織づくりにおいて、「構成要素の整合性」という鳥瞰的視点を持ち込んだナドラー&タッシュマンの「整合性モデル」は、ある種の大発明でした。これにより、目の前の問題に振り回されて〝点〟の施策に陥ることなく、**組織全体の問題を〝面〟でとらえる発想が可能になった**と言ってもいいでしょう。

しかしながら、このモデルはあくまで軍事的世界観の真っただなかで支持されてきたものです。これから私たちが漕ぎ出す冒険的世界観にも果たして適応可能なモデルなのかについては、批判的な検討が必要でしょう。

実際、［第1章］で確認した「5つのレンズ」を通して、この組織モデルを吟味してみると、

次のような3つの課題が見えてきます。

①組織をベルトコンベアのような「機械」と見なしている
②各種の変化を想定しておらず「静的」すぎる
③整合性の評価基準が「機能」に偏っている

［課題①］組織をベルトコンベアのような「機械」と見なしている

このモデルは、組織をベルトコンベアのような「機械」と見なしています。左から素材を入れると、加工済みパーツになって右からポンッと出てくる〝自動化されたロボット工場〟のようなイメージです。まさに旧来の「事業戦略のための手段」としての組織像を体現していると言っていいでしょう。

他方で、冒険的世界観における組織とは、「人と事業の可能性を広げる土壌」でした。組織づくりとは、日頃から愛情を込めて「土壌を耕す」行為であり、**機械的にコントロールすることはできません。**組織が「生きている土壌」であることを前提に、有機的なつながりを可視化するモデルが必要です。

［課題②］各種の変化を想定しておらず「静的」すぎる

組織を「機械」ととらえている［課題①］に起因しますが、このモデルでは「組織づくり（スループット）」の前段階で、勝利条件に向けた「戦略」がすでに定義されており、そのあとに構成要素のつじつまを合わせるかたちになっています。部品同士がガチッとかみ合いさえすれば、「整合した」と考える――パズルのように静的なモデルです。

しかし現代の冒険は、もっとダイナミック（動的）です。少しでも状況が変化したら、適切な策やルートは刻一刻と変わります。また、人材は単なるパーツではなく、個性や好奇心を持った人間です。ふとしたきっかけで急激に成長したり、逆にモチベーションがダウンしたりもします。

旧来の整合性モデルは、組織の構成要素である人材の「成長」や「変化」を想定していませんし、そこにあまり期待してもいません。これは大きな課題です。個人のアイデンティティ探究にも組織づくりにも「終わりはない」はずで

「なぜ自分がやるのか？」がないと、人は動けなくなる

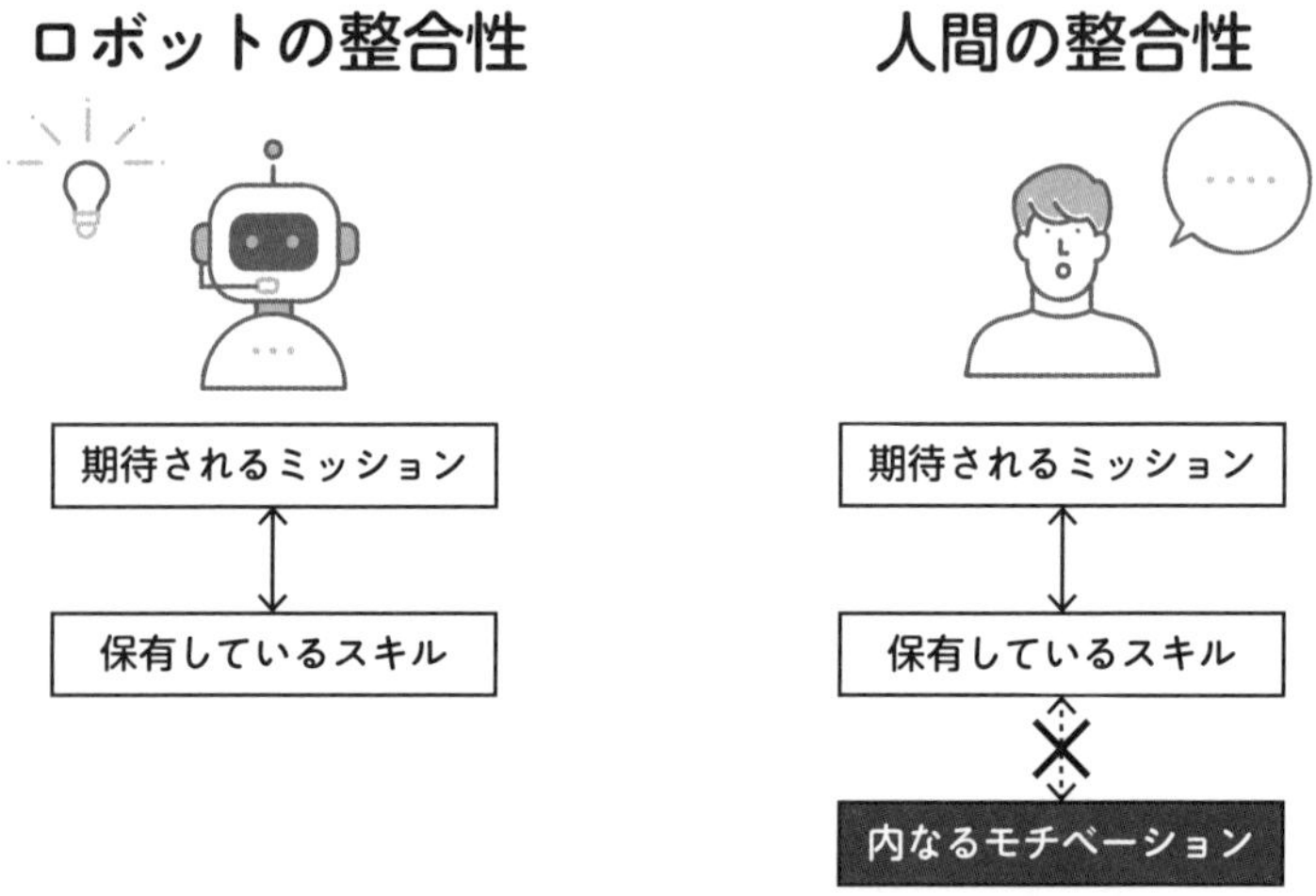

機能的に整合していれば、問題なく働ける

機能的には整合しているが、精神的に不整合

すから、「完全に整合した」と言えるようなゴールは存在しません。変化（不整合と整合）の繰り返しを包摂した「動的モデル」が必要です。

［課題③］整合性の評価基準が「機能」に偏っている

機械的かつ静的なこのモデルでは、組織のパーツ間の整合は、とにかく機能的な視点から判断されます。「業務」の遂行に必要な能力を保有した「人材」が調達されていさえすれば、「業務」と「人材」は整合していると見なされるわけです。

しかしながら、しつこいようですが、働く人はロボットではありません。たとえ業務に必要な能力を持っていたとしても、私たちは**「なぜ自分がやるのか？」という理由や納得感、すなわち「精神的な整合性」を大切にする生き物**なのです。

マンガ『ONE PIECE』には、船長ルフィが、料理人サンジに対して「お前はおれの船のコックだから!!　おれはお前の作ったメシしか食わねェ!!!」と宣言するシーンがあります。[25]　これだけ切り抜くとかなり暑苦しいセリフですが、「麦わらの一味」が機能面だけではなく精神的にもつながりながら整合していることが読み取れる言葉ではないでしょうか。

冒険的チームとは、「機能別に編成した小隊」ではなく「個性を活かし合う仲間」でした。機能的な整合性も引き続き大切ですが、精神的整合性を視野に入れられるモデルが必要です。

一人ひとりが〝多様なまま〟組織につながるには？
——新時代の整合性モデル「CCM」

これまでとは違う「新しい整合」が求められている

前節のような課題を踏まえると、冒険する組織をつくっていくうえで、「ナドラー&タッシュマンの整合性モデル」にはまだまだアップデートの余地があることが見えてきました。

具体的には、次の3つの要件を満たすような、「冒険的世界観の整合性モデル」が必要です。

①機械的ではなく「有機的」なつながりを示したモデル
②人の成長に期待した、変化し続ける「動的」なモデル

③機能的な整合だけでなく「精神的」な整合も扱えるモデル

それでは、これらを満たす冒険的世界観の整合性モデルとは、具体的にどのようなものであるべきでしょうか？

［序論］でラフスケッチしておいたとおり、冒険する組織が目指しているのは、**組織としての「社会的ミッションの探究」と、個々のメンバーの「自己実現の探究」の両立**でした（46ページ）。

自分たちは、この社会になぜ存在しているのか。なんのために事業をしているのか。組織としての「社会的ミッション」を探究し続けながらも、新たな価値を生み出し続ける。しかし同時に、一人ひとりのメンバーの「自己実現」の探究をあきらめない――これが冒険する組織における「事業」と「成長」でした。

そのためには、経営者やマネジャーはもちろん、現場メンバー、コーポレートスタッフなどあらゆる人が、それぞれの好奇心に基づく「自己実現」を探究し、アイデンティティの変化を楽しんでいる必要があります。

もちろん、組織において「社会的ミッションの探究」と「個々の自己実現の探究」を両立させることは、容易ではありません。しかし、**これらの2つの整合を「あきらめない」ことこそが、冒険する組織づくりの最重要課題**なのです。

一人ひとりのメンバーが自分の自己実現に向き合っていて、同時に、その成長が組織のミッションにもつながっていると感じられている。そして実際に、少なからず世の中にも貢献している（**個々の自己実現の探究→社会的ミッションの探究**）。

また逆に、組織によるたえざる社会的ミッションの探究が、価値ある事業をいっそう発展させ、メンバー一人ひとりに豊かな経験や成長の機会をもたらしている（**社会的ミッションの探究→個々の自己実現の探究**）――そんな状態を目指したいのです。

ところが、これは言うは易《やす》く、行うは難《かた》しです。

生まれたてのスタートアップ企業や個人事業主であれば、「創業者の自己実現の探究」は「社会的ミッションの探究」に直結しているでしょうから、2つを整合させることは容易です。

しかし、組織のサイズが数十人、数百人、数千人、数万人と膨れ上がっていくと、そこには十人十色の多様な自己実現が生まれ、事業規模に比例して社会的ミッションの意味合いは広がっていきます。その結果、やがてこの2つは「無関係」に思えるほど遠い存在になっていくでしょう。

経営に近いリーダーや、事業の価値創造に直結する業務を担うメンバーだけならまだしも、「全員」となるとなかなか難しい。しかも、自己実現の探究に終わりはないので、一人ひとりの得意技やモチベーション、そしてアイデンティティはつねに揺れ動きます。それを大きな組織のなかでダイナミックにコントロールし続けるのは、至難《しなん》の業《わざ》と言っていいでしょう。

しかし、だからこそ「**あきらめない**」**という姿勢**がポイントになるのです。

通常、この2つの両立はあまりに難しいため、個人の自己実現に対するケアは、多くの組織では最初から放棄されてしまいます。そして、その「あきらめ」が、やがて従業員を道具化し、野生を失わせてしまう——。


ここで大事になるのが、「この組織では、メンバーがだれ一人として自己実現をあきらめなくていいのだ」という「**希望**」**につながる指針**です。

これを実現するためには、「社会的ミッションの探究」と「個々の自己実現の探究」を〝直接的〟に結びつけようとするのではなく、**中間にいくつかの別の要素を挟むことで、〝間接的〟に整合させるような工夫が必要**です。

つまり、いくつかの変数を介してつなげることで、だれもが「この組織で働く意味」を実感できるようにしたい。しかも、それを**個々人の自助努力に頼るのではなく、組織の「仕組み」と「文化」の力で実現できるようにしたい**のです。

この難題に対する私なりの答えが、次ページに示した、冒険的世界観の新しい「整合性モデル」です。これを私は「**組織の創造性の土壌を耕す**」**ためのモデル**として「CCM（Creative Cultivation Model）」と名づけました。これこそが、本書の主題である「冒険する組織のつくりかた」の〝羅針盤〟であり、新時代の組織づくりの全体モデルです。

冒険する組織の新・整合性モデル「CCM」

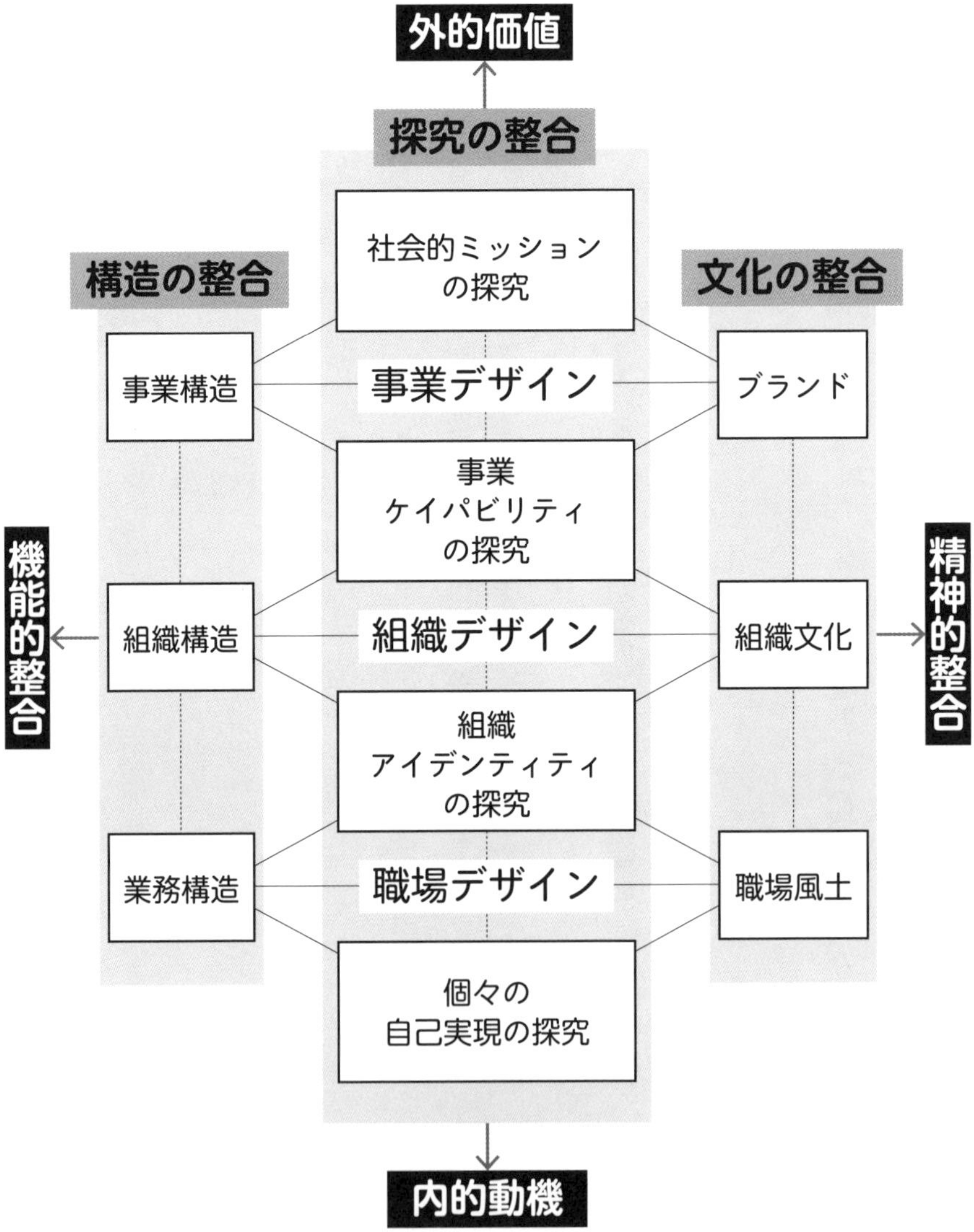

CCMは単なる「絵に描いた餅」ではなく、MIMIGURIが企業のコンサルティングを行うときにも活用している**実践的ツール**です。また、経営者として自社を運営するうえでも、私の頭のなかにはつねにこの見取り図があります。

「個人の欲望」と「社会的価値」は、たいてい直結しない
——媒介となる「2つのブリッジ」

とはいえ、そこまでシンプルなフレームワークではないですよね。ナドラー&タッシュマンの整合性モデルに比べて要素も線も多いので、初見の人は十中八九、ちょっと面食らってしまうのではないかと思います。

ここからは順を追って、モデルの詳細を解説していきましょう。この章を読み終えるころには「なるほど、そういうことか」とご納得いただけているはずですので、どうかご安心ください。

まず注目してほしいのは、**中央の縦ラインの両端の部分**です。上には「**社会的ミッションの探究**」、下には「**個々の自己実現の探究**」があります。

ここからわかるとおり、CCMとは、この2つをどうにかして整合させるためのモデルなのです。

ただし、冒険する組織に必要な「探究」の活動は、これだけではありません。

第一に、「事業ケイパビリティの探究」が必要不可欠です。事業ケイパビリティとは、**事業のコアとなる強み・独自の能力**のことです。価値創造の源泉となっている技術やノウハウなど、いわば組織の「得意技」を指します。

短期的な利益がどんなに出ていても、特定事業のケイパビリティ上であぐらをかいてしまうと、長期的には組織の成長は停滞してしまいます。人間のキャリアと同様、冒険する組織もまた、自分なりの「得意技」「できること」を探究し続ける必要があるのです。

第二に、「組織アイデンティティの探究」も欠かせません。組織アイデンティティとは、「**自分たちがどんな組織であるか**」についての認識です。

4つの探究に「整合性」をもたらす

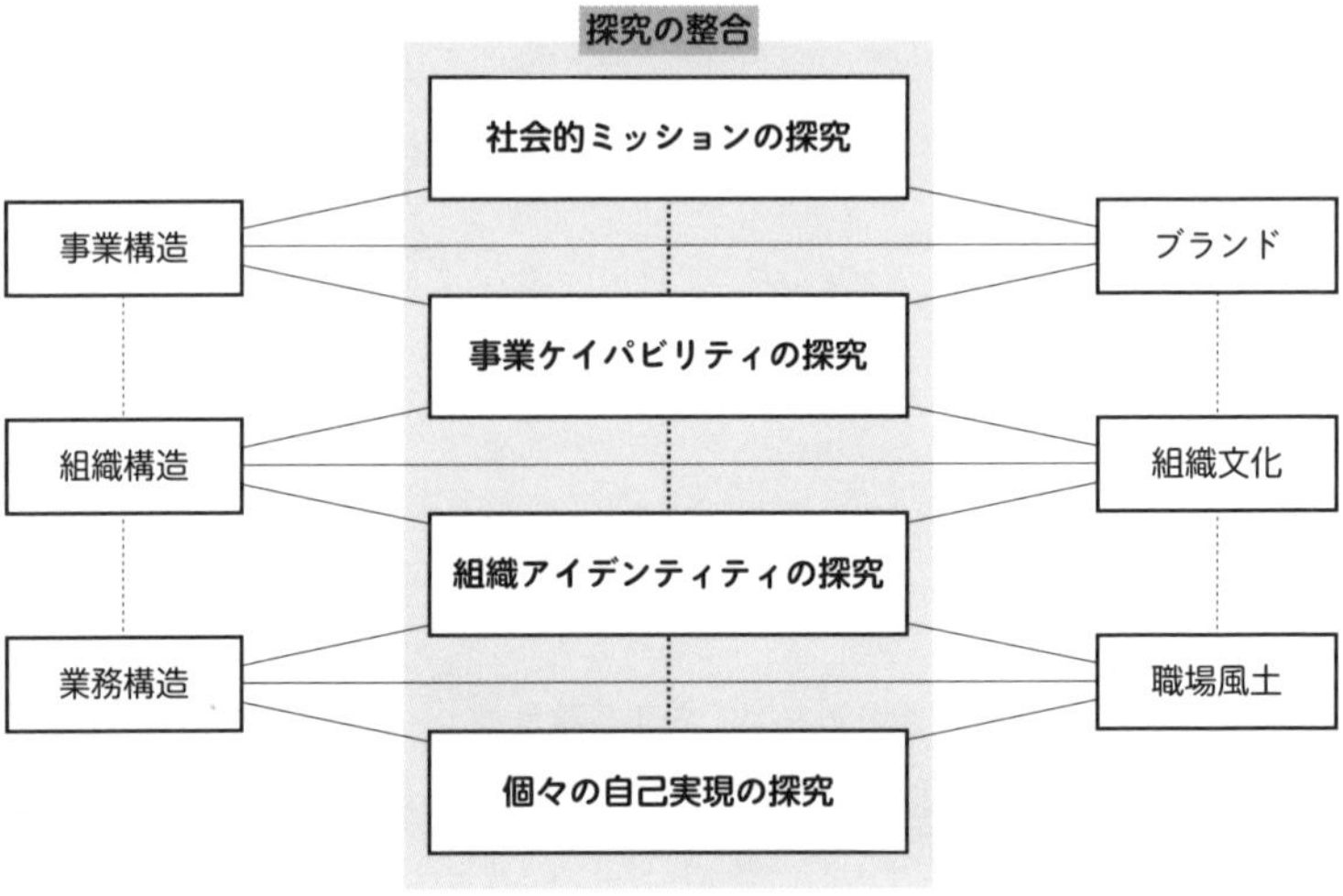

これは、自社の唯一無二の特徴を示した「私たちらしさ」についての感覚と言ってもいいでしょう。「マーケティングのプロ集団」とか「業界の万年二番手」といった外的特徴から、「遊び心を持って、つねに新しいことにチャレンジし続ける」といった内面的なキャラクターに至るまで、さまざまな「らしさ」がここには含まれます。

事業が多角化して、メンバーの数が拡大していくと、組織では「らしさ」に対する共通感覚や所属意識が次第に薄れていきます。たとえ創業期に幹部がそれを経営理念として明文化していても、環境変化や事業成長に伴って、組織アイデンティティは揺らぎ続けるからです。「法人」というのはあくまでも「法律上で認められた人格」という意味ですが、組織もまた個々の人間と同様、アイデンティティを持った「生き物」です。冒険する理由を見失わないためにも、私たちは全員で「自分たちは何者なのか？」を問い続ける必要があるのです。

冒険する組織にとっての2つの両極（「社会的ミッションの探究」と「個々の自己実現の探究」）は、この2つの探究（「事業ケイパビリティの探究」と「組織アイデンティティの探究」）をあいだに挟むことで、〝間接的に〟つながります。

ＣＣＭの中央の縦ラインは、これら**4つの異なる探究が動的に整合している状態**、すなわち**「探究の整合」**を表しているのです。

「バラバラな思惑」のまま、「同じ船」に乗っていてもいい

CCM全体においても、［第1章］の「成長のレンズ」で見た「内的動機」と「外的価値」という軸が想定されています（98ページ図）。

つまり、「個々の自己実現の探究」は「内的動機」に、「社会的ミッションの探究」のほうは「外的価値」に向かっているのです。

スタートアップ創業者やCEO、個人事業主など、自分が手がけた製品・サービスを顧客に提供している個人であれば、自己実現と社会的ミッションという2つの探究は、ダイレクトにつながります。

一方、組織のサイズが膨らむと、そうはいきません。組織ではたくさんの仕事が役割分担されていますし、働いて

「内的動機」と「外的価値」をつなぐモデル

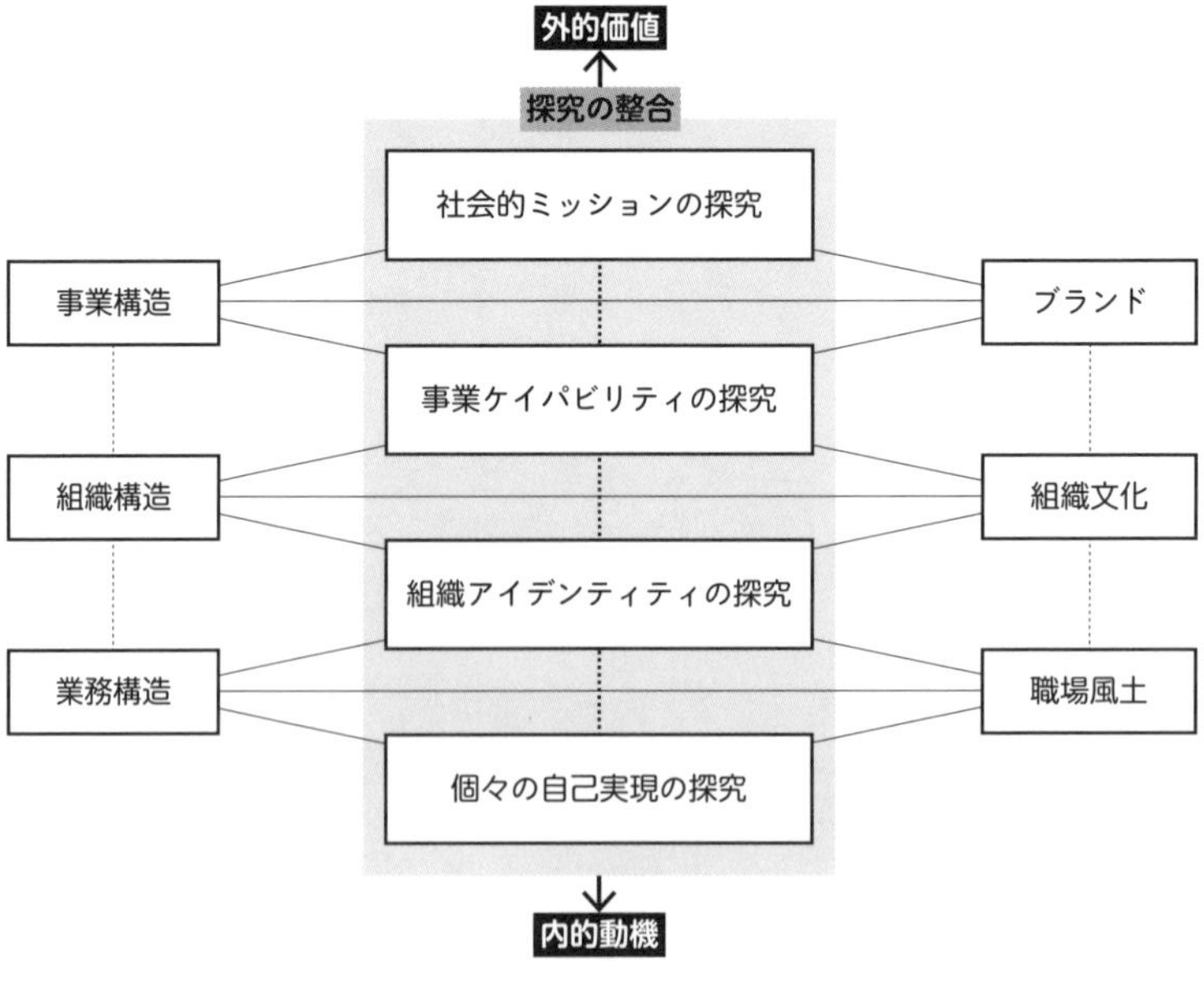

いる人の価値観もさまざまだからです。

自分の仕事と会社が世の中に届けている価値との結びつきが、最初からはっきりと見える職種の人もいれば、必ずしもそうではない人もいます。

また、会社が掲げるミッションに心から共感して入社した人もいれば、あくまで業界内でのポジションに魅力を感じて入社を決めただけという人もいるはずです。

たとえもしそうなのだとしても、**「事業ケイパビリティ」や「組織アイデンティティ」を介してであれば、内的動機（個々の自己実現の探究）と外的価値（社会的ミッションの探究）をつなげられる**——それがＣＣＭの基本的な考え方です。

まさに「麦わらの一味」がそうであるように、冒険する組織においては**それぞれの個人が〝同じ船〟に乗り込むときの思惑はバラバラ**です。

軍事的組織であれば、できるかぎり内部の統率性を高めて、みんなを「同じ方向」に向かせようとするでしょう。しかし、冒険する組織はそんなことはしません。その「バラバラ」を許してしまうことが、この組織ならではの特徴なのです。

他方で、まさにそうであるからこそ、**個々の自己実現と組織の社会的ミッションは、必ずしも〝ダイレクトに〟結びつくとはかぎりません。**

組織全体で整合性を図るには、両者を「橋渡し」するものが欠かせないのです。
それが「事業ケイパビリティ」と「組織アイデンティティ」という2つの要素です。

また、大事なことなので繰り返し強調しておくと、組織アイデンティティにせよ、事業ケイパビリティにせよ、そして、組織が事業を通じて追い求める社会的ミッションにせよ、**これらすべては、どこまでも「探究活動」**です。

個人がキャリア成長のなかでアイデンティティや専門性を変化させていくのと同じように、組織もまた**「自分たちが何者であり、なにを得意としながら、どんな価値を生み出していくのか？」**をたえず探り続け、更新していくことになります。

その組織の動的な変化の波と、同じ船に乗る一人ひとりの自己実現の波とを、なんとかして重ね合わせていく——それが冒険する組織が目指すべき「新時代の整合（＝探究の整合）」なのです。

日頃の業務が「会社のメイン事業」に直結している場合——探究の整合①

組織のコア事業に近い業務を担当しているメンバーにとって、**自身のキャリア上の探究を「事業ケイパビリティの探究」につなげるのは、そこまで難しくありません。**

いくつか例をあげるなら、コンサルティング企業におけるコンサルタントだとか、自動車メーカーにおける自動車設計エンジニア、広告代理店におけるクリエイティブディレクター、法律事務所における弁護士、保険会社のセールス、出版社における編集者、航空会社におけるパイロット、新規事業担当者など、いわゆるビジネスサイドのポジションやプロフェッショナル職の多くがここに含まれます。

ITベンチャー企業で働くエンジニアの例で考えてみましょう。しかもこの人は、会社の中核事業を支えるSaaSプロダクトの開発者だとします。

この人の場合、自分の技術力を磨くことが、サービスの改善に直結しています。つまり、**自分のスキルを高めれば高めるほど、組織の事業ケイパビリティ（できること）にとってプラスになる**ということがはっきりしているのです。

さらにこの人にとっては、事業ケイパビリティと社会的ミッションを結びつけることも容易です。「この会社の主力プロダクトを自分が支えている！　↓　これによって幸せになる人が増える！」というストーリーの流れは、わりと想像しやすいからです。

このように、**日々の業務がコア事業と重なり合っているメンバーは、「事業ケイパビリティ」を介することで、個々の自己実現と組織の社会的ミッションに「整合」をもたらすことができます。**この整合から生まれるのが、いわゆる「やりがい」の感覚です。

「らしさ」が見えない組織は、いきなり崩壊する——探究の整合②

一方で、会社の規模が大きくなったり、経営そのものが多角化していくと、社内の業務はそうしたものばかりでは

「会社にいる意味」をつくる

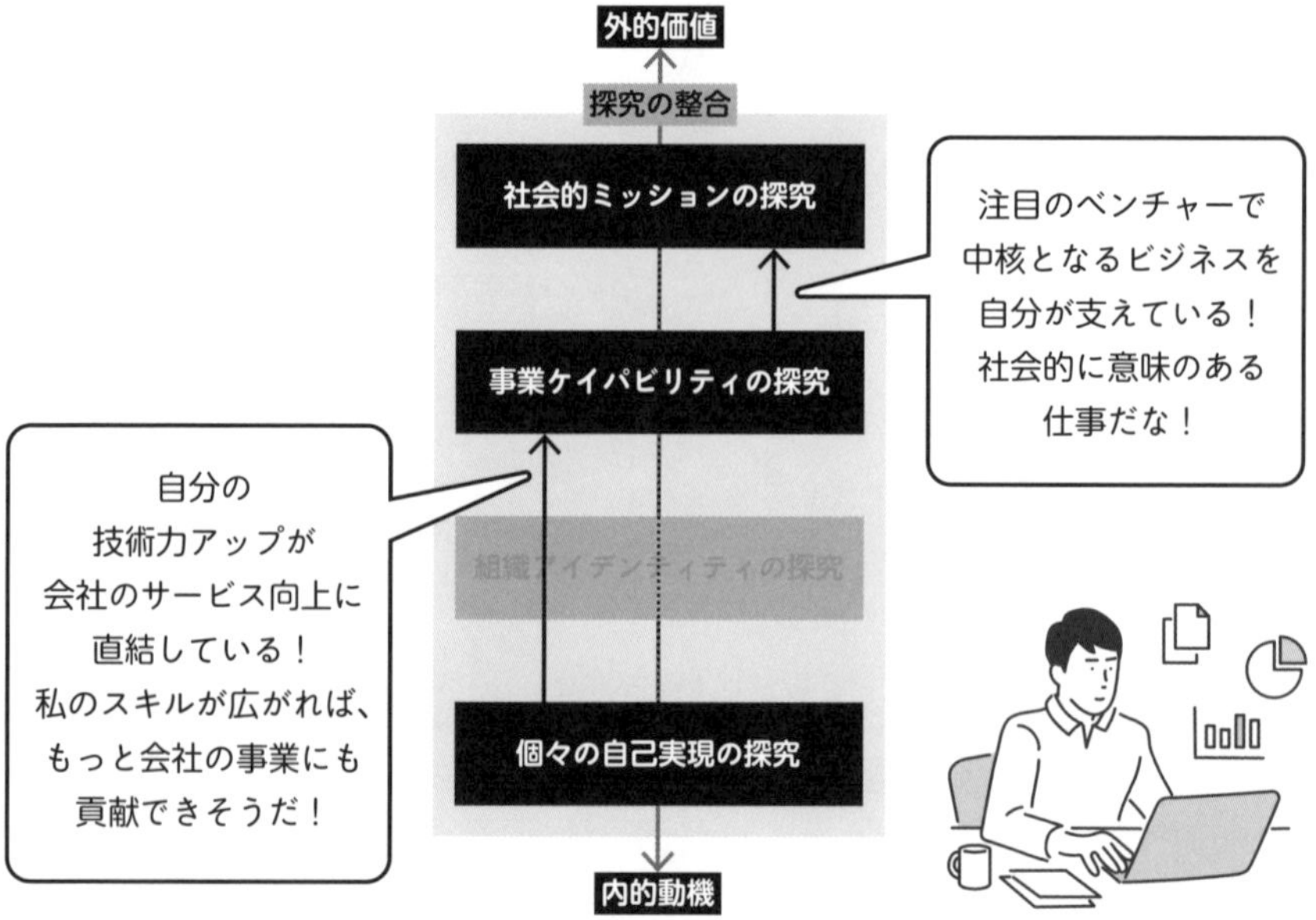

なくなります。組織の円滑な運営と安定的な成長のためには、企業の主力製品やサービスの提供に直接的に関わるわけではない業務が不可欠になるからです。

具体的なところで言えば、人事・経理・総務・法務・広報のようないわゆるコーポレート部門の仕事、それ以外にも情報システム担当、購買担当、品質管理担当、施設管理担当などのバックオフィス業務があげられます。業界によっては、セールス・マーケティング業務を担当する人でも、事業ケイパビリティとのつながりが見えづらいケースがあるかもしれません。

しかし、冒険する組織においては、こうした間接業務を担当しているメンバーも、当然ながら冒険に欠かせない重要な仲間です。そしてまた、間接部門のメンバーの自己実現の探究も、組織にとって大きなエネルギーになるはずです。

ＣＣＭが目指すのは、**全員が「この組織にいる意味」を感じられる組織をつくること**です。

そして、**そこでの橋渡しのカギとなるのが「組織アイデンティティの探究」**です。

人事部で採用業務を担当している人の例で考えてみましょう。

人事の仕事は、それ自体が必ずしも事業ケイパビリティに直結しているわけではありません。

しかしながら、この人はふだんから他者の話に耳を傾けるのが大好きで、仕事においても自分の「傾聴力」を磨くことに、成長の実感を得ているとします。

あなたが人事マネジャーだったら、この部下にどんな言葉をかけるでしょうか？

たとえば会社が「共感でつながる」というバリューを掲げている場合、これとうまく結びつけて、こんなメッセージを伝えられるかもしれません。

「傾聴を大切にするあなたの採用面談スタイルは、求職者のみなさんに対しても、まさに〝共感でつながる〟体験を提供していますね」

このように、個人レベルでの探究と組織アイデンティティとのつながりを示すことができれば、この人もまた、「この会社で人事をやる意味」を感じられるはずです。また、自身のキャリア探索やスキル磨きをいっそう進められるようにもなるかもしれません。

さらにその結果、「共感でつながる」というバリューに文字どおり〝共感〟した人材が、会社にたくさん入社するようになれば、さらに組織アイデンティティ（その会社のらしさ）が研ぎ澄まされていくことになるでしょう。これが間接的に、事業ケイパビリティの向上やさらなる社会的ミッションにつながるのは言うまでもありません。

このように、日々の業務がコア事業に直結しないメンバーであっても、**「組織アイデンティティの探究」との整合性を高めていけば、個人レベルの自己実現と組織の社会的ミッションとを間接的に結びつけることは十分に可能**なのです。

組織アイデンティティとのつながりが重要なのは、事業部門のメンバーでも同じです。事業それ自体が好調で、多くのメンバーが「私の仕事は、自社の事業ケイパビリティに直結している！」と実感できていても、その種の整合だけに頼っている状態はきわめて危険です。

とくに事業を拡大・多角化して、中途入社のメンバーが急激に増えていくようなフェーズでは、組織アイデンティティとのつながりを暗黙的に感じている人とそうでない人とのギャップが表面化し、組織崩壊を招きかねません。

「昔はこんな会社じゃなかったのに、どうしてこうなった……？」
「成果は出ているけれど、このやり方は自分たちらしくないのでは……？」
「そもそも自分たちはどうして、この組織でがんばらないといけないんだっけ……？」

こうしたモヤモヤ、いわば「**組織アイデンティティの危機**」が内部に生まれると、組織の一体感は急速に失われていきます。

その意味では、すべての個々人のキャリア探究は、なんらかのかたちで組織アイデンティティの探究とつながっているのが理想です。とくに事業が好調で、組織が拡大フェーズにあるときほど、自分たちの組織アイデンティティについて言語化して対話する機会を設けるようにしましょう。「私たちらしい仕事とはどんなものか？」についてたえず考え続けられる文化や風土を醸成できれば、組織はいっそう強くなっていきます。

新時代のマネジャー・経営者がやるべき「本当の仕事」

——冒険的マネジメントの思考法

なぜ大企業ほど「ナゾの仕事」が増えるのか？

——マネジメントの3階層

立ち上げたばかりのベンチャー企業や少人数のチーム型組織であれば、前述のような「探究の整合」に心を砕くことはないかもしれません。CEOが各メンバーと直接やりとりできて、それぞれの「やりたいこと」を業務に反映できるうちは、全員が「この組織にいる意味」を実感できているはずだからです。

しかし、100人、1000人、1万人……と組織の規模が大きくなり、階層と役割がどんどん複雑化していくと、探究の整合はしだいに失われていきます。

そうこうするうちに、**自分の仕事がどう組織の役に立っているのか、果たして意味があるのかが、さっぱり見えなくなってしまう**のです。

これが、いわゆる**「ブルシット・ジョブ（クソどうでもいい仕事）」**〈26〉が生まれる原因だと言えるでしょう。

個人レベルの「自己実現の探究」と組織レベルの「社会的ミッションの探究」の結び目となるのは、「事業ケイパビリティの探究」と「組織アイデンティティの探究」でした。

個人の内的動機は、これらの2つを介することで外的価値に接続し得るのです。

他方で、100人規模くらいまでならまだしも、1000人とか1万人といったメンバーを抱える組織においては、全員の「探究の整合」を逐一、手当てしていくわけにはいきません。**日々の業務をこなすなかで、それぞれの探究が〝おのずと調和していく〟ような働きかけ**が必要です。そのような働きかけのことを、本書では**「マネジメント」**と呼ぶことにします。

一般的にマネジメントといえば、数値目標を「管理」する営みを想像するかもしれません。数値管理がこれからも必要なことに変わりはありませんが、冒険的世界観のマネジメントとは、**組織内のさまざまなレベルの探究がつながるよう、環境をデザインすること**なのです。

下図のとおり、冒険的マネジメントには3つの階層があります。

①**「職場レベル」**のマネジメント――「個々の自己実現の探究」と「組織アイデンティティの探究」をつなぐ。組織を構成するそれぞれのスモールチームの業務や風土をデザインする

②**「組織レベル」**のマネジメント――「組織アイデンティティの探究」と「事業ケイパビリティの探究」をつなぐ。組織全体のストラクチャー（構造）とカルチャー（文化）をデザインする

③**「事業レベル」**のマネジメント――「事業ケイパビリティの探究」と「社会的ミッションの探究」をつなぐ。複数の事業群のシナジーとブランドをデザインする

マネジメントの3レベル――職場・組織・事業

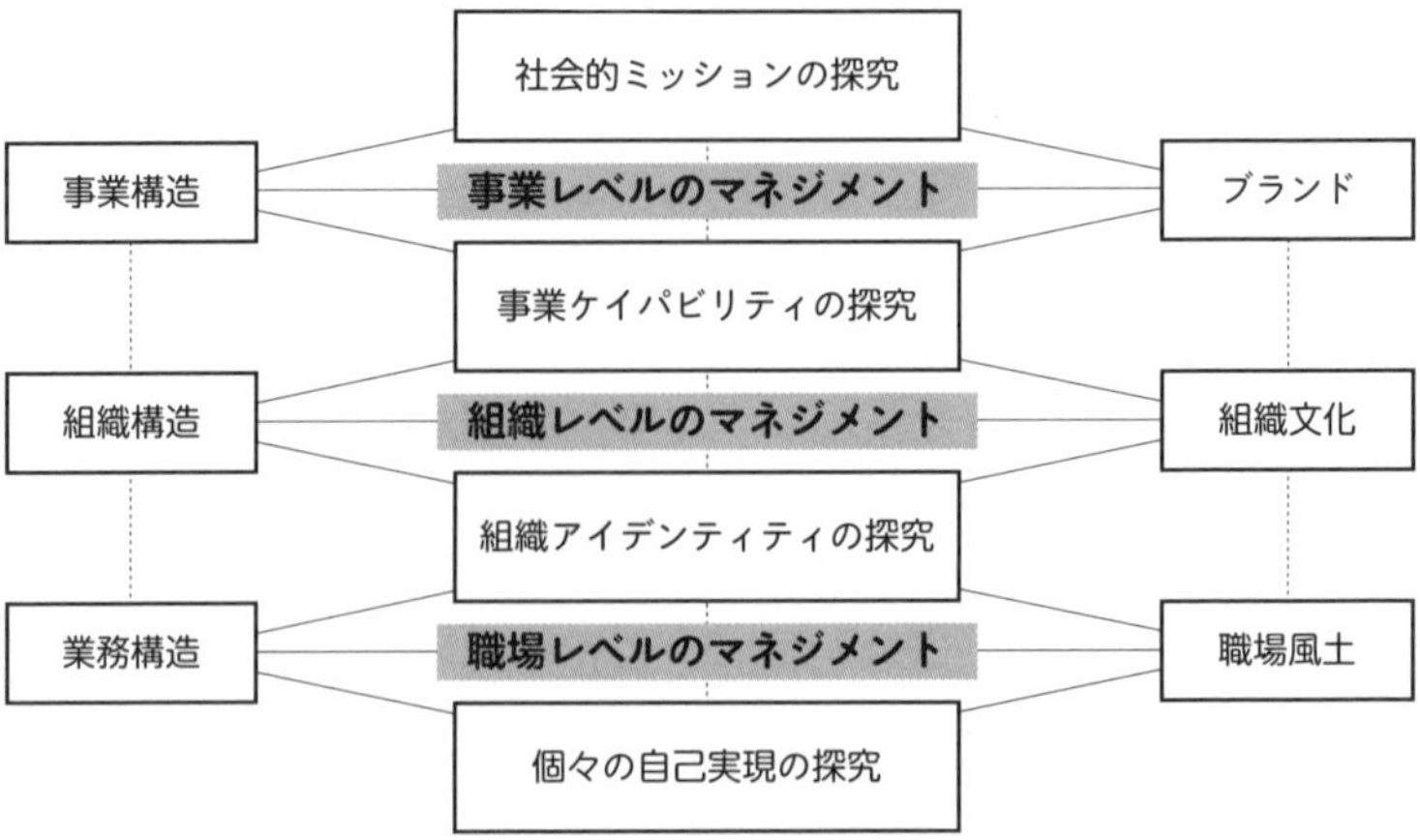

「空気が悪いチーム」はどう生まれるのか？——①職場デザイン

それぞれの階層を具体的に見ていくことにしましょう。

まずは**「職場レベルのマネジメント」**です。「第1章」でも定義したとおり、「職場」とは目標を共有する少人数（数名から十数名）のスモールチームが働く場を指しています（70ページ）。どんなに大きな会社も、複数の「職場」の集合によって成り立っています。

各メンバーの自己実現と組織アイデンティティとがうまくつながり合うためには、みんなが働く「職場」そのものがうまくデザインされていなければなりません。

たとえば、その組織の「挑戦を歓迎する文化」に魅力を感じて入社したメンバーに対して、定型的な単純作業ばかりが割り当てられたらどうでしょうか？

また、対外的には「業界をリードする会社」というキャラクターを打ち出しているわりに、社内では現状維持型の目標ばかりが掲げられていたら……？

なにも説明がないままそんな不整合が放置されていれば、当然ながら職場には〝ちぐはぐ感〟が生まれます。

職場レベルのマネジメントとは、こうした矛盾が生まれないよう、具体的な業務内容や達成目標といった**「業務構造」を整えること**です。

このような「職場デザイン」は、スモールチームを任されている現場マネジャーが責任を持って推進すべきですが、すべてをマネジャー任せにせず、チームメンバー全員で取り組むのが理想です。

チームメンバーがそれぞれどのような内的動機を抱え、どんな専門性を磨こうとしているかを相互に理解しながら、同時に「その組織らしさ（組織アイデンティティ）」にも結びつきが感じられるように、日々の業務プロセスをデザインしていくのです。

他方で、こうした**職場デザインは、仕事の内容や目標数値を調整するような「機能面の整合」だけでは完結しません。**

マネジャーが「職場」のためにやるべきこと

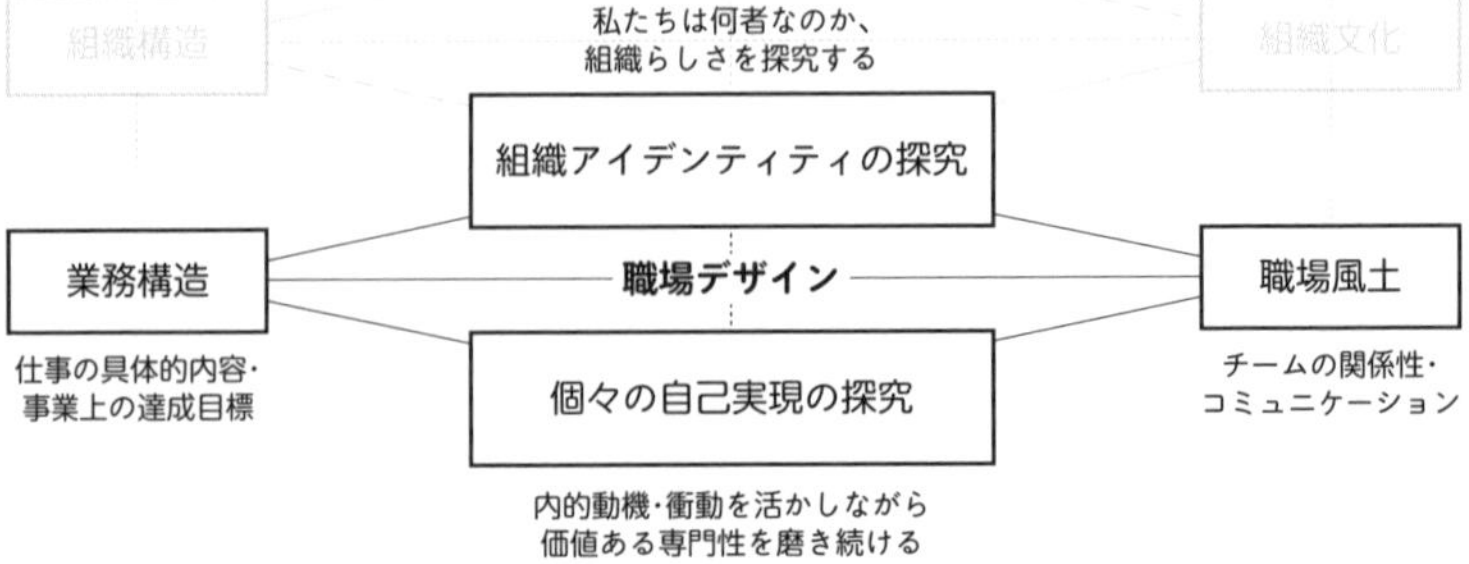

これについては、ナドラー&タッシュマンの整合性モデルが抱える「課題③」として「精神的なつながりの欠落」を指摘したことを思い出してください（125ページ）。

冒険する組織づくりにおいては、同時に**「精神面の整合」にも注意を払うべき**です。私たちはロボットではない以上、「機能的につじつまが合っていさえすれば、なにも疑問を持たずに働き続けられる」というわけではないのです。

職場の精神的なつながりを強めるためには、**「業務構造」の設計に加えて、「職場風土」の醸成にも気を配る必要があります。**職場風土とは、それぞれの職場単位における、メンバーの行動様式や口ぐせ、関係性、雰囲気などのことです。

組織全体が持っているカルチャーとは別に、それぞれの職場には職場ごとのローカルな独自文化があるはずです。

「あのチームって、やたらとコミュニケーションがオープンで活発だよね！」とか「あのフロアはちょっとギスギスしていて、立ち入るだけでも緊張するなあ……」というふうに、職場ごとのカラーの違いを実感した経験は、だれにでもあるでしょう。

他方、**職場デザインにおける「精神的整合」の失敗事例**としては、たとえば次のようなものが考えられます。

・〔例①〕会社は「革新的で最先端」を標榜《ひょうぼう》しているのに、特定のフロアには昔ながらの体育会系ノリが残っていて、若手メンバーが戸惑っている

・〔例②〕「顧客第一主義」を理念に掲げているものの、実際の意思決定はマネジャーが独断的に行っており、クライアント企業からの不満が現場に降りかかっている

・〔例③〕全社的には「フラットなベンチャー企業」としてのカルチャーがあるが、ある部署だけは声の大きな古参社員が幅を利かせており、みんなが自由に意見を言えない空気がある

・〔例④〕対外的には「環境保護」を掲げたエコ企業ということになっているが、チーム会議では膨大なミーティング資料をすべてプリントアウトする慣習が残っていて、資源を無駄遣いしている

こうした不整合を回避していくことも、現場マネジャーの領分なのです。

以上が、職場レベルのマネジメントの全体像です。

現場マネジャーの仕事とは、目標達成に向けた業績管理だけではありません。

本当にやるべきなのは、業務構造の設計（機能面）と職場風土の醸成（精神面）の両面からアプローチする「職場デザイン」です。

これによって、組織アイデンティティを体現しながら、メンバー全員が自己実現できる**「探究的な共同体」**をつくっていくことができるのです。

他方で、「チームの業務の総量や目標があらかじめ上層部によって決められているので、うちの職場単位ではそこまで工夫の余地がなさそうだ……」と感じる人も少なくないでしょう。

しかし、目標設定時の対話プロセス、業務内容への意味づけ、チームづくりや日々の会議、1on1の進め方などによって、職場デザインはいくらでも工夫できます。

詳しい方法論は、［第Ⅱ部 実践編］のほうでじっくり解説しますのでご安心ください。

「職場デザイン」とはなにか

業務の目標設定やアサインの工夫、職場風土の醸成などで組織アイデンティティを体現し、メンバー全員が自己実現できる探究的な共同体（スモールチーム）をつくること

組織アイデンティティ	“われわれはどんな存在であるか”について、組織の独自性を表す共通認識
個々の自己実現	個人の内的動機を活かしながら、チーム・組織・事業・社会に貢献すること
業務構造	どんな目標・プロジェクト・タスクを、どんな役割・プロセスで遂行するか
職場風土	メンバーがそれぞれの職場で感じているチームの雰囲気や人間関係

組織図をいじるだけでは、会社は変わらない――②組織デザイン

前項では、職場レベルのマネジメントについて掘り下げてきましたが、これ以外の2つ（組織レベル、事業レベル）においても基本的な方針は変わりません。

つまり、会社全体の探究活動を整合させるときは、**マネジメントはつねに「機能」と「精神」の両面からアプローチしなければならない**ということです。下図のとおり、CMの左側は会社全体の「構造の機能的整合」を、右側は「文化の精神的整合」を示しています。

そのことを踏まえつつ、次に「組織レベルのマネジメント」を見ていきましょう。

ここで問題になるのは、「事業ケイパビリティの探究」と「組織アイデンティティの探究」の整合性です。つまり、

「構造の機能的整合」と「文化の精神的整合」

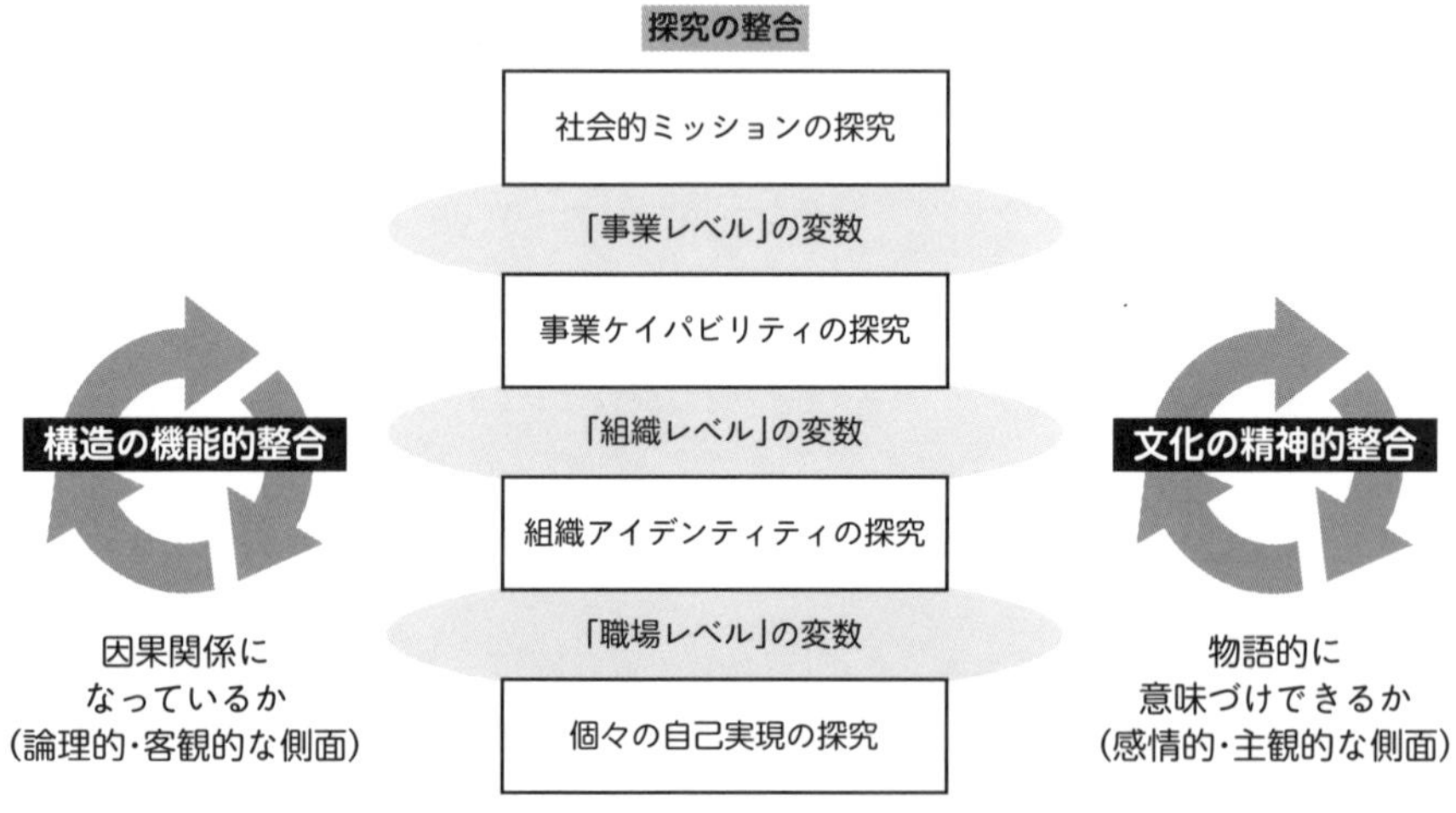

「自分たちはなにを強みとする組織で、どんな能力を磨いていくのか」という問いと、「自分たちは何者であり、どんな『らしさ』を育んでいくのか」という問いとをマッチさせていくことになります。

このとき、機能的整合でいちばんわかりやすいのは「ハコの構造」、すなわち、どんな部署を設け、それらをどのようにつなぎ合わせるかといった分業体制です。また、どんな会議がどのメンバーによってどういう頻度で行われ、だれが意思決定するのかといった「会議体の構造」も重要になります。

それ以外にも、社内のルールや仕組みづくり、評価制度といったものも、この対象に含まれることになるでしょう。

要するに、ここで求められているのは、その組織なりの「得意技」をとことん探究しつつ、同時にその組織の「らしさ」が失われないようにする**「組織構造」の設計**です。

これらの仕事は、現場マネジャーというよりは、**事業部長や経営幹部・経営者といった上級マネジャーの担当領域**だと言えるでしょう。

「組織デザイン」においても、機能的整合と同時に、精神的整合が求められます。

軸となるのは**「組織文化」の醸成**です。組織文化とは、組織を特徴づける「共有された価値規範」

のことです。「なにを大事にしているのか」「なににコストをかけるのか」といった暗黙の価値基準や思考のクセ（目に見えにくい組織文化）のみならず、公式文書として掲げられた指針（バリュー、クレド、カルチャーガイドラインなど）なども含んでいます。

よりイメージしやすくするために、**それぞれの整合性がうまくとれていないと、どんな問題が生まれるのか**の具体例を見ておきましょう。

◎機能的整合（組織構造の設計）のズレの例

・［例①］高度な技術力を強みとする企業において、研究開発部門と事業部門が完全に分離されており、定例コミュニケーションが激減した。その結果、革新的な製品が生まれづらくなり、「テクノロジー業界のリーディング・カンパニー」としての地位を失いつつある

マネジャーが「組織」のためにやるべきこと

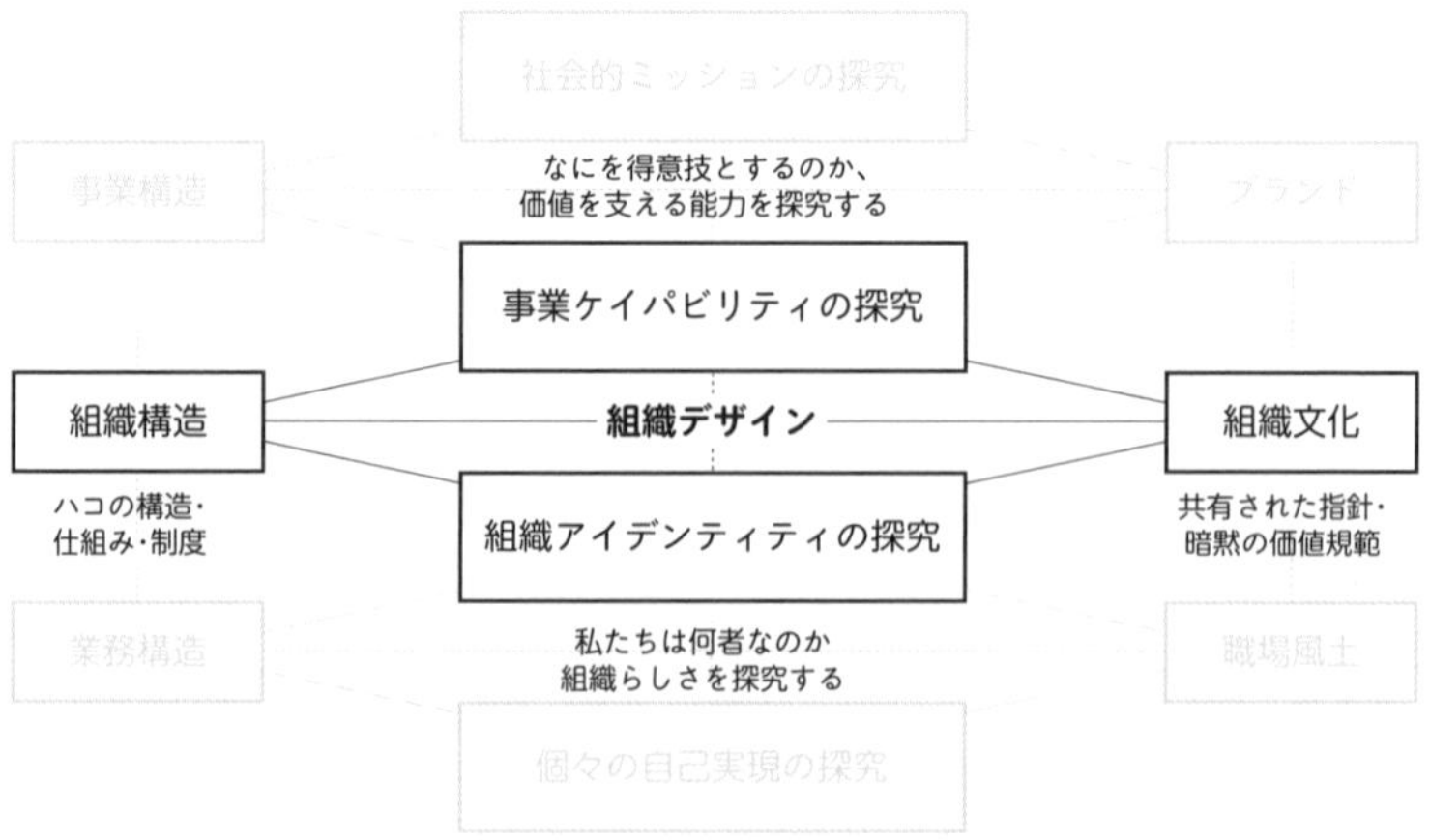

・［例②］圧倒的なスピード感とフットワークの軽さで業績を伸ばしてきた若手ベンチャーが、株式上場に伴ってコーポレート・ガバナンスを重視するようになった。その途端、意思決定や社内決済に時間がかかるようになり、組織の〝官僚化〟が急速に進んでしまった

◎精神的整合（組織文化の醸成）のズレの例

・［例③］創業者が生み出した数十年来の超ロングセラー商品一本でいまのポジションを築いた企業が、次世代のヒット誕生を狙って「行動指針」を刷新。カルチャー改革に打って出たが、社員の多くが自らヒット商品を生み出した経験がなく、まごついてしまっている

・［例④］労働集約型の泥臭い営業力で結果を出

「組織デザイン」とはなにか

組織構造と組織文化をたえず変化・整合させることで、組織内の２つの探究
（事業ケイパビリティの探究／組織アイデンティティの探究）を触発・循環させる営み

組織構造	分業体制やその仕組み、制度など、組織図として表現されるハコの構造
組織文化	組織を特徴づける、共有された指針や暗黙の価値規範
事業ケイパビリティ	複数の事業のコアとなる企業独自の能力（強み）
組織アイデンティティ	“われわれはどんな存在であるか”について、組織の独自性を表す共通認識

してきた企業において、突然、ＳＤＧｓを重視する方針が打ち出されたものの、短期的な利益を追求するカルチャーが抜けきらず、「絵に描いた餅」として形骸化してしまっている

このように組織の一部に変更を加えると、必ず機能面や精神面になんらかの「ズレ」が生じます。

部門構造を変更したり、カルチャー改革を試みたりすることが悪いわけではありませんが、視野狭窄《きょうさく》的な「点」の施策にとどまらないよう、**構造と文化の両面から組織の整合性をデザインし続ける**必要があります。

これによって、２つの探究（事業ケイパビリティ／組織アイデンティティ）をつなぎ合わせ、会社全体の探究を支える土壌をつくるのが、上級マネジャーの主たる仕事だと言えます。

マネジャーが「事業」のためにやるべきこと

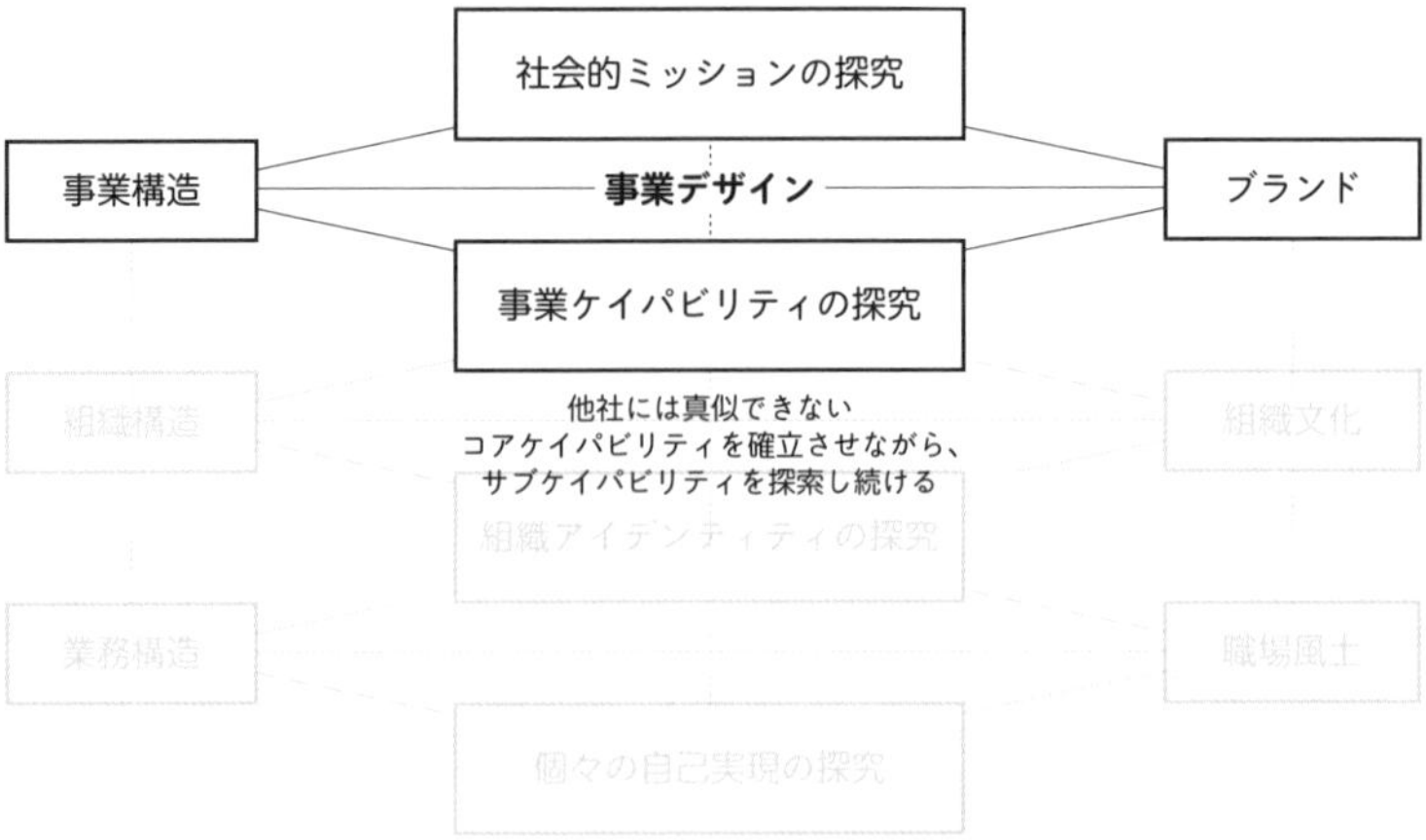

業績がいいときほど大事な「多角化」の思考法——③事業デザイン

いよいよ最後の「事業レベルのマネジメント」です。

本書の主眼は、冒険的世界観を体現した「組織づくり」ですから、事業開発の具体論そのものには触れません。あくまでも、既存の事業ノウハウをCCMに適応するときの考え方について解説しておきたいと思います。

「事業デザイン」のポイントは、個別の事業の最適解が、必ずしも全社的な「社会的ミッションの探究」にとっての最適解になるわけではないということです。

「事業Aのマネジメント」「事業Bのマネジメント」という部分最適に囚われることなく、「あくまで社会的ミッションの探究のために、複数の事業群をいかにマネジメント

「事業デザイン」とはなにか

シナジーが生まれる事業構造の設計やブランディング活動によって、
事業ケイパビリティを活かしながら社会的価値を生み出し続けること

社会的ミッション	持続可能なよりよい社会と人類の幸福に寄与する価値を生み出すこと
事業ケイパビリティ	複数の事業のコアとなる企業独自の能力(強み)
事業構造	事業同士の関係性、各事業において価値を生み出し、市場に届ける仕組み
ブランド	社会や顧客が事業・組織に対して抱いている印象・記憶・イメージ

するか？」という一段階上の視点を持つことが、事業デザインの要点なのです。

各事業のリーダーが単なる〝個別事業の数値責任者〟になってしまうと、会社の視座はどんどん下がっていきます。

幹部たちが集まったとき、「各事業の数値報告」をするばかりで、経営会議がギスギスしていませんか？

事業同士のコラボレーションを探るコミュニケーションが消失しているような会社では、とくにこの「事業レベルのマネジメント」の見直しが急務です。

事業デザインで求められるのは、複数の事業群の根底にある本質的な価値や存在意義（社会的ミッション）を探り、その核となる「事業ケイパビリティ」を探究し続けることです。

たまたまある事業が大ヒットして大儲けしたとしても、そこで冒険が終わるわけではありません。自社が目指す社会的ミッションを見据えたとき、他社には真似できない中核的な事業ケイパビリティを磨き込みながら、並行して

探究は“T字型”で進む

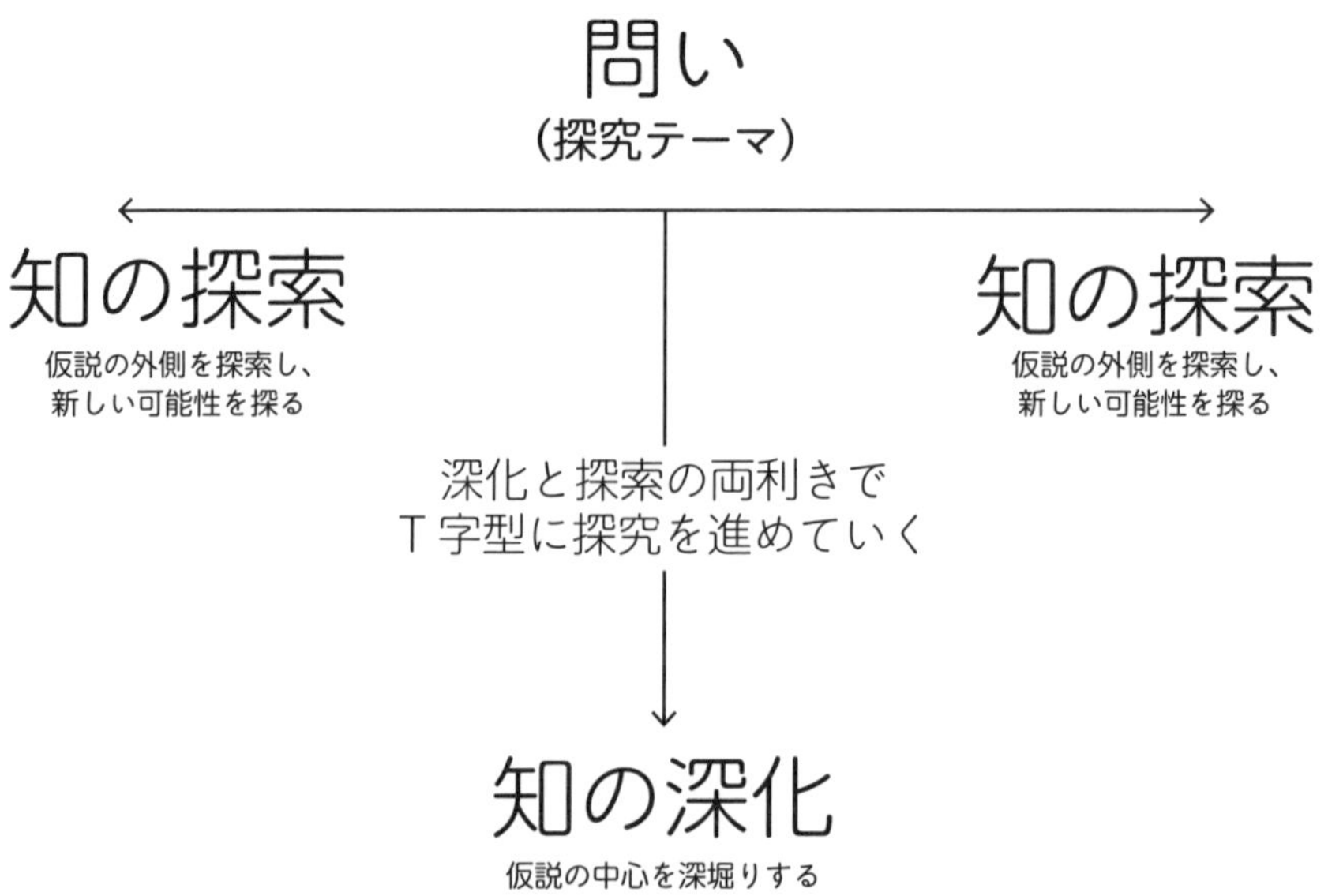
問い
（探究テーマ）
知の探索
仮説の外側を探索し、
新しい可能性を探る
知の探索
仮説の外側を探索し、
新しい可能性を探る
深化と探索の両利きで
T字型に探究を進めていく
知の深化
仮説の中心を深堀りする

次なる強みの源泉（未来の事業ケイパビリティ）を探索し続けることが、ＣＣＭでは前提となっているのです。

すべての探究はタテとヨコの「Ｔ字型」で進むという特性を持っています。つまり、１つの領域に特化して深掘りしていく「選択と集中」型の探究と、さまざまな可能性を探りながら横道に逸脱していく「分散と修繕」型の探究です。

　このような二方向性はあらゆる探究に共通ですが、とくに事業ケイパビリティにおけるその重要性を指摘した名著『両利きの経営』[24]では、前者を「知の深化」、後者を「知の探索」と呼んでいます。

「知の深化」はもちろん大切なのですが、外部環境の変化が激しい時代にはそれだけでは不十分です。収益性の高い主力事業を徹底的に磨き込みながらも、それと並行して「**別の可能性**」**を探る手を止めるわけにはいきません。**社内からはそれほど期待されていなかった新規事業の１つが、いつのまにか主力事業を追い抜くほどまでに成長し、会社全体の整合性が更新される――そんな動的循環を維持すべきなのです。

「自分たちはこの業界で、これを強みにやっていくんだ！」という思いに縛られ、〝一本足〟で立っている会社は、その足場が壊れた瞬間に終わります。本当の意味で強い組織ほど、〝たくさんの足〟で立つことをつねに意識しています。

したがって、「**事業構造**」の設計を通じた機能的整合には、**〝単一の事業〟のビジネスモデルをどう設計するかだけでなく、〝複数の事業〟の関係性をどう結び合わせるかという観点**も含まれます。

それぞれの事業を個別最適で独立運営するのではなく、相互にどのようなシナジーを生み出すか？　単一事業の〝足し算〟では生み出せない、価値の循環と連鎖をどのように生み出すか？　中長期的な探索と深化に〝両利き〟で投資しながら、事業多角化の価値を最大化していくのが「事業構造」のデザインなのです。

複数事業の「多角化」というと、大企業やメガベンチャーなど「大きな会社」に限った話だと思われるかもしれません。

しかしながら、**これからの時代においては、中小企業にとっても「多角化経営」は当たり前のものになっていくでしょう。**変化が激しい不透明な環境においては、単一事業だけで会社を維持していこうとするのは、あまりにもリスクが高すぎるからです。

また、事業を機能的に整合させることだけに気をとられて、それに対する世の中のパブリックイメージ（精神的整合）がおざなりになってもいけません。事業間のシナジーを最大化するためには、目指す社会的ミッションと自社の組織文化に合致した「**ブランド**」を醸成して、社会に発信する活動も忘れるわけにはいかないのです。

CCMを「冒険の羅針盤」として活用する方法
——対話には「共通の枠組み」が欠かせない

結局、「新時代の組織モデル」は、なにをしようとしているのか？

少し議論が複雑になってきたので、このあたりで流れをおさらいしておきましょう。

まず冒険する組織をつくるうえでは、軍事的組織が前提としていたもの（ナドラー&タッシュマンの整合性モデル）とは別のモデルが必要でした。冒険する組織では、個々のメンバーの自己実現の探究と、組織全体の社会的ミッションの探究とを両立させなければならないからです。

そこで登場したのが「ＣＣＭ（Creative Cultivation Model）」でした。

とはいえ、組織の規模が大きくなるほど、個々の自己実現と社会的ミッションの隔たりは大きくなりがちで、「自分を押し殺しながら働く人」は増えていきます。そこで重要なのが、両者を〝直接的に〟つなぐのではなく、「事業ケイパビリティ（私たちの得意技）の探究」や「組織アイデンティティ（私たちらしさ）の探究」を介して〝間接的に〟整合させるというアイデアでした。これを「探究の整合」と呼んでいます。

ところが、この４つの探究をそれぞれつなぎ合わせるのも、決してひと筋縄ではいきません。いずれの階層においても、それぞれの構成要素の論理的かつ客観的な因果関係（機能的整合）と、感情的かつ主観的な物語（精神的整合）の両面から働きかけて、業務・組織・事業をデザインしていく活動（マネジメント）が必要なのです。

うっかり見落としがちな〝2つのズレ〟
――「構造の機能的整合」と「文化の精神的整合」

以上でＣＣＭの全体像はほぼ解説し終えていますが、まだ２つだけ触れていない「整合性」

があります。それは、モデル図の左右それぞれに配置された3項同士（「事業構造－組織構造－業務構造」および「ブランド－組織文化－職場風土」）の整合性です。

業務・組織・事業といった各階層内のデザインがうまくいっていても、それぞれの階層間が互いに整合していないと、組織には分断が生まれて「事業の問題」と「職場の問題」が〝別の問題〟として扱われはじめます。

たとえば、「短期的な事業数値の落ち込みにどう対処するか」について経営会議で議論しておきながら、その裏で進んでいる従業員のエンゲージメントスコアの低下については、人事部門に丸投げされている、といったケースです。実際にはこの2つの問題は根底でつながっていて、同じ組織内の「整合性」の問題であるにもかかわらず、近視眼的な対症療法に終始してしまう――これでは、組織本来のポテンシャルが十分に発揮できません。

CCMの「構造間」「文化間」それぞれで起こる不整合の例を考えてみましょう。

まずは、各構造のあいだの機能的整合が失われているケースです。

- **［事業構造と組織構造のズレ］**多角化戦略を採用し、複数の異なる事業を展開している企業が、単一事業時代の縦割り部署だけで運用されており、なかなかシナジーが生まれない
- **［組織構造と業務構造のズレ］**開発者・デザイナー・マーケターが協働するマトリク

ス型チームでのプロジェクトが進んでいるが、人事評価が従来の職能別基準のまま行われており、チーム貢献や新たなスキルの習得が正当に評価されていない

「構造の機能的整合」とは、いわば家具のレイアウトを考えていくような作業です。キッチンから離れたところに冷蔵庫があると料理の生産性が下がってしまいますし、リビングの真ん中に仕事机があれば、家族もリラックスして過ごせません。

それと同様、「事業構造」「組織構造」「業務構造」という3つに含まれる各パーツがしっかりかみ合っているか、ボトルネックになっている部分はないかに気を配る必要があります。

また、各文化のあいだの精神的整合がうまくとれていないケースとしては、次のようなものが考えられます。

会社の「構造」内にズレはないか

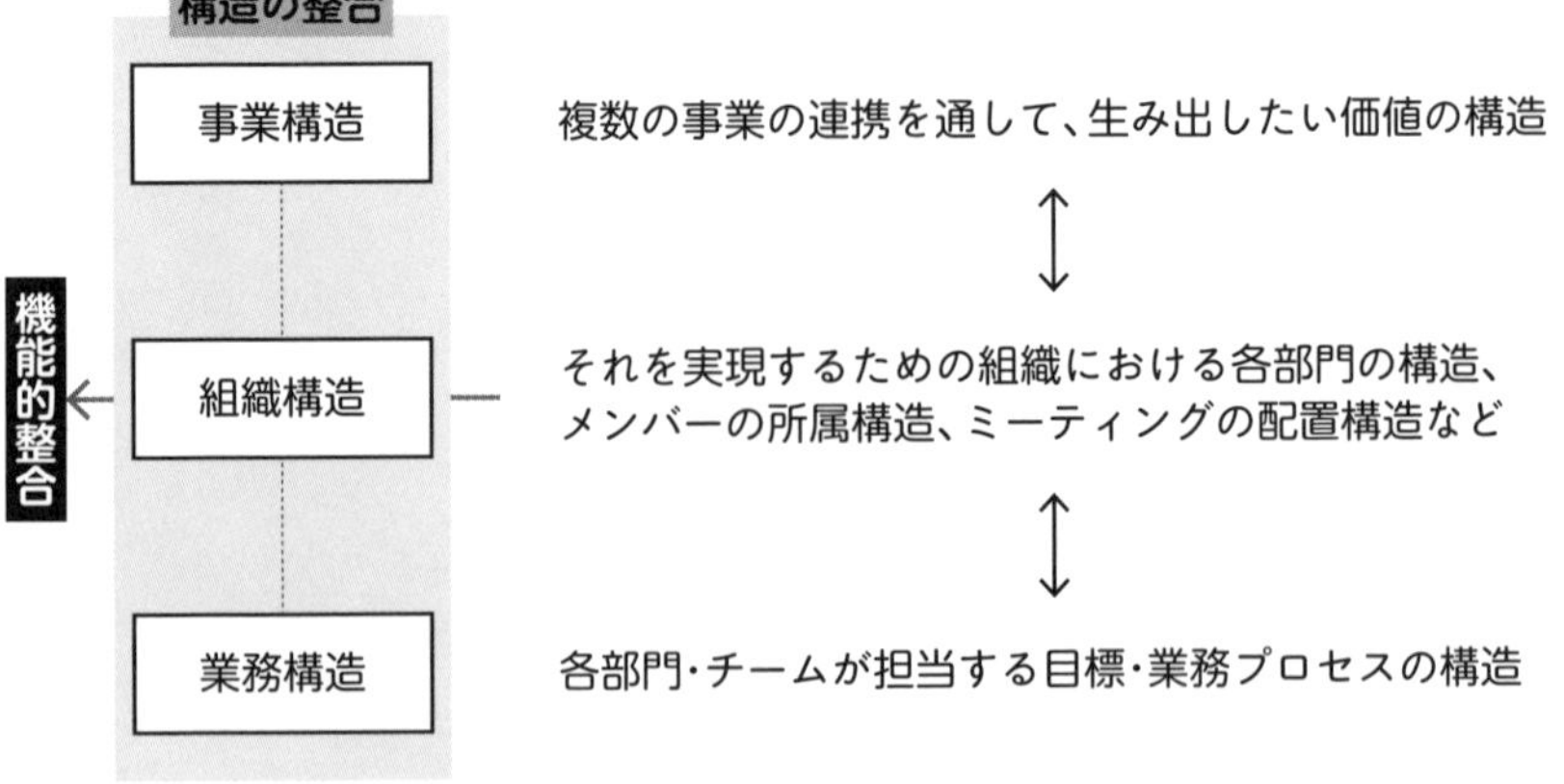

- **「ブランドと組織文化のズレ」**〝業界トップだからこその安心品質〟というブランドイメージを広告で打ち出しているが、メンバーに対して厳しい数値目標管理が行われているせいで、職場では利己主義的な考えが蔓延し、内部不正が生まれはじめている
- **「組織文化と職場風土のズレ」**創業期から「オープンコミュニケーション」を組織の行動指針として掲げてきたが、管理職がチャットツールのダイレクトメッセージを多用するようになり、情報の透明性がなくなっている

「ブランド」「組織文化」「職場風土」の整合性は、あくまでも感情的・主観的な側面を持っているので、それを受け取る個々人の解釈に委ねられる部分も少なくありません。

「私はここにズレがあると思います！」という人がいる一方で、「えっ……私は問題なくつながっていると思うけど……？」という人もいたりと、組織内のメンバーごとに認識が異なる事態は当然起こります。全員の認識を完全にすり合わせるのは、至難の業でしょう。

とはいえ、その整合をあきらめていいわけではありません。

たとえば、「職場風土」が自宅でのふるまい、「組織文化」が内面に持った性格なのだとすれば、**「ブランド」とは組織が持っている「外向きの顔」**です。ブランドはあくまでも「印象」や「記憶」でしかないので、デザインやコミュニケーションを変えるだけで、表面的には操作することができてしまいます。

しかし本来、企業のブランドは、「組織文化」が自然と外部に染み出したものであるべきです。目先の事業数値を達成するために「日頃の言動」や「自分たちらしさ」から乖離《かいり》したブランドを形成しようとしていないかには、十分気をつけましょう。

いくら外面《そとづら》をよくしていても、それが組織のありのままを反映したものでなければ、組織内のメンバーにはちぐはぐな印象を与えてしまいます。また近年は、そのような「嘘」は顧客からも容易に見抜かれます。

その意味では、**「1つの人格」としての一貫性・整合性が、組織にも求められる時代になっている**のです。

CCMは「診断のツール」ではなく、「対話のツール」である

新時代の組織をつくるモデル「CCM」について見てき

会社の「文化」内にズレはないか

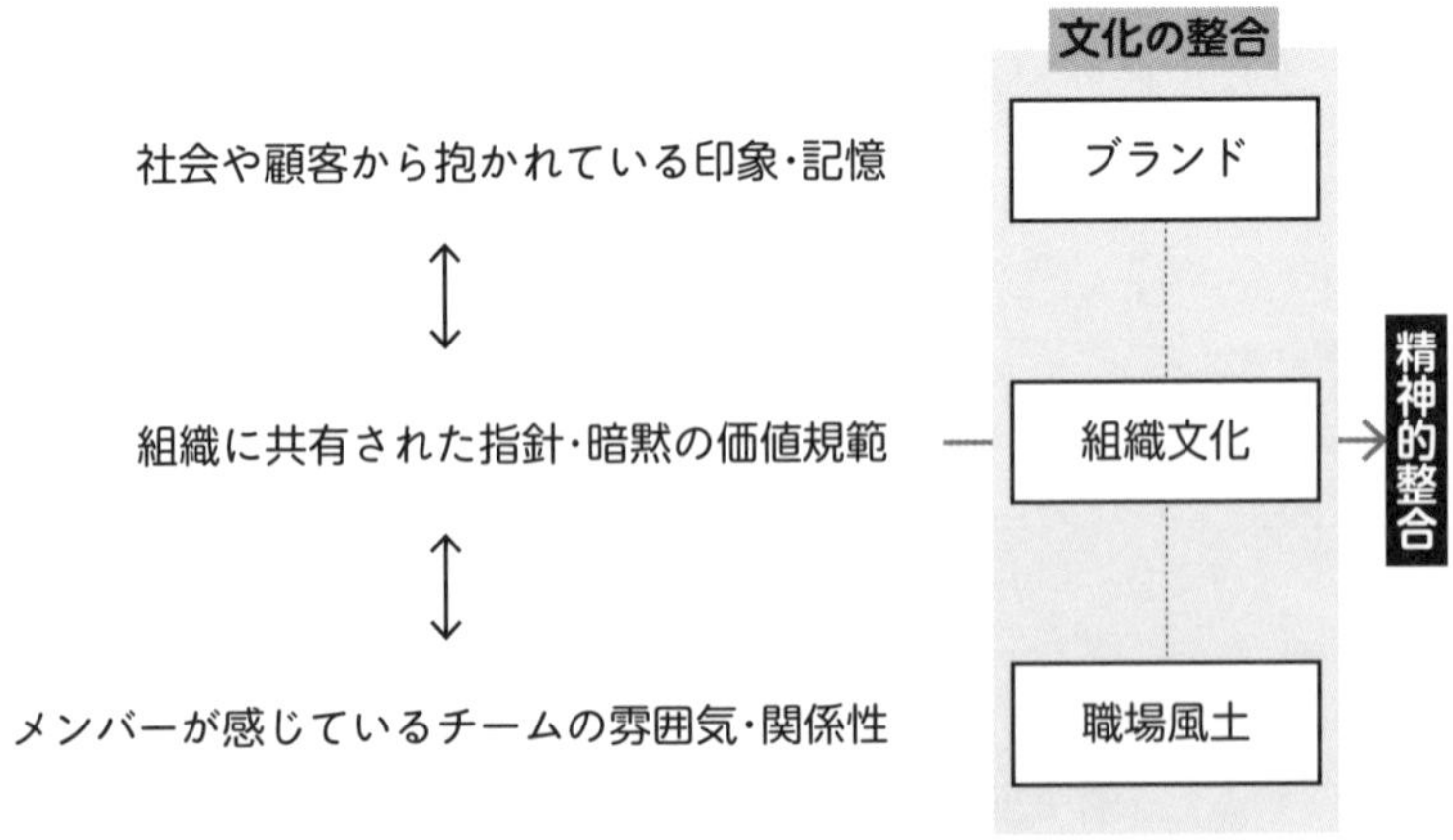

ました。各パーツに分解しながら順を追って説明してきたので、初見のときよりは全体構造の見通しがよくなっているはずです。

本章の冒頭で「組織づくりとは、構成要素の整合を図ることである」と定義しました。

CCMという見取り図を見渡してみると、冒険する組織をつくるうえでは、ずいぶんと「たくさんの整合」が必要なのがおわかりいただけると思います。

ナドラー&タッシュマンのモデルにおいては、「業務・人材・公式組織・非公式組織」を結び合わせる6本の線に注意を払っていれば十分でした。

しかしCCMが追求する整合性は、伝統的なモデルとは比べものにならないほど多岐にわたっています。早くも心が折れそうになっている読者の方もいるかもしれません。

「当社は『整合していない部分』ばかりだな……」

「『冒険する組織』への道のりは、まだまだ遠いみたいだ……」

そんな方にもぜひお伝えしておきたいことがあります。それは、**CCMは決して「診断のツール」ではなく、あくまで「対話のツール」**であるということです。

こうした誤解はコンサルティングの場面でもよく見られます。クライアント企業の担当者にCCMの図をお見せして、ここまでのような内容をご説明すると、「それぞれが『整合しているかどうか』は、どうやって判断すればいいですか？　基準を教えてください」というような質問をされることがあります。しかし、CCMは**組織の「あら探し」や「ダメ出し」を目的にしたツールではない**のです。

繰り返しますが、CCMは「対話」のためのツールです。対話とはお互いの前提のズレを「察知」し、互いの前提の違いを「理解」し、目線を合わせて新しい意味を「共創」するコミュニケーションでした（84ページ）。

CCMのような共通の枠組みがないまま、自分たちの組織について対話しようとしても、なかなか目線は合わせられません。なぜかといえば、働く人に見えている景色は、人によってバラバラだからです。役職や部署、職種や業務、その他さまざまな背景はもちろんですが、そもその世界観が食い違っている可能性すらあります。同じ言葉を使っていても、そこに込めている意味がまったく違っていたりするのです。

たとえば、ある役員が「うちには〝新しいもの好き〟のカルチャーがある」と言っているのに、別の役員が「いや、当社のよさは〝伝統を重んじる〟カルチャーにあるのではないか」と語っていたりします。こういうときにCCMがあれば、前者は特定の部署の「職場風土」の話をしている一方、後者は全社的な「組織文化」に言及しているとわかり、**「対話のすれ違い」を防ぐことができます。**

そのうえで、ぜひやってみていただきたいのが、**同僚とともにＣＣＭの図を広げてみながら、各自の見立てや問いかけを互いに共有すること**です。

「うちの会社では最近、ブランドと組織文化がかみ合っていないと思うんだけど……？」とか「個々人の自己実現をもっと大切にするために、職場風土の変革から着手するのはどうかな？」といった対話を重ね、自分たちなりの新しい仮説をつくっていくときに、この組織モデルを活用していただきたいのです。


この図を前にすると、組織の「ダメなところ」がたくさん見えてくるかもしれません。

ですが、**冒険的な組織づくりの目的は、そうしたズレをすべて解消しきって、「直すところがない100点満点の組織」をつくることではありません。**

大切なのは「探究を止めないこと」です。探究のサイクルが止まり、変化することをやめたとき、組織は「死」に向かいはじめます。なぜなら、組織は「機械」ではなく「生命体」だからです。すべての生物が新陳代謝を繰り返し、古い細胞をつねに脱ぎ捨てながら「自分」を保っているのと同じように、組織も探究を通じてたえず「自分」を更新していくしかないのです。

批評家・哲学者の東浩紀は、現代に最も必要なのは「**訂正する力**」だと述べています。[27]

訂正とは、**過去との一貫性を主張しながら、実際にはその解釈を変え、現実に合わせて変化させる**（＝**過去と現在をつなげる**）**こと**です。彼はこれを『リセットする』ことと『ぶれない』

御社のなかで「いちばんズレているところ」は？

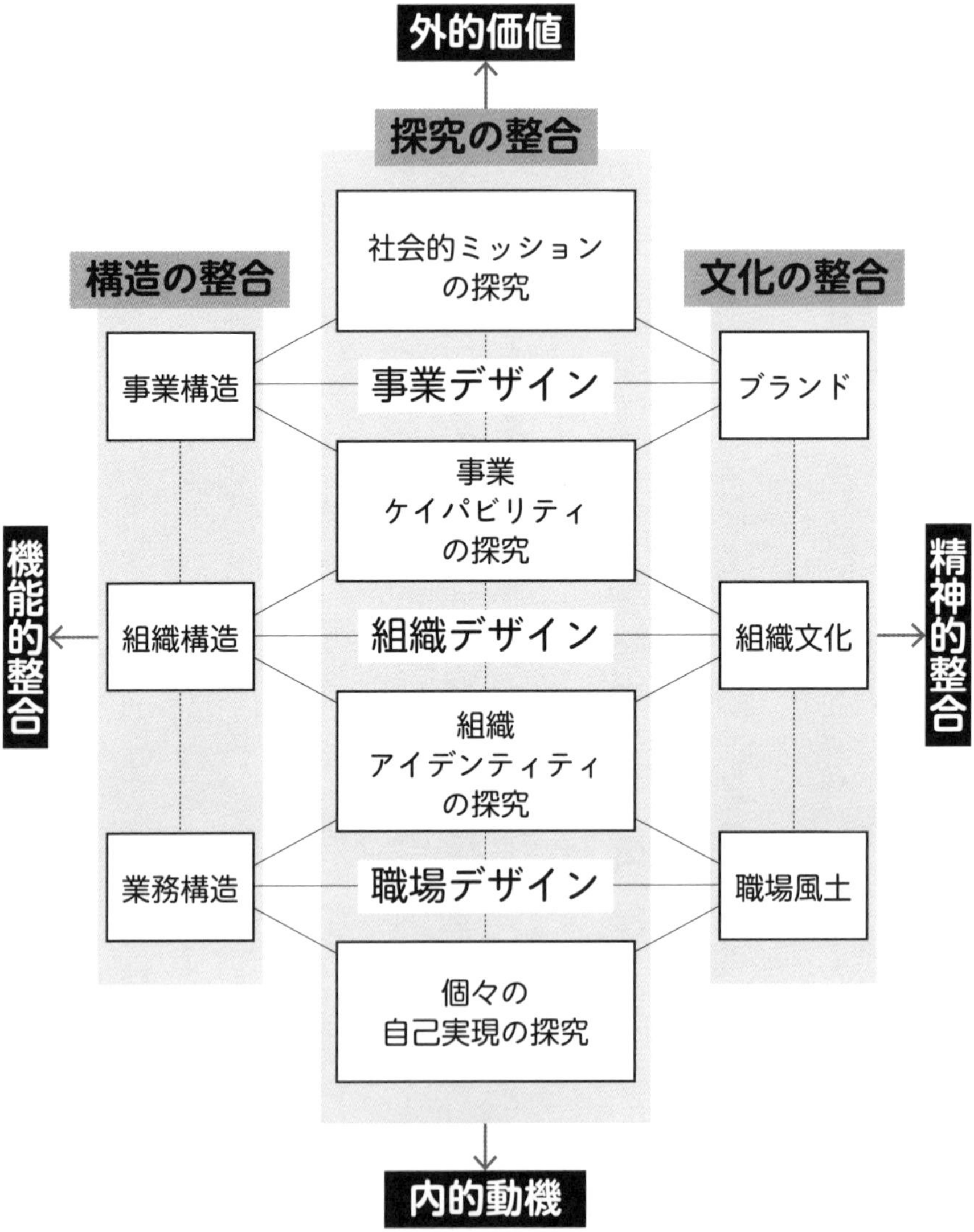

ことのあいだでバランスを取る力」「現状を守りながら、変えていく力」とも言い換えています。彼の言葉を借りれば、**冒険する組織づくりとは、「組織を訂正し続けること」**だと言えるでしょう。

組織づくりとは、これまでの過去すべてを投げ捨てて、まったく別の集団に生まれ変わることではありません。そうではなく、**つじつまが合わなくなっているところを、その都度、解釈し直しながら一貫させていくプロセス**です。そのような「訂正に向けた対話」においてこそ、ＣＣＭは本来のポテンシャルを発揮してくれます。

ぜひ、同じ船に乗った仲間たちとともに、ＣＣＭの図を広げて対話し、次なる航路を決めるための羅針盤として活用していただければと思います。

第3章 冒険する組織をつくる「5つの基本原則」

［第1章］では、冒険的世界観へのアップデートに欠かせない「5つのレンズ」、［第2章］では、冒険する組織づくりの基盤となる整合性モデル「CCM」について解説してきました。［第Ⅰ部］の最後にお伝えしておきたいのが、組織づくりを実践するための**「5つの基本原則」**です。これは、ここまで紹介した理論（「5つのレンズ」および「CCM」）と［第Ⅱ部］で解説する「カギ（実践のヒント）」とを橋渡しするものです。

◎冒険する組織をつくる「5つの基本原則」

①目標の基本原則――目標は新法則「ALIVE」で設定する

②チームの基本原則――マネジメントチームは組織の靭帯《じんたい》
③会議の基本原則――ハレとケの場づくりに工夫を凝《こ》らす
④成長の基本原則――学び続ける組織文化を醸成《じょうせい》する
⑤組織の基本原則――毎日が変革！　変えることを楽しむ

ご覧のとおり、これらの基本原則は「5つのレンズ」に対応しています。

そのうち、基本原則①〜③は、CCMにおける**要素間の「整合」をつくる活動**に関係しています。これらの原則がおろそかにされている会社においては、「冒険する組織」としての整合性があちこちで失われていきます。

他方で、基本原則④・⑤は、**組織全体が「変化」し続けるための施策**と結びついています。CCMにおける組織の整合に終わりはありません。冒険する組織においては、各要素の整合を目指しながらも、互いが触発し合いながらたえず「変化」するため、つねに新しい整合を「探究し続ける」ことになるからです。

整合を目指しながら、変化し続けるというパラドックスを成り立たせるには、これら「5つの基本原則」を意識した組織づくりが不可欠です。

それぞれの原則を1つずつ見ていくことにしましょう。

御社のゴールは〝生きて〟いますか？

【基本原則①　目標】目標は新法則「ALIVE」で設定する

組織にとっての「目標」とは、人間の身体でいう「神経」のようなものです。神経のつながりが悪ければ、当然ながら身体の動きはぎこちなくなり、つまずいて怪我をしたりあちこちが痛くなったりします。

それと同様、目標がチームの各メンバーに着実に根を下ろし、ネットワークを形成しながら全体に張り巡らされていないと、組織はなめらかに動き回ることができません。

また、目標の神経ネットワークは、機能的につながっているだけではいけません。冒険的世界観における目標は、「行動を縛り上げる指令」ではなく、「好奇心をかき立てる問い」でした。これはつまり、**目標そのものがメンバー個人の興味・関心や組織のアイデンティ**

ティなどと、精神的にも整合しているべきだということです。

とはいえ、いきなり組織の目標をすべて入れ替えるわけにもいきませんし、どこからどのように変えていけばいいか、途方に暮れてしまうかもしれません。**既存の目標に修正をかけて、目標をアップデートしていくための新しい指針**が必要です。

これまでの目標設定の指針として、広く普及しているのは**「SMART《スマート》」の法則**でしょう。これは1980年代に定式化されたものだと言われています。[28] ナドラー&タッシュマンの整合性モデルと同時期に提案され、軍事的世界観の最盛期にすっかり浸透してきたこの指針は、多くの人・組織によって**「いい目標」の基準**として受け入れられているはずです。

・Specific――具体的である
・Measurable――測定可能である
・Achievable――達成可能である
・Relevant――上位目標と関連する
・Time-bound――時間期限がある

たとえば、「もっと成果を出す」という目標は、具体性に欠けています。ここでいう成果が、売上のことなのか、利益のことなのか、それ以外なのかもはっきりしません。また、詳細な数字が掲げられておらず、どういう基準値を超えれば、これを達成したことになるのかも不明です。

そもそも、「いつまでに」という期限もないので、達成までのスピード感もわからない。こんな目標を掲げられた人は、どう動けばいいのか迷ってしまいます。

SMARTの法則に基づくなら、この目標は「○○年度上半期における○○チームの売上額○○円を達成する」というかたちに修正することで「いい目標」になります。

なにをいつまでにやればいいのかがわかると、人は動きやすくなります。**〝兵士〟を戦略どおりに動かさねばならない軍事的組織にとって、SMARTはきわめて実効性の高い考え方**だと言えます。

一方で、右の修正版の目標は「行動を縛り上げる指令」としては優秀かもしれませんが、決してワクワクするようなものではありません。ともすれば、**「やらされ感に満ちたノルマ」**としてしか受け取れない人のほうが多いのではないでしょうか。この目標では、どこまでも機能的なつながりだけが重視されており、精神的な整合に配慮がなされていないからです。

逆に、『ONE PIECE』における「海賊王になる」とか「ひとつなぎの大秘宝『ワンピース』を探す」といった目標は、まったくSMARTだとは言えませんが、人々を強く惹きつけ、冒険へと駆り立てるエネルギーを持っています。それは、この目標が「好奇心をかき立てる問い」を内包しているからでしょう。

では、目標を「好奇心をかき立てる問い」としてデザインし直すときには、なにが必要なのでしょうか？　**いちばん有効なのは、目標設定の基準そのものの見直し**です。このとき、私がクライアント企業にもおすすめしているのが、**目標設定の新法則「A《ア》L《ラ》I《イ》V《ヴ》E」**です。

・Adaptive——変化に適応できる
・Learningful——学びの機会になる
・Interesting——好奇心をそそる
・Visionary——未来を見据える
・Experimental——実験的である

［Adaptive］環境変化に適応しやすい、柔軟な目標を立てる

不確実な環境下で、あまりに具体的な達成目標をセットすると、かえって融通が利かなくなるリスクがあります。そういうときには、冒険のポテンシャルを感じた方向性に、ある程度たしからしい暫定目標を設定するほうがうまくいきます。あえて「とりあえずここを目指そう」「これを達成しておいても損はないだろう」というくらいにしておいて、環境変化に応じて目標を調整しながら進むわけです。

「目標は〝夢〟ではなく、〝仮説〟にすぎない」——これを意識しておくことで、過度な「選択と集中」を避け、「分散と修繕」による軌道修正がしやすくなります。

［Learningful］目標を追いかける過程を、学びの機会に変える

達成したい成果のみに主眼を置くのではなく、その達成プロセスがどんな学びの機会になるのかも踏まえて、学習目標を言語化するということです。たとえば、「売上を前年比20％アップさせる」という成果目標についても、「商品知識を深め、提案力を高めながら、売上を前年比20％アップさせる」というかたちにすることで、**より学びに満ちた目標**にアレンジできます。

［Interesting］目標そのものを興味深く、好奇心をそそるものに

個々のメンバーの内的動機につなげるためには、**目標それ自体が興味深いものである必要があります。**「カーナビを生き残らせるため、未来のカーナビを開発せよ」という指令より、「未来の移動時間を快適で豊かなものにするには？」という問いのほうが、人々の好奇心を刺激し、自由な発想を促していた事例（60ページ）を思い出してみてください。

［Visionary］予測不可能な未来に対して、つねに前向きな意思を込める

未来の予測不可能性、見通しの利かなさはどんどん高まっています。5年後、10年後にどんな世界になっているかがだれにもわからない時代だからこそ、「こうしなければならない」「こうなるはずだ」という責任感や予測で目標を立てるのではなく、「こうしたい」「こうなるといいな」という**前向きな意思や願いに基づいた目標設定**が重要になります。これは一見すると、すでに説明した「Adaptive」と矛盾して感じられるかもしれませんが、これらは両立可能です。こちらは、環境変化に対して柔軟に適応しながらも、他責・受動的になりすぎず、目の前の冒険に向けて自らビジョンを描こうとする姿勢を表しているからです。

［Experimental］不確実な環境でリスクを冒して、実験的要素を含める

冒険の本質は「わからなさ」に向き合うこと——。計画どおりの実行や前例踏襲ではなく、不確かながらも自分なりの仮説を持って踏み出していく「探究」なのです。**ある程度のリスクをとりながら、やってみないとわからないような「実験」の要素を組み込む**ことで、よりワクワクする目標に変えることができます。

目標を立てるときには、ぜひこの5つの基準を意識してみてください。

ちょっと基準を変えるだけで、組織内の「神経」のつながりがよくなり、メンバー全員が生き生きと向かっていけるゴールが設定できます。すでに掲げている目標がある場合には、これらの観点から目標をデザインし直してみるのもいいでしょう。

これはなにも、ＳＭＡＲＴな達成目標をリセットしようということではありません。事業計

画を合理的に推進していくうえでは、やはりＳＭＡＲＴは有効な考え方です。しかし、人の可能性を活かした冒険型の組織にするには、そこにＡＬＩＶＥの法則をかけ合わせて、**目標設定そのものをアップデートする**ことが欠かせないのです。

さらに、個人としての人生やキャリアにも、ＡＬＩＶＥの法則は有効です。「今年の目標」を立てるときなどにも、ぜひ活用してみてください。

これからの時代に有効な目標設定の具体論については、**［第４章　冒険する「目標設定」のカギ］**にまとめてあります。ぜひそちらのメソッドを参考にしてみてください。

目標設定の２つの法則

SMARTの法則

Specific：具体的である

Measurable：測定可能である

Achievable：達成可能である

Relevant：上位目標と関連する

Time-bound：時間期限がある

ALIVEの法則

Adaptive：変化に適応できる

Learningful：学びの機会になる

Interesting：好奇心をそそる

Visionary：未来を見据える

Experimental：実験的である

「経営陣のギスギス感」は現場にも伝染する

【基本原則② チーム】マネジメントチームは組織の靭帯

「中途入社が多いからでしょうか。当社はなかなか現場メンバー同士の連携が進まないんです……。もっとチームワークを大切にする組織にしたいと思っています」

そんな声をいただくことがあります。

組織の世界観を冒険型にアップデートしていくうえでは、チームを「機能別に編成した小隊」ではなく、「個性を活かし合う仲間」としてとらえ直すことが必要でした。つまり、互いに「仲間」としてつながる、精神的な共同体づくりが求められるわけです。

このとき、ほとんどの人が思い浮かべるのは、営業チーム、エンジニアチーム、人事チームなど、職能ごとに分けられた「現場のスモールチーム」でしょう。しかし、冒険する組織づくりをはじめるにあたって真っ先に着手すべきは、経営陣やミドルマネジャーたちの共同体、いわゆる「**マネジメントチーム**」のほうなのです。

とりわけ「**経営チーム**」をつくることこそが、冒険する組織におけるチームづくりの土台です。なぜなら、経営チームこそが**組織内のすべてのチームの「縮図」**だからです。

軍事的世界観が染みついている組織では、そもそも経営チームがまともに機能していないことが少なくありません。**それぞれの役員メンバーが自分の管掌《かんしょう》範囲にしか関心を持っておらず、互いの個性を活かし合うチームとしてそもそも成立していない**のです。

御社の経営陣は、ほかの役員メンバーに弱みを見せないよう、自分のテリトリーを守ることだけを考えていませんか？　もっとひどいところだと、手柄をひけらかして互いを牽制《けんせい》していたり、陰で足の引っ張り合いをしたりしている組織すらあるでしょう。

マンガの比喩ばかりで恐縮ですが、これは『DRAGON QUEST ダイの大冒険』に登場する「魔王軍」のような経営チームです。魔軍司令ハドラーが率いる魔王軍は6つの軍団に分かれており、それぞれのトップには、氷炎魔団のフレイザード、妖魔士団のザボエラ、百獣魔団のクロコダインといった軍団長がいます。軍団長らは表面的には協力しながらも、根本においては反目し合っており、なかには味方を貶《おとし》めようとする者すらいます。

皮肉なことに、**経営者・経営幹部が「うちの現場にはチームワークがない」と嘆いている会**

社にかぎって、この魔王軍のような空気のなかで、殺伐《さつばつ》とした経営会議をしていたりします。

経営チームは、組織全体の整合性を取り持つ中枢です。現場メンバーが連携して相乗効果を生み出すためには、そもそも経営陣同士が「仲間」になっていなければ話になりません。

MIMIGURIがクライアント企業の組織変革を支援する際も、しばしば「経営チームづくり」から着手します。ボードメンバーたちの目線を合わせて、各部門が連携するための下地をつくらないと、組織変革はまず間違いなく失敗するからです。「経営チームが〝チーム〟になっていないこと」こそが、組織変革の最大のつまずきポイントなのです。

ギスギスした経営チームも、じつは各人が〝鎧〟や〝仮面〟をまとって萎縮《いしゅく》しているだけのことが珍しくありません。そのため、心理的に安全な対話の場を設けさえすれば、一気に関係性が変わることがあります。そして、ひとたび**経営チームの状況がよくなってくると、それだけで組織全体のチームワークも改善していく**のだから不思議なものです。

これに次いで重要なのが、中間管理職の立場にあるメンバー間の連携、つまり**「ミドルマネジャーチーム」**です。リーダー・マネジャー同士のつながりは、組織の〝靭帯《じんたい》〟のようなものです。私たちの身体に備わっている靭帯は、骨同士をつなぎ、なめらかな関節の動きをつくり出す役割を果たしています。これと同様、ミドルマネジャー同士がチームになっていなければ、ダイナミックな組織変革は実現しようがないのです。

しかし、メンバーのサポートで忙しいミドルマネジャーは、どうしても自分自身のケアがおろそかになりがちです。とくに縦割りの部署になっている組織では、ミドルマネジャーには相談できる「仲間」がおらず、どの共同体にも所属できていない感覚に陥りやすくなります。その結果、いきなり本人のパフォーマンスが著しく下がったり、離職してしまったりするケースも少なくありません。

こうした事態を未然に防ぐには、**ミドルマネジャー同士を〝横〟につなぐチームの形成**が欠かせません。互いにナレッジ（知）を共有したりサポートし合ったりする体制をつくることで、彼らが疲弊しないような環境をつくっていくのです。

また、経営陣にせよミドルマネジャーにせよ、「マネジメントチーム」をつくっていくうえで絶対に忘れてはならないのは、「個々の自己実現の探究」です。

すでに冒険的な「成長」のレンズを持っていて、**部下メンバーの自己実現にも配慮できるようなマネジャーであっ**

「全員が自己実現をあきらめない組織」とは？

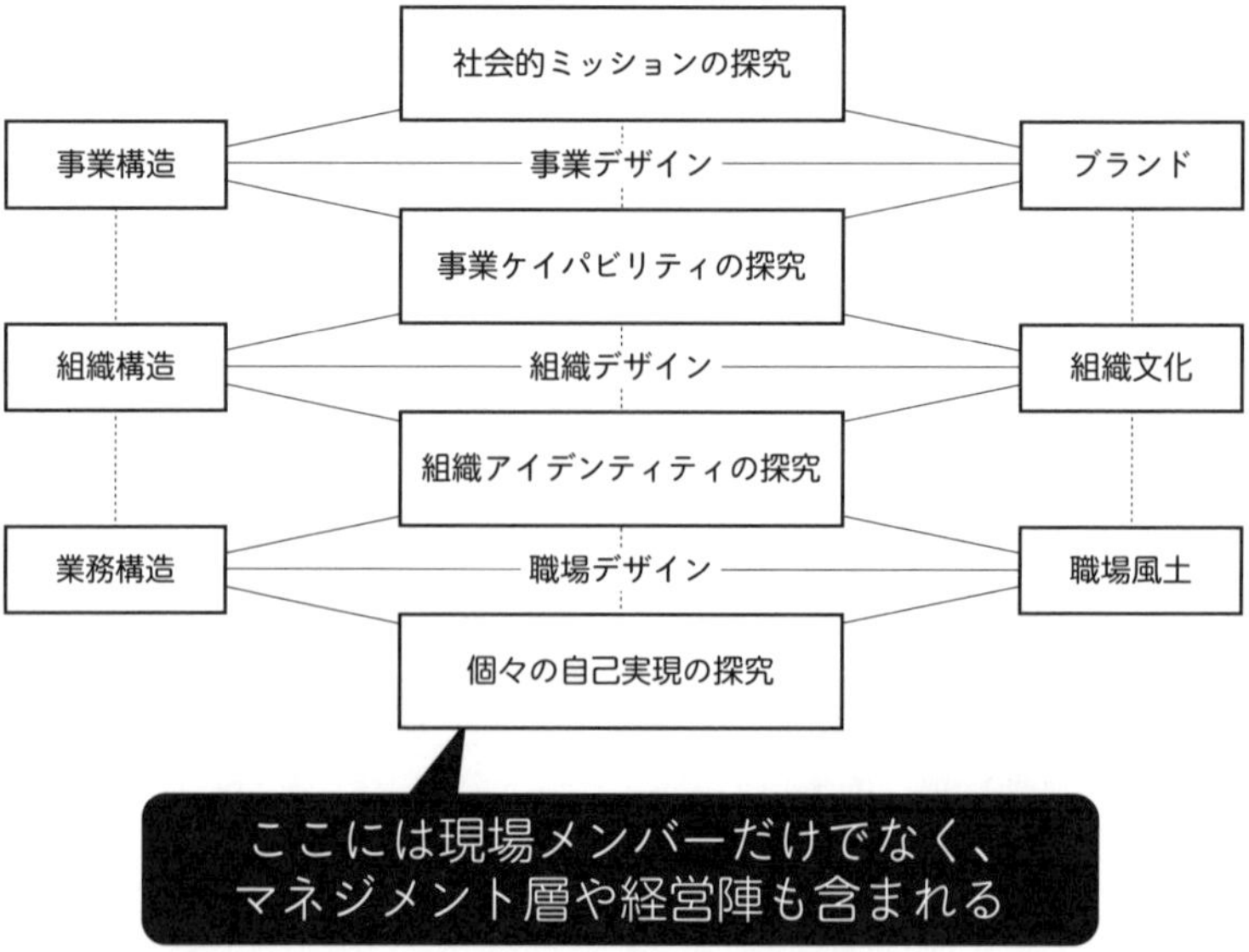

ても、当人の自己実現がおざなりになっていることがあります。部下のキャリア成長や夢を応援しながらも、いつのまにか自分を押し殺し、「私さえ我慢していればいいのだ……」と考えるクセがついてしまってはいないでしょうか。

冒険する組織とは、「全員が自己実現をあきらめない組織」です。

経営リーダーやミドルマネジャーもその例外ではありません。そういう立場にある人も、**「会社として／部署としてなにがしたいか?」という「組織主語」ではなく、「私は仕事を通じてなにがしたいのか?」という「自分主語」で内省・言語化する機会が欠かせません。**

チーム・組織の調整業務に追われるなかで、リーダーやマネジャーが〝自分の心〟を忘れると、それは部下たちにも〝伝染〟していきます。「内的動機を後回しにする組織」はこうして生まれていくのです。

ぜひ、経営チーム・ミドルマネジャーチーム内で、個々人の探究プロセスを共有し合う場をつくってください。そこでの対話から生まれる精神的なつながりが、組織全体のチームワークを支える〝靭帯〟となってくれます。

冒険的なチームをつくるための実践的なメソッドは、「**第5章　冒険する「チームづくり」のカギ**」に掲載しておきました。会社内・部署内のチームワークに不安がある人は、ぜひこちらを参考にしてください。

「心がまえ」だけでは、〝お通夜会議〟は変わらない

【基本原則③ 会議】ハレとケの場づくりに工夫を凝らす

組織にはさまざまなミーティングがあります。

1on1から、チームの定例会議。組織に関するものから、事業に関するもの。毎週30分のミーティングから、月に1回に開催される2時間のもの。

また、「会議」と称されていなくても、人事評価の面談、全社総会、オフサイトミーティング、宴会なども含めると、**「組織はミーティングでできている」**と言っても過言ではないでしょう。

CCMにおける整合性は、これらの会議でのコミュニケーションに左右されます。

そこでお互いの前提をすり合わせるような質の高い対話が行われていれば、組織内の整合性は高まりますが、対話的なコミュニケーションが失われると、各所に分断が生まれて、人々の

なかにモヤモヤが蓄積していきます。

　では、会議を「伝令と意思決定の場」ではなく、「対話と価値創造の場」にするためには、なにが必要なのでしょうか？　どのようにすれば、会議におけるコミュニケーションの質を高めることができるのでしょうか？

　もちろん、「出席者それぞれが当事者意識を持って会議に臨む」といったことは大切です。しかしながら、**会議の質をメンバーそれぞれの「心がまえ」に頼るのは現実的ではありません。**また、会議において「アジェンダ設定」や「参加者のアサイン」が重要なのは、一般的にもよく指摘されているところです。「なにについて話し合うのか？」「だれが参加メンバーなのか？」がはっきりしなかったりズレていたりすると、不毛な会議になるのは当然でしょう。

　しかし、冒険的なミーティングを実践するうえで、本当に大事なのは「**場づくり**」です。場づくりというと、つい空間の演出のようなものをイメージするかもしれませんが、ここでは「**ファシリテーション**」**の技術を駆使した対話デザイン**のことを想定しています。

　会議のファシリテーションにおいては、次のようなポイントに気を配る必要があります。

□冒頭でなにを語るか？
□参加者の緊張を解きほぐす工夫はされているか？
□意見を引き出す問いかけがなされているか？
□アイデアを刺激する工夫はあるか？
□議事録がちゃんと活用されているか？
□一人ひとりの役割や期待は明確か？
□話しっぱなしのまま尻切れトンボで終わっていないか？

これらの細やかなプロセスそれぞれに工夫を凝らし、メンバーの対話を引き出すことが「場づくり」の本質です

とはいえ、「日々いくつもの会議を抱えているのに、毎回こんな工夫をしている物理的・精神的余裕はない！」と感じる人も多いでしょう。

たしかに、すべての会議に全力で挑むというのは現実的ではありません。それよりも大切なのは、**会議の種類に応じて労力やコストのかけ方のメリハリをつけていく**ことです。

そのとき意識していただきたいのが**「ハレとケ」の視点**です。

これは民俗学者の**柳田國男**《やなぎたくにお》が指摘した、日本人の伝統的な価値観です。ふだんの「日常」を指す〝ケ〟に対して、〝ハレ〟とは儀礼や祝祭、年中行事のような「非日常」を意味しています。

日頃は質素なケの生活をしている人たちも、ハレの場では思い切ってお金をかけて盛大にお祝いごとをしたり、ハメを外して大騒ぎをしたりというように、日本人はこの2つのモードをかなりはっきりと使い分けてきました。

会議を「対話と価値創造の場」にするうえで重要なのは、それぞれのミーティングに同じようなスタンスで臨むのではなく、あえて「ハレとケ」の区別を持ち込むということです。

1on1や定例ミーティングなどの「**ケの会議**」については、あまり労力やコストをかけすぎないようにし、一定範囲のなかで質を底上げしていくようにします。

他方、「**ハレの会議**」である全社総会や入社式などには、ふだん以上に予算や労力を割《さ》いて、インパクトのある場をつくれるよう、工夫を凝らしていくべきです。

ハレの日であるお正月のおせち料理やお雑煮《ぞうに》にその家庭・その地方の個性がしっかりと出るのと同じように、ハレの会議にはその組織のカルチャーが色濃く反映されます。

組織づくりで意識するべき「ハレとケ」

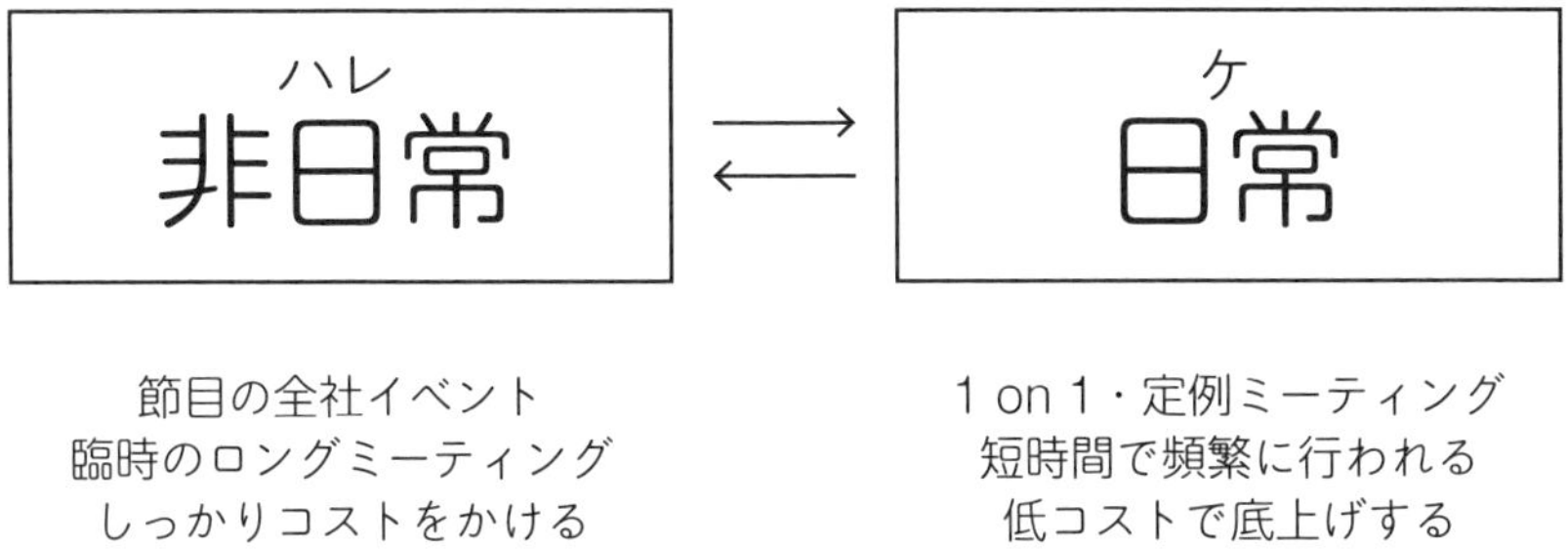

ハレの場には日常のストッパーを外す効果があり、仕事のなかで固定・抑圧されていたケの関係性に揺さぶりをかけることができます。だからこそ、**「非日常」のミーティングへの投資対効果は、ふだんの会議とは比べものになりません。**

「ケの会議」においては、ファシリテーション技術を駆使して、効率よくコミュニケーションの質を高めつつ、「ハレの会議」にはふだんでは考えられないほど全力で臨む――。「場のデザイン」と「モードの切り替え」の組み合わせこそが、冒険する組織における会議づくりの基本です。

この基本原則をベースにしたミーティングの極意は、**［第6章　冒険する「対話の場づくりのカギ」］**でご紹介しておきました。ファシリテーションの技法に加えて、日々の会議や全社総会の場をデザインするための実践的メソッドを知りたい方は、ぜひこちらを参照してみてください。

「学習しない組織」はどう生まれるか？

【基本原則④　成長】学び続ける組織文化を醸成する

４つめの基本原則は「成長」に関するものです。

組織が目指しているのが「望ましいスキル・行動の習得」という「軍事的成長」なのであれば、それを統一的に管理するのはそれほど難しくありません。研修やＯＪＴを通じてそれらを従業員にインストールさせ、行動やパフォーマンスの変化を評価していけばいいからです。

しかし、冒険的世界観における成長とは、「新たなアイデンティティの探究」でした。つまり、「アイデンティティの揺らぎ→再統合」を通じた自己変容こそが、人間にとって本質的な学びだととらえているのです。

そうだとすると、当然ながら、学びのあり方やその成果は、人によって千差万別となります。

軍事的組織における成長のように、一律のものさしで測ったり管理したりするわけにいきません。

学びのあり方が各自バラバラであるなかで、メンバーの学びをあと押しするには、どうすればいいのでしょうか？

もし組織としてできることがあるとするなら、それは**「学び続ける組織文化」を醸成すること**でしょう。

つまり、**メンバーそれぞれが自律的に学びを継続したくなるようなカルチャー**を浸透させていくわけです。

とはいえ、いったいなにがどうなれば、組織に「学び続ける文化」が生まれるのでしょうか？

その手がかりとしたいのが、〝組織心理学の父〟**エドガー・シャイン**が提唱した枠組みです。[29]

シャインは下図のとおり、組織文化を3つのレベルに分けて整理しており、下層にあるものほど無意識的・暗黙的な文化だとしています。

エドガー・シャインによる「組織文化の3レベル」

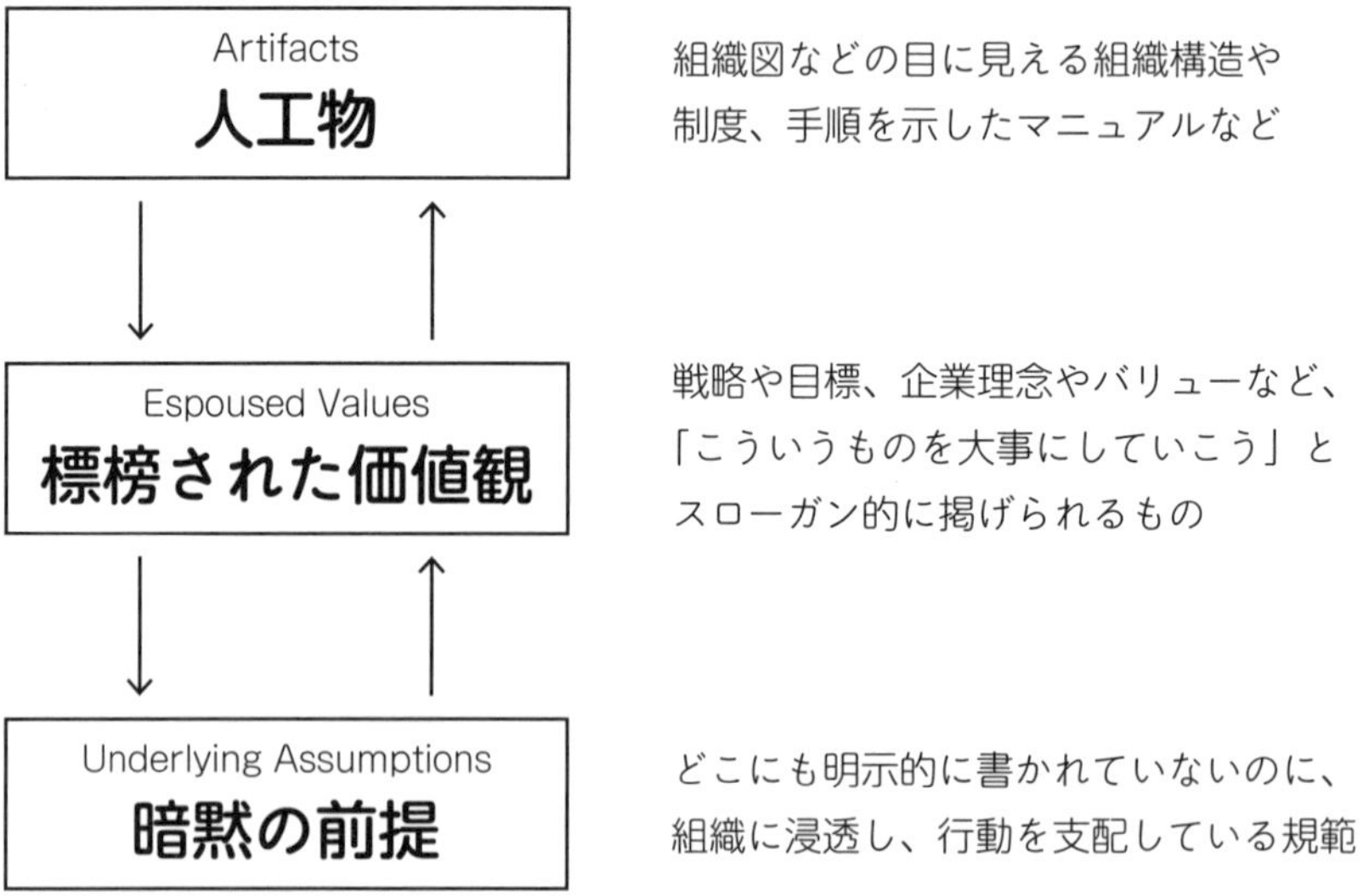
Artifacts
人工物
組織図などの目に見える組織構造や制度、手順を示したマニュアルなど
Espoused Values
標榜された価値観
戦略や目標、企業理念やバリューなど、「こういうものを大事にしていこう」とスローガン的に掲げられるもの
Underlying Assumptions
暗黙の前提
どこにも明示的に書かれていないのに、組織に浸透し、行動を支配している規範

出典：Schein, E. H. & Schein, P. A. (2019). [29] を参考に著者作成

いちばん深層のレベルにある「**暗黙の前提**」とは、「こういうときには必ず上司に相談するべきだ」とか「顧客からの電話には、就業時間外でも対応するのが当たり前だ」などといった、**組織ごとに染みついた無自覚的な規範や慣習**です。

組織内の人が必死で守っているルールが、外部から見るとしばしば異様なものに映るのは、組織ごとに「暗黙の前提」が違っているためです。その意味では、これこそがその組織を強く特徴づけるものだと言えるでしょう。シャインもこれを、組織にとって最も本質的な要素として位置づけています。

組織文化を醸成するためには、「暗黙の前提」レベル、つまり、**明確に言葉になっているわけではないにせよ、いつのまにかみんなの行動を左右している規範**に働きかけなくてはなりません。

「学び続ける組織文化」でいえば、だれかになにかを言われなくても、全員が暗黙のうちに「学び続けることが大切だ」という価値観を共有し、実際に学びを継続している状態をつくるということです。

繰り返しになりますが、ここでいう「学び」というのは、資格の勉強をしたり、特定のスキルを向上させたりすることではありません。「自分は何者なのか」というアイデンティティを揺るがせて変容させていくことです。

メンバーみんなが「探究を通じた自己変容」を当然のものとして受け入れ、それを実践している状態――それこそが冒険する組織における「学び」なのです。

組織文化は一朝一夕に醸成されるものではありませんが、粘り強く実践していけば着実な変化が生まれます。

なによりも大事なのは、組織のリーダー自身が「学び手」として振る舞い、新たなアイデンティティを探究・獲得していくプロセスを、メンバーたちに見せることでしょう。

これ以外にも、人材育成の要である「フィードバック」や、組織のナレッジマネジメントの考え方など、さまざまな角度からのアプローチが必要になります。こうした具体的メソッドについては、ぜひ**［第7章　冒険する「学習文化づくり」のカギ］**でご確認いただければと思います。

「危機感」で社員を動かすのは、もうやめにしよう

【基本原則⑤ 組織】毎日が変革！・変えることを楽しむ

「組織変革」と聞くと、どんなことをイメージするでしょうか？

多くの人の頭に浮かぶのは、危機を察知した経営陣が号令をかけ、事業や組織を大胆に改革していくトップダウン型のアプローチではないかと思います。

従来は、このような〝痛み〟をトリガーとした「組織変革」観が一般的でした。リーダーシップ論の大家**ジョン・P・コッター**（ハーバード・ビジネス・スクール名誉教授）も、組織変革のプロセスを8段階に分けて説明しており、第1の段階に「**危機意識の共有**」をあげています。〈30〉 **組織が変わろうとするエネルギーは、「このままではマズい！」という危機感から生まれる**というわけです。

このような変革観は、軍事的組織と非常に相性がいいことにお気づきでしょうか。

軍事的世界観の下では、組織は「事業戦略のための手段」だと考えられてきました。チャンドラーの提言「組織は戦略に従う」に見られたとおり（105ページ）、戦略がうまく機能し、事業の成果が出ているうちは、わざわざ組織を変える理由はありません。**事業や戦略がうまくいかなかったり、危機に陥ったりしたときに初めて、やむを得ず組織を変革するにすぎない**のです。

逆に言えば、**危機感を原動力としないかぎり、軍事的組織は変わることができません。**

そのため、変革の力を失ってしまった官僚型の組織などにおいては、トップがあえて〝危機感の演出〟を行いながら「このままでは当社に未来はない！」というメッセージを発し、大幅な人員削減や配置転換を断行することになりがちです。

コッターによる「変革の8段階プロセス」

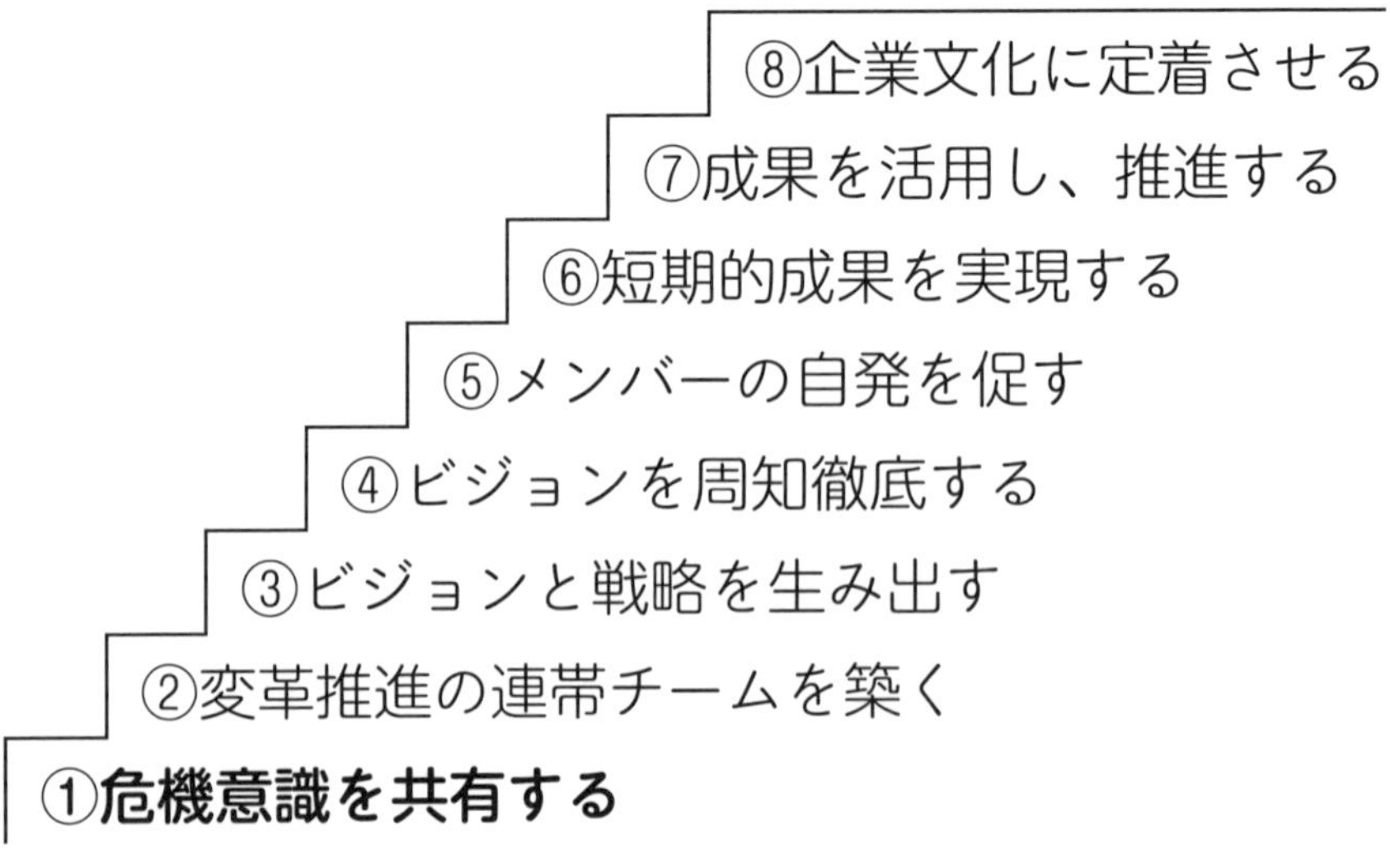

出典：Kotter, J. P. (1996). [30] を参考に著者作成

そしてこれは、優秀な人材たちがそんなに簡単には逃げ出さない環境下で成立していたアプローチでしかありません。

旧来の「会社中心のキャリア観」が揺らぎ、転職が当たり前になっている現代においては、**危機感を煽るアプローチは根本的に通用しなくなっている**と思ったほうがいいでしょう。

一方、冒険的世界観の下では、「組織＝人と事業の可能性を拡げる土壌」でした。人や組織は「ピンチだから変わりなさい！」と言われてパッと大変身できるようなものではありません。日頃から「耕す作業」を継続することで、ゆっくり地道に変わっていくしかないのです。

つまり、冒険する組織にとっての変革は、危機的な状況下だけに行われるものではなく、**〝日常〟そのもの**であるとすら言えます。

以上を踏まえて本書では、「**組織変革**」を「**組織の望ましい状態に向けて、新しい整合の仕方へと変化させ、その状態を定着させること**」と定義することにしましょう。〈31〉

変革を〝日常化〟するうえで欠かせないのが、**変えることを楽しむマインド**です。

多くの人・組織の根底には、「なるべく変えたくない」「できるだけ現状維持でいきたい」「大きなリスクはとりたくない」という感情があります。

だからこそ、危機感からやむを得ず変えるのではなく、変革のプロセスそのものを楽しめるかどうかがきわめて重要になります。この部分のマインドセットを変えられれば、「日頃から土壌を耕し続けること」は、もはや苦痛でもなんでもなくなります。

これは人間の健康維持と似ています。

たとえば、健康診断で問題が見つかって、「放っておくと大きな病気につながるかもしれない……！」という危機感から、生活習慣を変える人もいるでしょう。それ自体はすばらしいことなのですが、**危機感をきっかけに生まれた習慣はたいてい長続きしません。**「大好きなお酒をなるべく控える」とか「嫌いだった運動を週3でがんばる」など、一時的なガマンや努力によって生活を変えても、健康診断のアラートが消えれば、たちまちその習慣は途切れてしまいます。

他方で、「飲酒以外の趣味を見つける」とか「仲間と一緒にスポーツを楽しむ」というように、それ自体に楽しさが組み込まれた習慣は、長期にわたって安定します。それに伴って、身体がより健康になっていくプロセスそれ自体にも、喜びを感じられれば最高です。

もちろん、冒険する組織にも、危機感を端緒にした変革が求められることはあります。

とくに、外部環境の急激な変化に対応するうえでは、経営サイドが旗を振るトップダウン型の変革が不可欠です。

ただし、組織を根本から変えていきたいときには、「このままではいけない！」「じきに大変なことになる！」と不安に訴えかけるリーダーシップは効果的ではありません。むしろ、**「変わることって楽しい！」「今度はどう変わるんだろう？」という前向きなワクワク感を生み出すストーリーが必要**です。

組織変革を牽引する経営リーダーには、そのような新しいリーダーシップが求められているのです。

また、人はだれしも「新しいことをしてみたい！」「変えてみたらどうなるだろう？」といった好奇心や探究心を持っています。しかし、そうした好奇心にフタをして、長く挑戦をあきらめていると、次第に変化することが億劫《おっくう》になってくるものです。

冒険する組織における組織変革とは、こうした前向きなモチベーションを呼び覚まして、**変化を〝日常化〟していく営み**であり、経営リーダーのみならず、あらゆる現場メンバーやミドルマネジャーがその担い手になり得るものなのです。

「**第8章　冒険する「組織変革」のカギ**」では、トップダウン型の変革のみならず、職場レベルからボトムアップに変革のうねりを生み出していく方法も含めて、さまざまなカギをご紹介しておきました。「いますぐ冒険的な組織変革に取り組んでみたい」という方は、ぜひそちらの内容を参照してみてください。

[第Ⅰ部 理論編] の総まとめと [第Ⅱ部 実践編] で扱う方法論

	▸▸[第1章] レンズ 冒険的世界観のベースとなる考え方 (Why)	▸▸[第3章] 基本原則 つねに意識したいこと (What)	方法論 実践に向けた具体的ヒント (How)
目標	行動を縛り上げる指令 ➡ 好奇心をかき立てる問い	目標は新法則「ALIVE」で設定する	▸▸[第4章] 「目標設定」のカギ
チーム	機能別に編成した小隊 ➡ 個性を活かし合う仲間	マネジメントチームは組織の靭帯	▸▸[第5章] 「チームづくり」のカギ
会議	伝令と意思決定の場 ➡ 対話と価値創造の場	ハレとケの場づくりに工夫を凝らす	▸▸[第6章] 「対話の場づくり」のカギ
成長	望ましいスキル・行動の習得 ➡ 新たなアイデンティティの探究	学び続ける組織文化を醸成する	▸▸[第7章] 「学習文化づくり」のカギ
組織	事業戦略のための手段 ➡ 人と事業の可能性を広げる土壌	毎日が変革！変えることを楽しむ	▸▸[第8章] 「組織変革」のカギ

第II部　実践編

新時代の組織をつくる「20のカギ」

第4章

冒険する「目標設定」のカギ

CHECK

「目標のレンズ」

「行動を縛り上げる指令」から「好奇心をかき立てる問い」へ

「目標の基本原則」

目標は新法則「ALIVE」で設定する

CONTENTS

KEY 1

現場の目標にこそ「追いかけたくなる意味」を込める

なぜ組織の「末端」には、「意味のわからない目標」が降ってくるのか？

経営理念、中長期の経営目標、事業部ごとの目標、各部署ごとの目標、チームの目標、個人の目標というように、**組織は「目標の連《つら》なり」で成り立っています。**

それぞれの目標は、より大きなものから小さなものへと分割されており、個人による目標達成はチームの目標達成に、各チームによる目標達成は部署の目標達成につながるよう設計されています。これはきわめて合理的なやり方です。

しかし、現場レベルの目標は、組織の大目標を細かく切り分けていった結果にすぎません。大きなピザを細かく細かく切り分けていって、小さなトマトの切れ端だけを「これがあなたのピザです」と渡されるようなものです。

「今期のサービス解約率を3%下げる」とか「期内のコンサル受注単価を10%引き上げる」といった現場レベルの目標は、たしかにSMART（173ページ）かもしれませんが、当事者にとってはもはや**「なぜこれを達成しなければならないのか？」が見えない「無機質なノルマ」**でしかありません。

組織にとっての「機能的な意味」はあっても、個人・チームにとっての「精神的な意味」がないのです。

このように、**目標というものは経営レベルから現場レベルに〝降りていく〟に従って、「意味」を失っていきます。**

社外から見ると、崇高な理念を掲げている「夢のある会社」なのに、現場では業務がガチガチにマニュアル化されている。ただ与えられたノルマを達成することだけが期待され、創意工夫の余地がまったくない――そんな組織・職場に心当たりがある人もいるのではないでしょうか？

冒険する組織にも「数値目標」は欠かせない

「それがあなたの目標なのだから、言われたとおり達成してください」
「現場メンバーは〝意味（＝なんのためにやるのか）〟など考えなくていい」

軍事的組織ならば、現場のモチベーションなど無視して、各メンバーにそう伝えるのでしょう。
しかし冒険する組織においては、個人・チームの目標にこそ、つい追いかけたくなるようなデザインを施す必要があります。

そのための目標設定の法則として紹介したのが「Adaptive / Learningful / Interesting / Visionary / Experimental」から成る「ALIVE」でした（175ページ）。

ややもすると無機質になりがちな現場目標を、いかにして〝生きた〟ものにするか？──それが目標設定において取り組むべき最初の命題です。

といっても、いわゆる「KPI（Key Performance Indicator／**重要業績評価指標**）」や「KGI（Key Goal Indicator／**経営目標達成指標**）」といった定量的な目標設定をすべてやめてしまおうという話ではありません。そんなことをすれば、まともに収益が上がらず経営そのものが破綻してしまいます。

現場の目標設定には、SMARTとALIVEの両方が必要です。とはいえ、多くの企業ではすでにSMARTな目標が策定されているでしょうから、それをよりALIVEなかたちにアレンジしていくアプローチが現実的です。

軍事的世界観の下で立てられた近視眼的な現場目標であっても、ひと工夫を凝らすだけで、個人にとっても意味がある「冒険的な目標」にアップデートすることは十分に可能なのです。

そこで有効なのが、**短期目標のなかに好奇心をくすぐる「問い」を埋め込む**という方法です。具体的には、その短期目標に向けて試行錯誤をする過程が、自分たちのチームにとって「どんな意味を持った機会になり得るか？」を言語化して、問いを立てるのです。

「追いかけたくなる目標」にアレンジするコツ

——「やる意味」を言語化して「問い」を埋め込む

これだけだとなかなかイメージしづらいと思いますので、具体例に沿って解説しましょう。

たとえば、営業チームに課せられた「受注単価を10％上げる」という短期目標について考えてみます。「今期中に案件の平均受注金額を10％上げる」というのは、じつにSMARTな目標ですね。これが経営判断に基づいて定められた目標数値なのであれば、現場はこれに黙って従うのがふつうでしょう。

しかし冒険する組織では、無思考にこの目標に向かって走りはじめません。そうではなく、一度立ち止まって、自分たちのチームにとっての「意味」を主体的に考えてみるのです。

まずは、**リーダー自身が「どうしたらメンバーがこの目標に取り組む意味を感じてくれるか？」という視点で振り返ってみる**といいでしょう。

◎リーダーの振り返り

「(受注単価を10％アップか……。案件の単価を上げていくということは、1つの顧客に対して、これまで以上に高い価値を提供するということだよな。商材とチームメンバーのポテンシャルを考えれば、実現できそうな気はする。けれども、受注前のヒアリング段階からもう少し顧客の課題に踏み込んで、もっと自信を持てる提案と見積もりを提示できないといけないな。

とはいえ……古参メンバーたちが失注を恐れているせいか、最近は無難《ぶなん》な提案が増えているんだよな……。若手メンバーもそれに影響されて、『確実に数字を稼ごう』『無理をしないようにしよう』というスタンスが染みついてきている気がする。昔は荒削りではありながらも、もっとチャレンジングな提案ができていたんだけどな。

逆にいえば、この目標に取り組むことで、彼らが自分たちのポテンシャルに対して自信を取り戻すきっかけにできるとよさそうだな。若手のだれかが思わぬ高額案件を受注してくれれば、ほかのメンバーたちも『自分にもできるかも……』と勢いづいて、チーム覚醒の機会になるんじゃないだろうか？）

考えを巡らせたことで、少しずつ「目標に取り組む意味」が見えてきました。リーダーの思索をまとめると、「受注金額10％アップという目標＝無難な提案に逃げずに、チャレンジングな提案で成功体験を積み、チームを覚醒させる機会」といったところでしょうか。

このように意味づけすると、「**目標を達成するために、チームで考えたい問い**」が見えてきます。たとえば「私たちは、顧客提案時になにを恐れているのか？」「受注単価増のストッパーになっている、自分たちの思い込みとは？」といった内省的な問いのほか、「リスクを気にしないとしたら、どんな提案にチャレンジしたいか？」「どこまで顧客の課題に踏み込むべきか？」などといった問いも浮かんでくるでしょう。

このように目標の「意味」が感じられるような「問い」を立て、それを目標に埋め込んでチームで共有すると、**短期目標を達成する道のりを「探究の機会」に変える**ことができます。

これが、目標のＳＭＡＲＴさを保ったまま、よりＡＬＩＶＥにアレンジしていくときのコツです。

「目標への疑問」が出たときこそ、「チームの問い」をつくるチャンス

目標に「問い」を埋め込むときは、リーダーが一人で悶々と抱え込むのではなく、**チームメンバー全員が集まる対話の場を設けたほうがうまくいきます。**目標の意味づけのプロセスについては、「ＫＥＹ３」でも改めて解説しますが、ここでも例を見ておきましょう。

とあるＳａａＳ企業のプロダクトチームに、「今期のサービス解約率を３％下げる」という目標が掲げられました。

同社では、新規顧客の獲得に向けてセールス活動に力を入れる一方、「既存ユーザーの離脱の多さ」が問題になっ

目標を「考えたくなる問い」として設定する

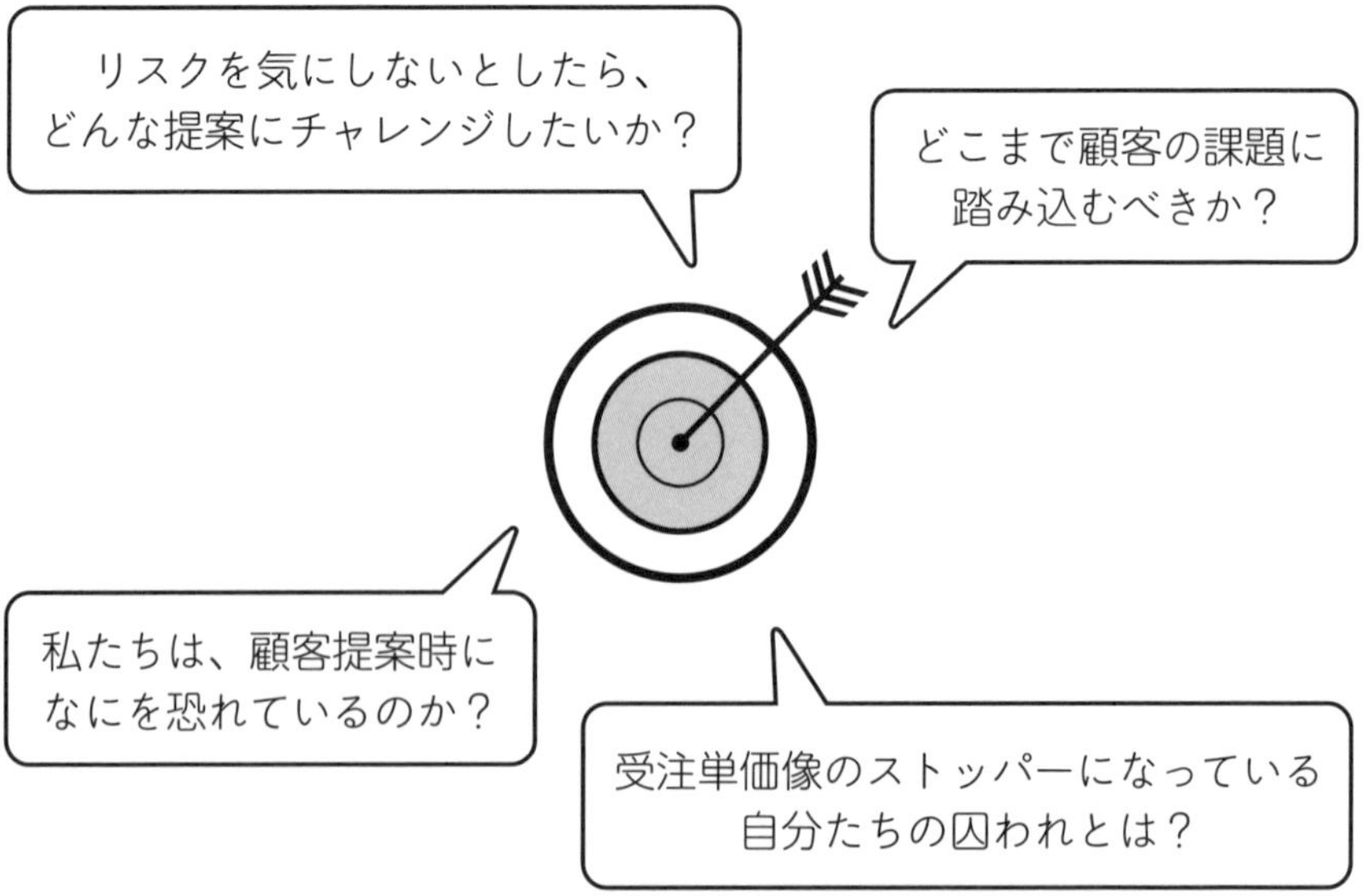
リスクを気にしないとしたら、どんな提案にチャレンジしたいか？
どこまで顧客の課題に踏み込むべきか？
私たちは、顧客提案時になにを恐れているのか？
受注単価像のストッパーになっている自分たちの囚われとは？

ていました。このままでは、穴の開いたバケツに水を注いでいるようなもの――。

ですから、「解約率3％減」は今期の事業戦略から逆算された、きわめて合理的な目標です。

しかし、現場のメンバーにとって、これはあまり魅力的な目標には映りません。「新規ユーザーを増やす」と比べると、「解約したがっている人を踏み止まらせる」というのは、どうにもパッとしない後ろ向きな仕事に思えてしまうからです。なかには「サービスが気に入らなくて解約していく人に、わざわざ考え直してもらう意味なんてないのでは？」といった発言をするメンバーもいました。

しかし、**目標の意味に疑いがかかっているときこそ対話のチャンス**です。

そこで、チームのリーダーは期初のキックオフミーティングとして、全員でじっくり話す機会をつくりました。「この目標に取り組むことが、なにを生み出す機会になるのか？／なにを学ぶ機会になりそうか？／なにについて探究する機会にできそうか？」をみんなで再解釈しようと考えたのです。

リーダー　「SaaS型のビジネスをやっていく以上、解約率を下げる努力は必要です。みなさんがこの目標にいまいち気乗りしない理由はなんですか？」

メンバーA　「私も解約率が高いことは問題だと思っています。しかし、原因はプロダクトやカスタマーサポートにあるのではなく、セールスチームが新規獲得のためにアプローチしているユーザーと、我々が想定しているユーザー像とがかけ離れてしまっているせいではないかと思っていて……」

リーダー 「なるほど、セールスと我々がもっと連携する必要がある、と」

メンバーB 「それもあると思うのですが、そもそも現時点のユーザーたちも『悩みが解消された』『要望が満たされた』という手応えをあまり得られていないのではないでしょうか？　ユーザーがもっと成功体験を得られるようにプロダクトを改善しないと、解約率の低下は止まらないように思います」

リーダー 「たしかにそうですね！　そもそも、**私たちの顧客にとっての『真の成功体験』とは、いったいどんなものなんでしょう？**」

メンバーA 「顧客にとっての『真の成功体験』ですか……。漠然とイメージは持っていたつもりですが、そこの認識が揃っていなかったのかもしれません。それをセールスのチームと一緒に考えたら、面白そうですね！」

メンバーB 「いいですね！　みんなで共通の定義をつくれたら、プロダクトも改善しやすいし、セールスとカスタマーサポートも目線が合わせやすい。解約率3％減は達成できそうな気がしてきました」

リーダー 「そうですね。さっそく、チーム横断のミーティングを設定しましょう！」

こうして彼らには「〝顧客の真の成功体験〟とはなにか？」という大事な問いが浮かび上がってきました。そこでリーダーは、この問いを埋め込んだ「顧客の成功体験を定義することで、今期のサービスの解約率を3％下げる」というチーム目標を掲げることにします。

以上が、既存の目標のSMARTさを保ちながら、各メンバーらによる探究をあと押しするALIVEな目標をデザインするプロセスです。やり方のイメージをつかんでいただけたでしょうか？

この例のように、**「問いの探究を通して、数値目標を達成する」というフォーマット**に落とし込むことが、「軍事的な業務命令」を「生き生きとした冒険的目標」にアレンジするときのコツです。

無機質だった短期目標に実験的な要素が加わると、これまでのやり方を見直したり、新しいやり方を獲得したりする機会が生まれます。

もちろん、問いの探究に夢中になりすぎて、もともとの目標が未達になるようでは本末転倒ですが、現場レベルの目標を設定するときこそ、このような対話のひと手間を惜しまないようにしましょう。

この「型」を意識するだけで、日々の仕事はグッと冒険的になるはずです。

KEY 2

経営理念は「探究のツール」として活用する

理念は「腹落ち」させるものではない

みなさんの会社に経営理念はありますか？　それをちゃんと覚えていますか？　ほとんど形骸化してしまっている会社もあれば、立派な「MVV（ミッション・ビジョン・バリュー）」を整備していたり、近年のトレンドを受けて新たに「パーパス」を策定したりした会社もあるでしょう。

最上位の企業目標である経営理念は、達成の基準・期限を設けたSMARTな形式（173ページ）にはなっていません。軍事的世界観がベースにある組織においても、かなり探究の余地を残した表現（ステートメント）が採用されているはずです。

しかしながら、組織の基本的なカルチャーが軍事的であるか冒険的であるかによって、経営理念に期待される役割はかなり違ってきます。これは「目標のレンズ」の違いに由来しています。

軍事的組織にとっての経営理念とは、**メンバー全員に〝同じ方向〟を向かせるための統率ツール**です。

ここでは、ドグマ（教義）としての経営理念を〝正しく理解〟し、その思想に心から〝帰《き》依《え》〟していることが重視されます。これは理念の「**腹落ち**」とか「**理念浸透**」などと呼ばれます。当然ながら、会社の理念に勝手な解釈を加えることは許されません。

他方で、冒険する組織における経営理念は、「**みんなで冒険する理由**」**そのもの**です。冒険は終わりのない旅であり、長く続けていくためには「理由」が必要です。日々追いかける目の前の目標が、個々人にとってどれほどワクワクするものであっても、「**みんなと一緒に冒険を続ける理由**」**がない組織からはどんどん人が離れていきます。**

逆に言えば、その理念があるおかげで、各人が「その組織に所属しながら冒険を続ける意味」を感じられているのなら、理念の解釈がバラバラであろうとなにも問題はありません。**それぞれのメンバーが思い思いに理念を意味づけ、そこから探究への駆動力を得られていれば十分**なのです。

このように「経営理念」観を変えるだけで、その組織はかなり冒険的になります。つまり、**わざわざ理念をつくり直さなくても、その「運用方法」を変えるだけで、メンバーたちによる探究のエネルギー源になり得る**のです。

逆に、どんなにワクワクするような理念をつくっても、たとえば「腹落ちさせるために、毎朝10回復唱させる」というように、その運用が軍事的になってしまえば元も子もありません。**理念は「どう使うか」が肝心**なのです（こうした理念のとらえ方については、佐宗邦威『理念経営2・0』を参照[32]）。

「いい経営理念」とは、なんだろう？
——探究のグラつきを「補強」するツール

これを踏まえたうえで、自社の経営理念を見直すときのポイントを見ていきましょう。

まず押さえていただきたいのは、理念は「**探究の整合**」**をつくるツール**だということです。

CCMを思い出してください。CCMとは、「組織アイデンティティの探究」および「事業ケイパビリティの探究」を媒介としながら、「個々の自己実現の探究」と「社会的ミッションの探究」とをつなぎ合わせるための組織モデルでした。

経営理念が真価を発揮するのは、この4つの探究（CCMにおける縦のライン）のつながり（探究の整合）を補強したいときなのです。

「会社として大事にしたいことがいろいろあって、あれもこれも盛り込みたくなるので、なかなか要素を絞り込めないんです……」

新たな理念策定を検討している企業からは、そんな悩みをよく耳にします。しかし、「経営理念＝探究の整合をつくるツール」と考えると、一気に発想の焦点が定まりやすくなるはずです。

このときおすすめなのが、仲間たちとCCMの図における「探究の整合」の縦ラインを眺めながら、**「いま、自分たちの組織では、どの部分に〝ちぐはぐ感〟があるか？」「どこのつながりを強めたいか？」について対話してみる**ことです。

たとえば、「個々の自己実現」「組織アイデンティティ」「事業ケイパビリティ」という3つの探究は比較的うまくつながっているものの、「会社としてどんな価値を世の中に届けていきたいのか？（社会的ミッションの探究）」の視点が失われがちな会社を考えてみましょう。このような場合には、「社会的ミッションの探究」との結びつきを強めるために経営理念を活用すべきです。ステートメント自体も、その点を強調した表現にしたほうがいいでしょう。

あるいは、「社会的ミッション」に向かおうとする原動力は十分にあるものの、経営陣の顧客志向が強すぎるあまり、職場レベルでの「組織アイデンティティ」がおろそかになっている会社であれば、また別のアプローチが求められます。こういうときには「自分たちは何者なのか？」「どうありたいのか？」「自分たちらしさとは？」などをはっきりと言語化するバリュー（価値観）を制定して、それを自分たちの行動指針として打ち出していくといいでしょう。

これが「経営理念＝探究の整合をつくるツール」ということの内実です。**「組織内のどの探究を補強するべきか」という観点から見直してみると、経営理念で力点を置くべきポイントが見えてきます。**

これとは反対に、現場メンバーにおける「個々の自己実現」と「組織アイデンティティ」とのつながりが希薄な現状を放置したまま、「社会的ミッションの探究」ばかりにウエイトを置いた〝高尚すぎる〟ステートメントを選んでしまうと、その理念はうまく機能しません。むしろ、現場メンバーからすると、経営陣が勝手に〝きれいごと〟をで

探究の整合

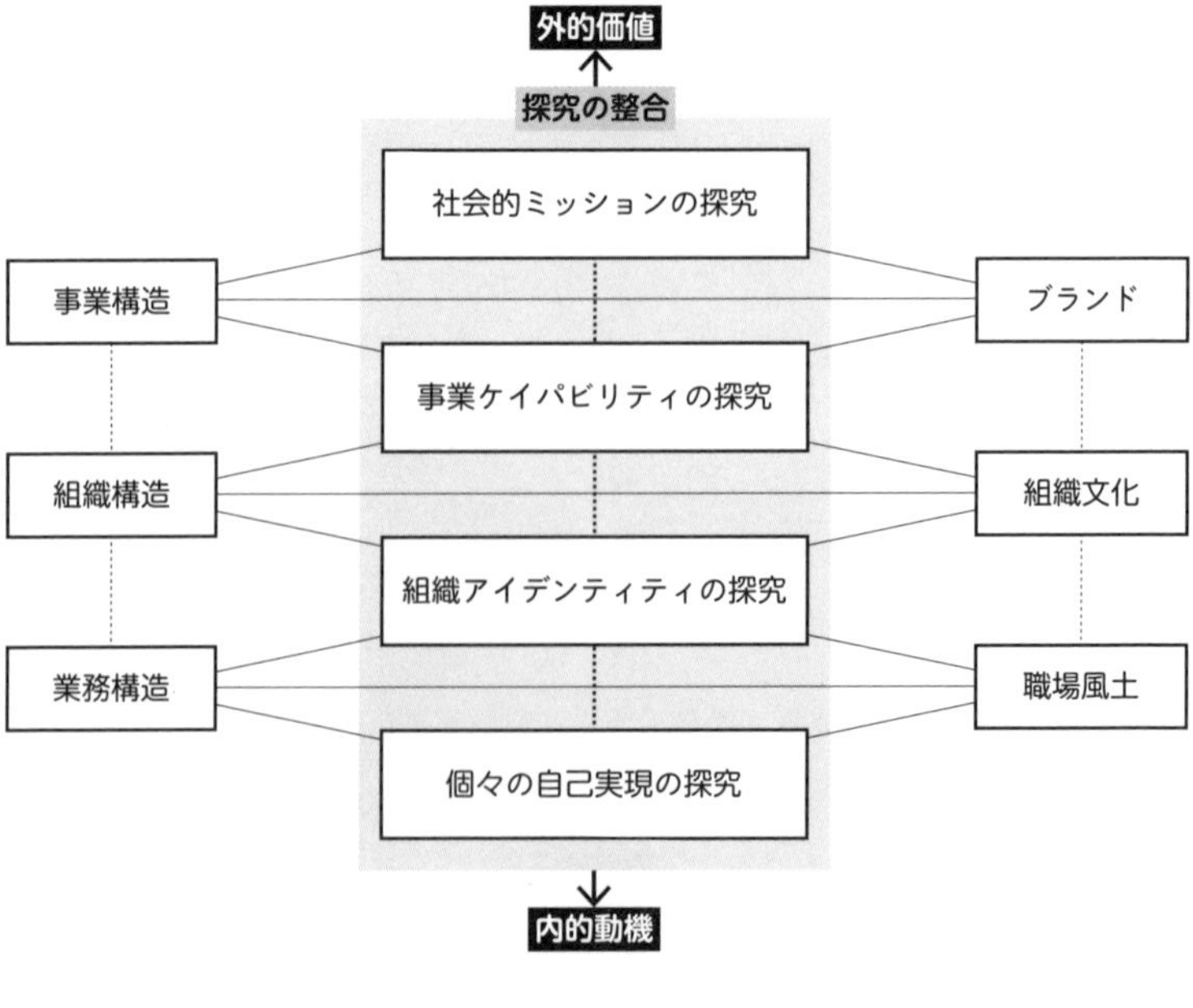

っち上げているように映りかねず、かえって組織の熱量を下げてしまう可能性すらあります。

この会社が真っ先に考えるべきなのは、途切れかけた整合をいかに修復するかです。そのためには、一人ひとりの自己実現をあと押しするようなクレド（行動指針）を掲げたり、組織アイデンティティが実感できる魅力的なビジョンやカルチャーを定義したりといった施策のほうが有効なはずです。

なぜ理念が〝2つ以上〟必要になるのか？
――「リクルートの理念」を読み解く

多くの企業が単一の経営理念だけでなく、ミッション・ビジョン・バリューなどの複層的な理念体系を持っている事情も、これを「探究の整合をつくるツール」として解釈すると合点がいきます。つまり、**組織内で強化したい探究や〝ズレ〟のポイントが多方面にわたっている場合には、おのずと経営理念も2つ以上にならざるを得ない**のです。


その一例として、**リクルート**の経営理念を読み解いてみましょう。

創業期から「心理学的経営」を掲げてきたリクルートは、従業員の内的動機と自己実現を重視する会社として知られています。事業としては「リクナビ」「ホットペッパー」「SUMO」「じゃらん」「ゼクシィ」など人材・販促メディア運営が有名ですが、最近では中小企業の業務支援サービス「Air ビジネスツールズ」の展開にも注力しています。

リクルートは、個々のメンバーが持つボトムアップのエネルギーを、新規事業開発や社会的ミッションにつなげることにも力を入れており、まさに「冒険的な組織づくり」に向けて長らく試行錯誤してきた企業だと言えるでしょう。

リクルートには4つの経営理念がありますが、全体として「一人ひとりの個人を尊重する姿勢」が繰り返し強調されており、「リクルートらしさ＝組織アイデンティティ」を表現したものとなっています。これらをCCMで読み解いてみましょう。

まずは、「私たちは、新しい価値の創造を通じ、社会からの期待に応え、一人ひとりが輝く豊かな世界の実現を目指す。」という**フィロソフィー**（**基本理念**）です。これは、経営理念に通底する思想を示しており、CCMの全体のバランスをとるようなフレーズだと言えます。

さらに、「Follow Your Heart」という**ビジョン**（**目指す世界観**）があります。ここには「一人ひとりが、自分に素直に、自分で決める、自分らしい人生。本当に大切なことに夢中になれるとき、人や組織は、より良い未来を生み出せると信じています」との説明がつけられており、「個々の自己実現の探究」にウエイトを置きながらも、組織としての「社会的ミッションの探究」にも目を配っているのが見てとれます。

また、**バリューズ（大切にする価値観）**である「新しい価値の創造 Wow the World」「個の尊重 Bet on Passion」「社会への貢献 Prioritize Social Value」の3つも、個人の自己実現を社会的ミッションへとつなげる「探究の整合」の縦ラインを強く意識させる理念です。

最後に注目したいのが**ミッション（果たす役割）**です。リクルートが以前から掲げていた「まだ、ここにない、出会い。」には、同社がこれまで磨き込んできた「事業ケイパビリティ」に基づいた社会的な使命感が込められています。リクルートは、多様なメディア運営を通してクライアント（企業）とカスタマー（個人）をマッチングし、カスタマーの情報格差を是正する、いわゆる「リボンモデル」によって成長してきた企業です。

ところが現在、同社のミッションは、「まだ、ここにない、出会い。**より速く、シンプルに、もっと近くに。**」へと更新されています。この背景としては、インターネットによって情報が民主化された結果、従来のミッションが部分的に達成済みになりつつあったことが考えられます。また、情報の流れが過剰になるなかで、リクルート経営陣のあいだでも「自分たちは本当に最適で心地よい価値を提供できているだろうか？」という内省が進んだのでしょう。さらに、近年のリクルートでは従来型のリボンモデルにとどまらず、中小企業の業務支援事業にも力を入れはじめていることも、このミッション更新の理由なのかもしれません。

つまり、リクルートは「**事業ケイパビリティの探究**」と「**社会的ミッションの探究**」のあい**だの〝ズレ〟を整合させるために、ミッションの表現をアップデートした**と解釈できるのです。

MVVを「更新」するときのコツ
——問いの〝魔力〟を利用する

以上のように、経営理念を「組織内の探究のつじつまを合わせる道具立て」として理解すると、その印象はかなり変わってくるのではないでしょうか。それは、創業者の胸像のように大事に飾って守り抜くべき「あらゆる目標に優先する絶対不可侵の掟」などではありません。**みんなの冒険を進めるために使い倒しながら、時代変化に応じて更新していくべきもの**なのです。実際、昨今では、創業以来ずっと守られてきた経営理念をあえて見直し、新たな解釈を加えながらアップデートする企業も増えています。

では、経営理念を「更新」するときには、どんなことに気をつければいいでしょうか？ どんな要素を加えれば、メンバーの冒険を駆動する理念をデザインできるでしょうか？

これについては、［KEY1］での現場の目標設定のときと同様、**理念のなかに「好奇心をかき立てる問い」を埋め込めないか**を検討してみてください。といっても、理念を「疑問文」のかたちに落とし込む必要はありません。「定義されていない抽象的な言葉や造語を含める」

「哲学的なメッセージを込める」「メタファーを取り入れる」などの手法を通じて、**あえてステートメントそのものに幅広い解釈の余地を残し、人々の思考を触発するデザインを施す**のです。

たとえば、ビジョナリーカンパニーとして知られる**パタゴニア**は、「私たちは、故郷である地球を救うためにビジネスを営む」というミッションステートメントを掲げています。「地球を救う」ことと「ビジネスを営む」ことは一見すると矛盾しそうな行為ですが、あえてその両立を宣言することで、「では、どうすればいいのだろう……?」と思わず自分に問いかけてしまうような表現になっています。

また、スープストックトーキョーなどの親会社である**スマイルズ**は、「スマイルズの3つの大切なこと」の1つとして「世の中の体温をあげる」という創業者の言葉を大切にしています。これもまた「なにがどうなれば、世の中の体温があがるのだろう?」という問いを生み、現場の一人ひとりが解釈したくなるようなデザインが施されています。

ちなみに、**MIMIGURI**では「創造性の土壌を耕す CULTIVATE the CREATIVITY」を探究ミッションとして掲げています。これもまた「土壌」や「耕す」といったメタファーを組み込むことで、メンバーの想像力をかき立て、「こういう意味なのではないか?」「いや、私はこう解釈したい」といった探究を促す狙いがあります(350ページ)。

ぜひ御社の経営理念にも「メンバーが耕してみたくなる問い」を埋め込んでみてください。

KEY 3

目標への納得感を「設定プロセスの前後」で爆上げする

「事前のヒアリング」と「事後のストーリーテリング」で、目標設定はうまくいく

目標が人や組織に与える影響は、非常にパワフルです。

しかし、**目標が本来の力を発揮するためには、それに対する一人ひとりの「納得感」が欠かせません。**

本人がその達成に向けて動くことを了承していないかぎり、目標の影響力はかなり限定されてしまいます。

目標に対する納得感は、目標そのものの質（＝どのような目標か）だけでなく、**目標設定の〝前後〟におけるコミュニケーション設計**に左右されます。

「その目標がどのように決められたのか？」という設定〝前〟のプロセスや、「設定された目標がどのように伝えられたのか？」という設定〝後〟のコミュニケーションが、「その目標を自分ごと化できるか？」を決めるのです。


どれほど機能的・精神的に整合性がとれた目標であっても、設定プロセスが一方的だったり、目標の伝え方が丁寧さを欠いていたりすると、受け取り手の納得感は一気に低下します。

これはありとあらゆる目標設定に当てはまることです。

まずは、個人やチームにおける「**小さな目標**」の設定〝前後〟で注意すべきポイントを確認しましょう（事業部ごとの目標や組織としての経営方針、経営理念といった「大きな目標」でのコツは、そのあとに見ていきます）。

◎設定〝前〟のヒアリング――関係者の意見を踏まえる

「目標設定プロセスに自分が関わったかどうか」は、目標への納得感に大きな影響を与えます。

目標を立てるときには、**当事者への「事前のヒアリング」を欠かさないようにしましょう。**

なんの相談もしないまま、「今期はこれをお願いね」といきなり目標だけをポンと提示してしまうと、どんなに筋の通った目標であっても、本人にとっては**「上から降ってきた！」「無理に押しつけられた……」という印象**を生み、納得感は得られにくくなります。

個人目標を設定する時期になったら、上司は部下とともに今期を振り返りながら、来期にどう進んでいきたいかの対話を行いましょう。それに基づいた目標であれば、本人の納得感は格段に高まります。

これはスモールチームの目標でも同様です。マネジャーからチームリーダーに対して事前のヒアリングがあるだけで、目標に向き合うときの気持ちは大きく変わってきます。

また、事前に聞いた要望をそのまま反映できなかったときなどは、その理由をしっかり説明するのも忘れないようにしましょう。

◎設定〝後〟のストーリーテリング——前提や意図をわかりやすく伝える

個人目標・チーム目標の設定〝後〟にも必要なプロセスがあります。それは、上司から部下（現場メンバーやチームリーダー）に対して、その目標の前提や意図を丁寧に伝える**「ストーリーテリング」**です。

とくに、目標設定〝前〟のコミュニケーションが不足していたりするときには、「どうしてこの目標になったのか？」をしっかりと理解してもらうためのコミュニケーションが求められます。

「**その目標を追い求めることが本人（やチーム）にとってどんな意味があるのか？**」「**どんな成長・挑戦の機会になるのか？**」を上司自身の言葉で物語っていけばいいのです。

また、リーダーの立場にある人がたとえ自身の目標に納得できていなくても、それをそのまま部下に伝えるのは得策ではありません。

「よくわからないけど、マネジャーからいきなり『君のチームの来期目標は1億だ』って言われたんだ。うちのチームは5名だから、あなたの目標は2000万円でお願いね」

こんな伝え方だと、リーダーが抱いている割り切れなさは、チーム全体に伝染します。

こんなときは、**リーダーが自ら「チームにとってこの目標にはどんな意味があるのか？」についての主観的な物語をつくる**のがおすすめです。

「今回の1億円という目標は、自分たちのアイデンティティを『営業』から『コンサルタント』へと拡張するいい機会になると思う」とか「今回の目標はチャレンジングだけど、あなたが以前から話していたキャリア展望につながるだろう」というように、「各人にとっての物語」として目標を伝えることで、メンバーたちも前向きに取り組めるようになります。

「参加型デザイン」と「意味の再解釈」
――大きな目標を立てる〝前後〟のプロセス

次に見ていくのは、経営理念や中期経営計画、全社プロジェクトの目標など、大勢の人が関わってくる**「大きな目標」**の設定プロセスです。

こうした目標を設定する〝前後〟では、どんなコミュニケーションを意識するといいのでしょうか？

◎設定〝前〟の参加型デザイン
――関係者で対話して一緒につくる

「経営理念＝経営者が決めるもの、上層部メンバーだけでつくるもの」と思い込んでいる人が多いかもしれません。

しかし、**大きな目標ほど、関係者全員が参加し、対話を通してつくり上げていくことが求められます。**

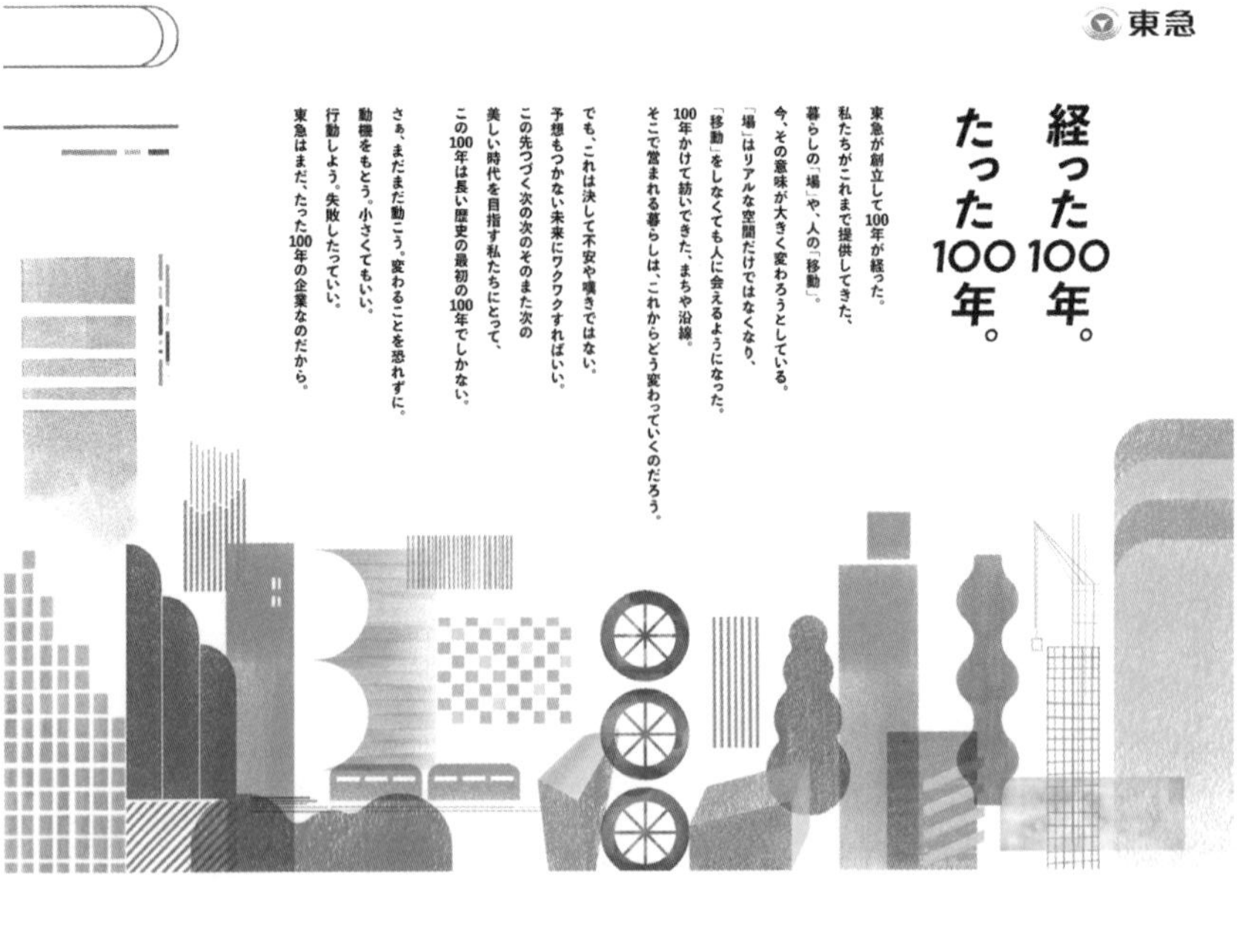

MIMIGURIが伴走して作成した東急のステートメント

もちろん、すべての意思決定のたびに現場の意見を吸い上げていては、経営に必要なスピード感が失われてしまいます。

とはいえ、経営理念や全社プロジェクト目標のように、組織全体の方向性に関わるような目標設定においては、前段階からできるかぎり多くの人を巻き込み、目標へのコミットメントを高めていく工夫が不可欠です。

実際、理念策定などのプロセスで、こうした「**参加型デザイン**」の発想を取り入れる企業は増えています。

東急（旧・東京急行電鉄）は創立100周年のタイミングで、「次の100年」に向けた決意表明として「経った100年。たった100年。」というステートメントを発表しました。

このときはＭＩＭＩＧＵＲＩ協力の下、オフラインおよびオンラインで**全社を巻き込んだ対話の場**をつくり、参加型デザインの手法でステートメントの共創を行いました〈33〉。

大きな目標を設定するときほど、参加型デザインの手法を取り入れて、ステークホルダーの納得感を醸成することにこだわるべきです。

ただし、参加型デザインで目標設定を行っていくには、ファシリテーションや合意形成プロセスにも工夫が求められます。

そのための「対話の場づくり」については、ぜひ［第6章］の内容も参考にしてください。

◎設定〝後〟の再解釈――取り組む意味をチームで対話する

「大きな目標」をいったん設定し終えたあと、改めてその定着を図っていく段階になると、リーダーによる個々のストーリーテリングだけでは限界があります。

そこで必要になるのが、**組織やチームのメンバーで対話し、目標の意味を「再解釈」していく場**です。

すでに創業者がつくった経営理念があり、それが脈々と受け継がれてきた会社であっても、対話を通じて理念をとらえ直していく場をつくれば、各メンバーも理念を「自分ごと化」しやすくなります。

ここで、TBSグループでコンテンツ事業やショッピング事業、イベント・ラジオ番組制作などを手がけている**TBSグロウディア**の「パーパス解釈の促進プロジェクト」についてご紹介しておきましょう。

グループ7社が合併してできた同社では、オフィス拠点を統合した直後にコロナ禍に突入したため、組織内に求心力低下の不安が広がっていました。そこで、MIMIGURIにお声がけいただき、プロジェクトをご一緒することになったのです。

私たちがサポートしたのは、同社のパーパス「楽しさや感動、わくわく感を届け、人々の免疫力をあげる」についての多様な解釈を生み出すことを目的としたワークショップです。しかも、これは決して単発のイベントなどではなく、部署横断的なかたちで計30回にわたって開催されました。[34]

パーパスのような「大きな目標」を設定したあとは、**全員の解釈を一律に揃えることよりも、この事例のように、各自でその解釈を深めていくプロセスにコストをかけるほうが効果的**です。パーパスが実現された先の未来を、一人ひとりがどのように描いているのか——各メンバーごとの「多様な解釈」について、遊び心を持って語り合えるような場をつくることで、「理念と私」の結びつきを強めていくのです。


次ページに、**「納得感の高い目標」をつくるチェックリスト**をご用意しました。

自分たちの組織やチーム、または部下たちの目標を設定する際には、これらのポイントを眺めながら、精神的整合にも配慮した目標にぜひブラッシュアップしてみてください。

「納得感の高い目標」をつくるチェックリスト

「小さな目標」への納得感を高めたいとき

- □ 本人は目標に違和感や疑問を抱いていないか？
- □ 目標に取り組むことが本人の現在の内的動機につながるか？
- □ 目標に取り組むことが本人の今後のキャリアにつながるか？
- □ 目標を達成することが本人に期待されているか？
- □ 目標を達成するうえで本人は能力的に貢献できるか？
- □ 本人が目標づくりに関わっているか？
- □ 本人が自ら発案・提案した目標か？

「大きな目標」への納得感を高めたいとき

- □ 事業や組織に対するインパクトがあるか？
- □ 社会的なミッションにつながっているか？
- □ 組織の本質的な課題解決につながっているか？
- □ CCMの縦のライン（探究の整合）につながっているか？
- □ 目標への取り組み方に「自社らしさ」はあるか？
- □ 目標に対する進め方は理にかなっているか？
- □ ROI（投資に対する効果）が高いか？

KEY 4

目標に違和感が生じたら、「迷わず軌道修正」する

「最後までやり抜くことが正義」という思い込み

目標の変更・修正については、「経営理念の更新」のところでも言及しましたが（220ページ）、もう少し補足しておきたいと思います。

世の中には、子どもの頃に「将来はサッカー選手になる」という目標を掲げ、実際にプロとして一流の活躍をしているような人がいます。一度決めた目標に向かって努力を続けて、それを実現する人はとてもかっこいいですよね。

そのせいか、多くの人のなかには**「目標は一度決めたら、達成するまで変えてはいけない」「最**

後まであきらめずに同じ目標に向かい続けるべきだ」といった前提や価値観が根づいてしまっているように思います。

もちろん、目標に向かって粘り強く取り組む姿勢は貴重です。しかし、外部環境の変化が激しい時代においては、同じ目標にこだわりすぎることにもリスクがあります。

たとえば、いまの小学生が「将来は人気YouTuberになりたい」という夢を持っていたとしても、彼らが大人になったときにYouTuberが依然として魅力的な職業であるとはかぎりませんし、そもそもYouTubeというサービスがどういう状況にあるかもわかりません。

こうした時代には、目標を1つに絞り込んですべての資源を投入していく「選択と集中」の戦略ではなく、手広くいろいろなことを試しながら方針をアレンジしていく「分散と修繕」の考え方が求められます（68ページ）。

目標設定の新法則「ALIVE」の「Adaptive（変化に適応できる）」で示したとおり、**冒険する組織の目標とは、ある時点での「仮説」にすぎません。**

目標に向けた試行錯誤を通して、仮説をアップデートしていく過程にこそ意味があるのです。

「目標の訂正」は歓迎すべきイベント
——目標リフレーミングのチェックリスト20

ひとたび目標を設定して走り出せば、その過程にはさまざまな発見があり、自分自身の考えが深まったり変化したりしていくはずです。また、外部環境が大きく変化して目標の鮮度が低下したり、急に目標がしっくりこなくなったりすることもあるでしょう。

そんなときこそ、目標を「修繕（＝リフレーミング）」するチャンスです。**冒険的世界観においては、目標の訂正は避けるべきことではなく、むしろ探究を前に進めるための歓迎すべきステップ**です。少しでも現状の目標に違和感を抱いたら、もっと相応しい別の目標がないかを検討してみましょう。

次ページに、**「目標リフレーミング」のチェックリスト**をご用意しました。

新たに設定した目標がこれらすべての条件を満たしている必要はありません。むしろ、目標を「再検討」するための問いのリストだと思ってください。

現状の目標に違和感が生じたときには、これを眺めながら「どこから違和感が生じているのか？」を点検し、よりしっくりくる目標へとリフレーミングしていきましょう。

☐ **目標の達成の仕方・プロセスにもっとこだわれないか？**

達成できるかどうかだけでなく、そのプロセスが「自分たちらしさ」と整合しているかという視点を入れることで、より ALIVE な目標を設定できるようになる。

☐ **目標の成果指標を変更できないか？**

現在の成果指標は本当に正しいのだろうか？　たとえば、「会員数の増減」ではなく、「満足度の高低」によって目標の達成度を測定するのはどうかを考えてみる。

☐ **肩肘張らず、もう少しわかりやすく表現できないか？**

わかりにくい表現は納得感を生みづらく、人にも広がっていかない。
また、よけいな誤解を生む可能性もある。よりシンプルで伝わりやすい言い回しにするためには、どんな工夫ができるかを考えてみる。

☐ **他部門にとっても意義深く感じられる表現になっているか？**

身内だけで通用する言葉になっていると、他部門に対して共有がしづらく、連携が進みづらい。

☐ **目標を異なる立場から言い換えると？**

経営・現場・顧客など、別の視点に立って同じ目標を言い換えてみると、自分たちの目標の意味を問い直すことができる。

☐ **目標を同義語・反意語を使って言い換えられないか？**

たとえば、「会員数を増やす」と「退会者を減らす」では、どちらがメンバーの心を動かす目標だと言えるだろうか？　どちらが「好奇心をかき立てる問い」として機能するだろうか？

☐ **名詞を動詞に置き換えられないか？**

名詞で表現されているものを「動詞」で置き換えると、目標がよりダイナミックになる。たとえば、「未来のオフィスチェアをつくる」ではなく「〝座る〟の未来をつくる」としてみると、理念としての印象がかなり変わってくる。では、「エンゲージメントスコアを高める」はどんなふうにアレンジできる？

☐ **メンバーの現在進行形の内的動機にミートしているか？**

個人の「やりたいこと」は、時間の経過とともに変化していく。熱量が変わってきたり、対象がズレてきたりすることがあるので、ヒアリングをしながら適宜チューニングする必要がある。

☐ **メンバーの成長機会として意味づけ・アレンジできないか？**

メンバーにとって Learningful な（学びの機会に溢れた）目標になっているか？
いま現在の成長課題に合わせて、目標を調整し直す必要はないか？

☐ **組織の現状とビジョン（未来像）は、大きくズレていないか？**

「遠い未来の目標」であっても、現状との乖離があまりにも大きければ、問い直しが必要になる。
また、事業の成長ペースがあまりにも速く、ビジョンがもはや「理想」として機能していないときにも、新たなビジョンを設定し直したほうがいい。

目標リフレーミングのチェックリスト20

☐ **この目標の重要性をストーリーを使って熱く語れるか？**

自分の言葉で他人に熱弁し、心を動かせるか？

☐ **複数の小さな目標を束ねて、その意義を抽象化してみるとどうなるか？**

目標を細かく分割しすぎると、それぞれの関係性がわからなくなる。
分けた目標をいったんまとめ直してみると、本来の意義ややるべきことが見えてくることがある。

☐ **上位の大目標や戦略にどうつながっているか？**

目の前の目標をより上流の目標と共に眺め直すと、違和感の正体や軌道修正すべきポイントがわかってくる。自分たちのチームの１階層上の部門では、どんな目標が掲げられているか？
さらにもう１階層上はどうか？

☐ **視点がチームに閉じてしまっていないか？**
目標達成に囚われるあまり、独りよがりになってないか？

最初は「部門全体に貢献しよう」と思っていても、達成に向けて奮闘しているうちに、
近視眼的・自己満足的になっていき、自チームの成果ばかりに目を向けてしまっていることがある。

☐ **手段やツールの導入・普及が自己目的化していないか？**

自分たちで決めたやり方、開発したツール、新しい施策を普及させること自体が目的化してしまい、
本来の目的が置き去りにされてしまうことがある。

☐ **事業・組織・職場にインパクトを与える**
“３枚抜き”の目標をつくれないか？

一石二鳥／三鳥の目標になっていると、目標としての意義が高まる。

☐ **中長期的な経営の“種まき”としてとらえると、**
その目標にはどんな意味づけが可能か？

目標が短期目線に陥っている場合、タイムスパンを「２～３年後」に広げたり、
「組織経営のための種まき」という視点で見直したりすると、目標の意義が見えてくることがある。

☐ **思い切って高い目標を設定することで、メンバーを鼓舞できないか？**

あまりに高い目標を掲げすぎていると、組織そのものがブラック化するリスクがある。
他方で、それほど努力しなくても、ラクに達成できてしまいそうな目標もまた、
組織から冒険心を奪ってしまう。「３倍の水準を目指すには？」など、
容易には到達できないような目標を設定することで、各自の探究を促せないか？

☐ **来期の目標は？ それを今期の目標にできないのはなぜか？**

不確定要素が多いあまり、つい無難な目標を設定してしまっていることがある。
探索的な目標だったとしても、先が見えてきたら、さらにその先を目指すような目標に変えてみる。

☐ **「量」をこなすのではなく、「質」にもっとこだわるとしたら？**

決められた定量的基準を達成することだけに目が向いていないか？
同時に、その「質」をも高めるためには、何が必要かという視点で考え直す。

第5章

冒険する「チームづくり」のカギ

CHECK

「チームのレンズ」

「機能別に編成した小隊」から「個性を活かし合う仲間」へ

「チームの基本原則」

マネジメントチームは組織の靭帯

CONTENTS

KEY 5

「深い自己紹介」で心理的安全性を正しく高める

「心理的安全性の誤解」という誤解
――埋もれた〝らしさ〟を覚醒させるもの

「個性を活かし合う仲間」としての冒険的なチームには、精神的なつながりが必要です。仕事上だけのクールでドライなつき合いではなく、個と個が互いを活かし合うような共同体こそが、冒険には求められているのです。

そのようなチームを実現するうえでは、いわゆる**「心理的安全性」**が欠かせません。

心理的安全性（Psychological Safety）とは、ハーバード大学のエイミー・C・エドモンドソン教授の研究[35]によって注目された概念で、**対人関係のリスクをとっても大丈夫だと信じられるような集団の心理状態**のことを指します。ちょっとした思いつきや疑問などがあったときに、ためらうことなく率直にそれを口にできるような空気があるかどうか――これによってチームや組織の生産性が大きく左右されることが、学術的にも確認されているのです。

この考え方は、ハラスメント、組織不正、コンプライアンスなどを厳しく見直そうとする時代の空気とマッチし、日本企業でもかなりの注目を集めました。「わが社も心理的安全性を高めよう！」と研修やスコア測定に力を入れた企業も多いのではないでしょうか。

よく言われることですが、心理的安全性の高い組織というのは、ただの「仲よしチーム」「安心感を持って働けるやさしい会社」とは違います。**責任やプレッシャーから自由な「ぬるい職場」を実現することが、心理的安全性の真意ではないのです。**

こうした「心理的安全性をめぐる誤解」については、すでにさまざまなところで指摘されています。しかし注意が必要なのは、**この誤解への批判が、かえって「心理的安全性の核心」を見えづらくしている側面もある**ということです。

経営行動科学などを専門とする伊達洋駆《だてようく》によれば、心理的安全性にある最も重要な働きは、「集団が持っている個性を引き出すこと」にあります。[36]

「心理的安全性が高いチーム」というものになにか共通した特性があるわけではなく、**チームの心理的安全性が高まるほど、個人やチームにもともと備わっている「らしさ」が発現しやすくなる**ということです。心理的安全性を高めていくと、軍隊のような組織下で抑圧されていた「私たちらしさ」がしだいに顕在化してくるのです。

だからこそ、メンバー全員の「自己実現」と「組織アイデンティティ」の探究を大切にする冒険する組織にとって、やはり心理的安全性の醸成はきわめて重要です。

心理的安全性が高まることで、メンバーたちの眠れる個性が発現する。互いの個性を共有し認め合うから、全体としての心理的安全性も高まる。その過程で「私たちらしさ」が育まれる——こうした好循環をつくることが、冒険する組織における「チームづくり」なのです。

ただし、**ここで発現するのは「望ましい個性」だけではありません。**

怠惰なチームはより怠惰に、競争的なチームはより競争的に、大胆なチームはより大胆になり得ます。実際、目に見える成果だけを重んじる功利主義的な職場においては、心理的安全性が高まった結果、かえって不正や非倫理的な行動が増えてしまったという報告すらあるくらいです。〈37〉

その意味では、心理的安全性を高めて組織本来のポテンシャルを解放していくときには、並行して「土壌」としての組織文化を耕していくことも重要になるのです。

「自己紹介が大好き！」という人はいない

――「深い自己紹介」を実現する3つの考え方

では、どうすれば「心理的安全性の高いチーム」がつくれるのでしょうか？

さまざまなアプローチが考えられますが、どんな組織にも効果が見込めるいちばん手堅い方法があるとすれば、それは「自己紹介」でしょう。

私はこれまで、さまざまな組織から相談を受けてきました。心理的安全性をはじめ、エンゲージメントの低下、カルチャー不全など、大げさな専門用語で語られるさまざまな問題の根源を探っていくと、まず率直に感じることがあります。

身《み》も蓋《ふた》もない言い方かもしれませんが、それは「**結局のところ、この会社はみんなの仲がよくないだけでは？**」「**単純にお互いのことを知らなさすぎるのでは？**」といったことです。

「〝心理的安全性が高いチーム＝ただの仲よしチーム〟ではない」と述べたばかりではありますが、だからといって「お互いのことをろくに知らない、ギスギスした状態」のままでは、いいチームをつくれるはずがありません。

個人がそれぞれの自己実現を目指せるような職場をつくろうと思えば、マネジャーはもちろんのこと、メンバー全員がお互いの興味関心などを理解していることが大前提になります。そのため、**「各メンバーの個性を共有し合う行為＝自己紹介」**こそが、チームづくりにおける基本中の基本になるわけです。

しかし、残念ながらほとんどの職場では、自己紹介にそこまで重きが置かれていません。新卒にせよ中途にせよ、新たにメンバーが加入してきたときに、出身大学や専攻、前職などの経歴や実績、保有スキル、出身地や趣味などをパッと開示して終わり――そんなケースが大半でしょう。ひょっとすると、新人に自己紹介の機会すら与えられていないという職場もあるかもしれません。

現代企業で起きている問題の根源には、「自己紹介不足」があるのではないか――私はそう考えています。

一方、世の中で「浅い自己紹介」が慣例化しているのは、私たちのなかに「自己紹介とはこういうもの」という学生時代からの刷り込みがあるからでしょう。じつのところ、**「自己紹介が得意です！／大好きです！」という人はあまり多くないはず**です。私自身、研究者として、経営者として、あるいは研修講師やイベントのスピーカーとして、数え切れないくらい自己紹介をやってきましたが、いまだに初対面の人に改めて自分のことを話すのは、どうにも小っ恥ずかしくて気が重くなります。多くの人（日本人？）にとって、自己紹介は「なるべく手短に終わらせたいもの」なのではないでしょうか。

それはそれで仕方がないのですが、チームづくりという観点でいうと、自己紹介をないがしろにするわけにはいきません。むしろ、従来のような〝奥ゆかしい〟自己紹介ではなく、**それぞれの内面やアイデンティティまでをも言語化してみせるような「深い自己紹介」を意識するべき**なのです。

そのポイントを3つほどご紹介しましょう。

「深い自己紹介のポイント①」コストをかける

かつて、仕事仲間について深く知る機会は、終業後の飲み会のような非公式なコミュニケーションの場が担っていました。会社がわざわざ手をかけなくても、ある程度までは自動的に「深い自己紹介」が進むような環境が存在していたのです。しかし現代では、こうした「飲みニケーション」を全員に強制するわけにはいきませんし、組織の規模が大きくなってくると、このやり方には限界が出てきます。

「深い自己紹介」は、仕事終わりの飲み会のように現場任せにするのではなく、会社側がしっかりとコスト（時間・お金）を確保して本気で取り組むべきものです。

・**時間的コスト**――まず「自己紹介＝1、2分で済ませるもの」という思い込みを捨てましょう。チーム結成時やメンバーの入れ替え時はもちろん、プロジェクトのキックオフや期初などの節目にもしっかりと時間を確保するようにします。定例ミーティングの枠を拡張するなどして、最低1〜2時間はかけて行いましょう。場合によっては、「深い自己紹介」のための合宿を半日〜1日がかりで開催するのもおすすめです。

・**金銭的コスト**――組織に「深い自己紹介」を根づかせるためには、経営や人事がそのための予算を確保し、制度を設計してしまうのが理想です。MIMIGURIでは、チームビルディングのための「オフサイトミーティング予算」をあらかじめ確保し、各リーダーが自由に執行できるようにしています。その目的はあくまでチームづくりである以上、経営目線で見ても十分に価値がある投資活動になり得ます。

［深い自己紹介のポイント②］共通のフォーマットを用意する

「自己紹介をお願いします」と呼びかけるだけだと、ごく一部の社交的な人を除いて、ほとんどの人が最低限の情報を伝えて終わらせようとします。

自己開示や初対面のコミュニケーションが苦手な人にも「深い自己紹介」ができるよう、やり方にも工夫が必要です。

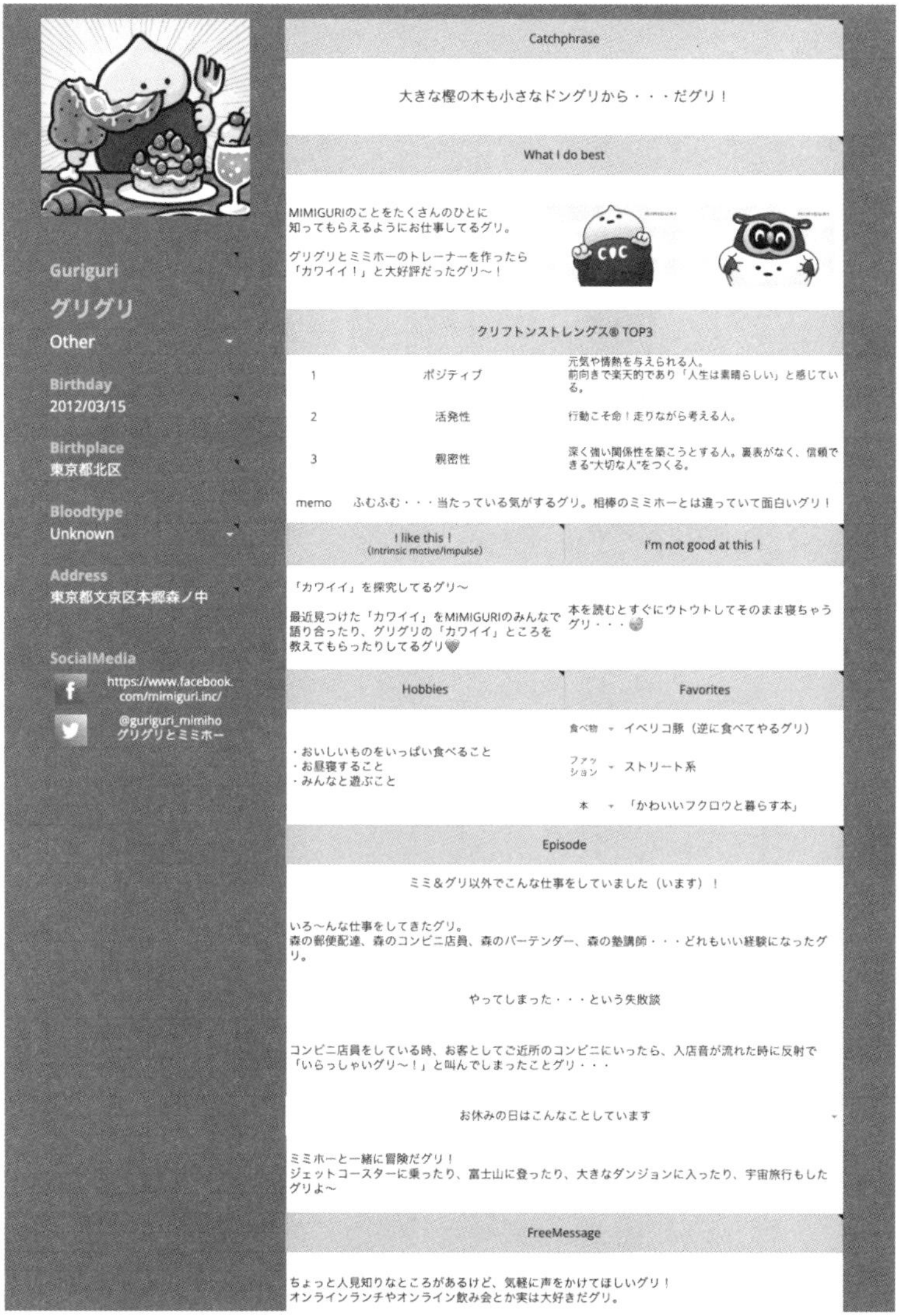

Catchphrase

大きな樫の木も小さなドングリから・・・だグリ！

What I do best

MIMIGURIのことをたくさんのひとに
知ってもらえるようにお仕事してるグリ。

グリグリとミミホーのトレーナーを作ったら
「カワイイ！」と大好評だったグリ〜！

Guriguri

グリグリ

Other

Birthday
2012/03/15

Birthplace
東京都北区

Bloodtype
Unknown

Address
東京都文京区本郷森ノ中

SocialMedia
https://www.facebook.com/mimiguri.inc/
@guriguri_mimiho
グリグリとミミホー

クリフトンストレングス® TOP3

1	ポジティブ	元気や情熱を与えられる人。前向きで楽天的であり「人生は素晴らしい」と感じている。
2	活発性	行動こそ命！走りながら考える人。
3	親密性	深く強い関係性を築こうとする人。裏表がなく、信頼できる"大切な人"をつくる。

memo　ふむふむ・・・当たっている気がするグリ。相棒のミミホーとは違っていて面白いグリ！

I like this ! (Intrinsic motive/Impulse)	I'm not good at this !
「カワイイ」を探究してるグリ〜 最近見つけた「カワイイ」をMIMIGURIのみんなで語り合ったり、グリグリの「カワイイ」ところを教えてもらったりしてるグリ	本を読むとすぐにウトウトしてそのまま寝ちゃうグリ・・・

Hobbies	Favorites
・おいしいものをいっぱい食べること ・お昼寝すること ・みんなと遊ぶこと	食べ物　イベリコ豚（逆に食べてやるグリ） ファッション　ストリート系 本　「かわいいフクロウと暮らす本」

Episode

ミミ&グリ以外でこんな仕事をしていました（います）！

いろ〜んな仕事をしてきたグリ。
森の郵便配達、森のコンビニ店員、森のバーテンダー、森の塾講師・・・どれもいい経験になったグリ。

やってしまった・・・という失敗談

コンビニ店員をしている時、お客としてご近所のコンビニにいったら、入店音が流れた時に反射で「いらっしゃいグリ〜！」と叫んでしまったことグリ・・・

お休みの日はこんなことしています

ミミホーと一緒に冒険だグリ！
ジェットコースターに乗ったり、富士山に登ったり、大きなダンジョンに入ったり、宇宙旅行もしたグリよ〜

FreeMessage

ちょっと人見知りなところがあるけど、気軽に声をかけてほしいグリ！
オンラインランチやオンライン飲み会とか実は大好きだグリ。

MIMIGURIで活用している「自己紹介シート」の記入例

話しやすい雰囲気・環境づくりなども重要ですが、**いちばん手っ取り早いのは「自己紹介シート」のような共通フォーマットを用意すること**でしょう（前ページ）。あらかじめこのフォーマットに記入しておいた内容に沿って話してもらえば、どんな人でも解像度の高い自己紹介ができます。シートは社内の共有フォルダ上に格納・蓄積しておくと、あとからいつでも見返すことができますし、新たに加入してきたメンバーにも親切です。

［深い自己紹介のポイント③］「一度やって終わり」にしない

「深い自己紹介」は**定期的に繰り返すことが重要**です。逆に、最初の1回だけに限定してしまうと、「あの人のやりたいことはあれだ」「この人はこういう人だ」というように、お互いの印象や関係性が凝り固まってしまうリスクがあります。

人も組織もつねに変化し続けるのが冒険する組織です。それぞれの探究が健全に進んでいれば、得意だったことに飽きたり、やりたいことが変わったり、新しいアイデンティティが芽生えたりするのはごく自然なこと。社歴が長いメンバー同士や、お互いによく知っている間柄であっても、定期的に「深い自己紹介」をやっていると、意外なアップデートがあったりするものです。

プロジェクトの終了時、月次、四半期ごと、年度ごとなどの**決まったタイミングで、「深い自己紹介」をスケジュール化する**ようにしましょう。必ずしも自己紹介という形式にこだわる必要はなく、小さな変化や近況をお互いにシェアするだけでも十分に効果はあります。

「自分をさらけ出すのがうまい人」はどんな話し方をしているか？

「深い自己紹介」をするときには、どんなことに気をつけて話せばいいでしょうか？

事前に知っておきたいポイントは次のとおりです。それぞれについて見ていきましょう。

［自己紹介での話し方のポイント①］武装を解除して内面を晒す

「深い自己紹介」の目的は、チームの心理的安全性を高め、個性を引き出すことです。そのためには、個人のスキルやスペックだけでなく、「らしさ」や「意外な一面」をも積極的に開示・深掘りしていくといいでしょう。

従来の軍事的なビジネス環境では、多くの人が「役割」をまとうことで、本来の自分を覆い隠してきました。これは、**上司・部下も含めた同僚、クライアント、株主などのプレッシャーから自分を守る「鎧」**であり、**感情を見せないようにするための「仮面」**です。

一方、冒険型のチームとは「精神的なつながり」です。そうした「武装」を解除し、自分の内面を晒さないかぎり、本当のチームにはなれません。自己紹介をするときには、次のような内容を共有しながら、「感情にフォーカスした語り」を意識しましょう。

・もともとどんなことが好きで、なにをやりたかったのか
・いまの仕事に就くときに持っていた想い
・現在、モチベーションに感じていること
・将来的に挑戦したいなと思っていること
・楽しいと感じること
・不安や葛藤を感じていること
・苦手だ、嫌いだと感じていること

とくに武装を解除する意味では、マウンティングなどもってのほか。互いの優秀さを競い合う必要はありません。むしろ、**自分の「弱さ」をどんどん開示していくべき**です。ネガティブな感情も無理に隠す必要はありません。

冒険するチームづくりとは、いわば**お互いに「推し合う」関係性をつくること**です。「推し」とは、一般的にファンとして応援している対象（例：アイドルや俳優）を指す言葉です。デビュー時から完璧で隙がないアイドルよりも、課題を抱えながら努力を重ねているアイドルのほ

うが応援したくなるように、「互いの弱さもひっくるめて応援し合える関係性」を築くことが、チームビルディングの秘訣です。

MIMIGURIでも、ふだんから「いま葛藤を抱いていること」を役職に関係なく共有し合うようにしています。通常業務やプロジェクトでのモヤモヤ、キャリアの悩み、得意だったけれど飽きてしまったこと、アイデンティティの揺らぎなどの葛藤を、仲間たちにオープンに語っていくカルチャーが、冒険的チームづくりの土台となってくれるからです。

［自己紹介での話し方のポイント②］歴史を掘り下げる

個人の「らしさ」は、その人の過去に凝縮されています。履歴書に書いてあるような単なる経歴・職歴だけでなく、その過程でその人が経験したことや、そのときの心の動きにこそ、「深い自己紹介」のタネが眠っています。

本人の自発的な語りだけでは感情までが言語化されないことも多いので、**聞き手が問いかけを通じて、背後にあるストーリーを掘り下げていくと効果的**です。

たとえば、相手から「高校時代はサッカー部だったけれど、大学では映画制作サークルに打ち込んでいた」という情報が出てきた場合、「へえ、そうなんですね」で終わらせずに、次のような問いかけをしていくと「らしさ」を深掘りできます。

「なぜサッカー部を選んだんですか？　↓　ポジションは？　↓　憧れの選手は？　↓　思い出の試合は？　↓　つらかった経験は？」

「大学でサッカーを続けなかったのはなぜですか？　↓　どうして映画制作のサークルに？　↓　どんな映画が好きですか？　↓　好きな映画ベスト3は？　↓　どんなジャンルの映画を制作していた？　↓　演じ手ですか、それとも裏方？　↓　実際につくってみてどうだった？」

「映像系の仕事に進もうとは思わなかった？　↓　いまの仕事に影響している？　↓　（しているなら）どんな影響？」

こんなふうに、インタビューするつもりで質問を重ねてみましょう。こうした質問のテクニックについては拙著『問いかけの作法[10]』も参照いただければと思いますが、なにより**大切なのは「上手な質問」をすることではありません。**

MIMIGURIで放送している「社内番組」の様子

相手に関心を持ち、そのストーリーを心から面白がることです。

MIMIGURIには、**メンバーの歴史を掘り下げる「社内映像番組」**があり、ランチタイムに生配信が行われています。新メンバーが加入すると番組が企画され、質問力が高いパーソナリティが徹底的に掘り下げていくので、おのずとその人の「深い自己紹介」ができてしまうのです。

また、**自分の半生のストーリーをまとめ、大切にしている信条を共有する「自分クレド」**という自己紹介セッションも定番です。自分クレドについて30分ほど語ってもらったあと、さらに同じ時間をかけてみんなで掘り下げていきます。

過去の自己紹介コンテンツの録画は、社内フォルダ上でストック・共有されており、メンバー全員があとから自由に閲覧できるようになっています。こうした取り組みには、もちろんある程度の手間はかかりますが、「自己紹介にはそのコストを割くだけのインパクトがある」という実感が共有されているからこそ、メンバーたちも積極的に協力してくれているのです。

［自己紹介での話し方のポイント③］未来について語る

過去の話だけでなく、**未来についても願望や展望を共有すると**、互いの個性の理解が深まります。

「5年後にはどうなっていたいですか？」

「3年後までに身につけたいスキルは？」

「挑戦したい業界や業務はありますか？」

「次のプロジェクトでどんなことをやってみたいですか？」

「もし転職・独立するとしたらなにをしますか？」


未来に対して「こうしたい！」「こうなったらいいな……」という願いを持っていた人も、軍事的組織に長らく身を置いていると、いつしかそうした感情を押し殺すことが当たり前になります。その結果、前向きな欲求や衝動そのものが埋もれて見えなくなっているケースも少なくありません。


そんなときには、聞き手側に問いかけの工夫が求められます。

ここでも有効なテクニックは3つあります。

1つは、**回答のハードルを下げて、相手に忖度《そんたく》させない**ことです。「第1章」で述べたとおり、内的動機はなにも「将来の夢」のような崇高なビジョンである必要はなく、「面白そう」とか「やってみたい」といった、小さな好奇心で十分です（95ページ）。しかし、関係性がしっかりつくられていない段階で、「5年後にはどうなっていたいですか？」とストレートに聞かれても、相手は「(ちゃんとした目標らしいものを答えなければ……)」と〝正解〟を探しはじめてしまいます。「なんとなくでいいですよ」と伝えたり、まずこちら側から「じつは私はこんなことをやってみたいんですよ」と素朴な未来の願望を共有したりすることで、相手が本音で回答しやすい状況をつくることが大切です。

2つめは「5年後、どうなっていたらイヤですか?」「3年後にやっていたくない仕事は?」など、**「望ましくない未来」について質問する**という方法です。「これがしたい」という衝動が消えかけている人でも、「これはしたくない」という感情だけは残っているはず……。それに対する回答をとっかかりにしながら、さらに深堀りしていくことで、その人の内面にある価値観や意思が見えてきます。

最後に、**具体的なロールモデルをあげてもらう**という方法です。憧れを感じる先輩や有名人、もしくは、うらやましいと思うプロジェクトやその実績などについて、思い浮かぶものをいくつか列挙してもらうのです。チームメンバーみんなで各自のロールモデルを持ち寄れば、自然と未来について語り合う「深い自己紹介」を実現できます。

いかがでしょうか? 「これならできそう」と思ったものから、ぜひ試してみてください。これら3つのコツを反映した、オリジナルの「自己紹介フォーマット」をつくってみるのもおすすめです。

KEY 6

「私たちらしさ」とは？ チームアイデンティティを言語化する

〝自分たちらしさ〟を「言葉」にする意味なんてある？

冒険するチームのもう1つの重要なキーワードは、**「チームアイデンティティ」**です。

CCMの重要変数の1つ「組織アイデンティティ」が「その組織らしさ」だとすれば、チームアイデンティティとは**「そのチームらしさ」**です。「みなさんはどんなチームですか？」と聞かれたとき、「私たちは○○なチームです」「○○が得意なチームです」などと返ってくる共通見解こそが、そのチームの核となっているアイデンティティだと言えます。

チームアイデンティティが明確に言語化されていると、メンバーはチームに対して「所属す

る意味」や「自分とのつながり」を感じやすくなります。

組織とチームのアイデンティティは関連しているべきですが、**完全に一致している必要はありません。**

たとえば、組織全体に「業界を牽引するプロフェッショナル集団」という組織アイデンティティがあるなら、システム部門や人事部門にも同様のチームアイデンティティがあるのが理想です。しかし、システム部門には「己のスキルを磨き続ける勉強家」、人事部門には「社外のタレントを発掘し、異能を歓迎する集団」というように、**チームそれぞれの「ローカルな自分たちらしさ」があってしかるべき**です。また、同じシステム部門内であっても、エンジニアチームの人たちにはまた独自の自己像があったりと、チームのまとまりごとにアイデンティティはさまざまです。

しかし通常、このようなチームアイデンティティは暗黙化されており、なんとなくの共通認識にとどまっています。

そのため、あるメンバーが「うちのチームは、スピード感

チームそれぞれにもアイデンティティがある

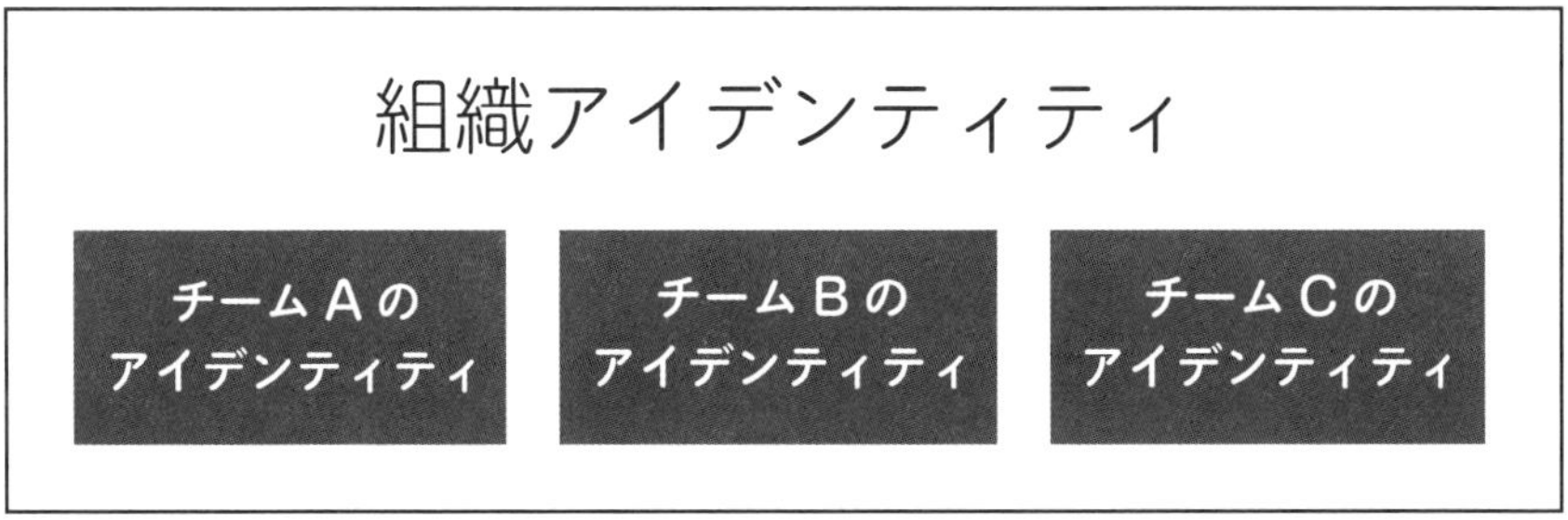

がすばらしい」と思っている一方で、別のメンバーは「このチームは慌ただしくて疲れる」と感じていたりする。このような「チームらしさ」をあえて言語化・すり合わせすることで、個人とチーム、そしてチームと組織との精神的なつながりを強めていくことができるのです。

チームアイデンティティを言語化する際は、リーダーが一人で考えるのではなく、みんなで対話しながら「しっくりくる言葉」をつくっていきましょう。個人や組織のアイデンティティと同様、ひと言にまとめるのは容易ではありませんが、**記憶に残るような納得のいくフレーズが見つかると、それだけでチームの求心力が高まります。**

たとえば、ＭＩＭＩＧＵＲＩの経理・総務などを担当するコーポレート部門では、「攻めのコーポ」「超やる」というものすごくシンプルなフレーズで、チームアイデンティティを言い表しています。いわば裏方であるコーポレート部門の仕事はどうしても、すでに起きている問題に受け身的に対処するかたちになりがちですが、このフレーズには「あえて積極的・自発的に組織づくりのための制度や施策を提案し、それらを力強く実行していこう」という決意が表れています。

このチームアイデンティティは、所属メンバーたちにとっての指針になっているだけでなく、事業部門など他チームのメンバーからの信頼にもつながっており、しばしば「うちのコーポレート部門はいつも前のめりで、頼もしい！」という声が聞かれます。

チームのアイデンティティを〝言語化〟する3つのコツ

――「連想ゲーム」「ネーミング」「ローカル理念」

冒険する組織においては、個人と同様、チームもつねに変化しています。「深い自己紹介」と同様、「いったん言語化したら終わり」ではなく、**定期メンテナンスを繰り返しながらアップデート**していきましょう。

ただ、「自分たちらしさ」を言葉にするといっても、どこから手をつければいいのかわからないという人も多いと思います。そこで、「**チームアイデンティティを言語化する3つのアプローチ**」をご紹介しておきましょう。

「らしさの言語化①」連想ゲームで要素を出す

メンバー全員が集まる会議の前後に15分ほど時間を確保し、次のような問いかけをします。

「このチームらしさってなんだと思う？」
「『○○営業部』と聞いて思い浮かべるキーワードは？」

「ほかのチームと比べたとき、どんな特徴があるだろう?」
「このチームを動物にたとえると?」
「このチームの必殺技は?」
「このチームをマンガ・アニメのキャラにたとえると?」

オフラインで集まっているときは付箋、オンライン会議ならチャット欄などを使って、まずは個人の思いつきをどんどん自由に書き出してもらいます(2~3分)。

次に、それぞれが書き出した要素をお互いに眺めます。共通するキーワードが見えてくる場合もあれば、思いも寄らない答えが出てくることもあるはずです。**大事なのは「なぜそう思ったのか?」**。その理由も共有してもらいながら対話をしましょう(10分)。

無理に「最終結論」を出す必要はありません。お互いの答えを通じて感じたことを、それぞれシェアするのもいいでしょう(2~3分)。これを定期的に繰り返していくと、**各自がどんなふうに"チームらしさ"をとらえているのかが可視化**され、チームアイデンティティの言語化が進みます。

[らしさの言語化②]チームに名前をつける

連想ゲーム的な方法はアイデアの発散には向いていますが、チームの共通見解を絞り込むのには向いていません。「これ！」というアイデンティティに収束させたいときには、チームに「名前」をつけるのがおすすめです。**「自分で自分の名前を決める」という行為には、アイデンティティを明確にする効果がある**からです。

まさに軍隊が「軍団」「師団」「連隊」「小隊」などに階層化・ナンバリングされているのと同様に、「○○局○○部○○課○○グループ」とか「第四○○部第二○○課」といった無機質なチーム名が採用されている会社は、まだまだ多いのではないかと思います。これはまさにチームの機能面だけにフォーカスした名称です。

会社全体でこの風習を変えるのは難しいと思いますが、**ある種のニックネームとして「非公式なチーム名」をつける**ことはできるはずです。「サッカー日本女子代表」と「なでしこジャパン」というチーム名を比べてみてください。後者のほうが、そのチームの文化的・精神的側面が強調されていますよね。

名前を決めるときは、連想ゲームと同じ要領でやってもいいですし、各自が案を持ち寄るやり方もあります。また、メタファーを活用するのもおすすめです。たとえばＭＩＭＩＧＵＲＩでは以前、全チームの名称を、それぞれの役割やコンセプトに合致した「場のメタファー」で統一していました（「Kitchen」「Terrace」「Engawa」「Butai」など）。

先進的な会社であれば、経営や人事がコミットして「それぞれのオリジナルのチーム名をつける」という全社施策を実施することもできるでしょう。

「らしさの言語化③」チームの経営理念をつくる

組織全体の経営理念とは別に、「チーム独自のＡＬＩＶＥな理念」をつくるという方法です。**口にするだけで自分たちらしさが思い出され、みんなが鼓舞《こぶ》されるような合言葉は、チームづくりの強力なツール**になってくれます。ゼロから考えるのが難しいときは、組織全体のミッションやビジョンを自分たちなりに言い換えるのもいいでしょう。

チームならではのバリュー（大切にしたい価値観・行動指針）を策定するというやり方もあります。チームメンバーのこだわり、振る舞い、姿勢などを振り返り、それを言語化していくのです。ここでも大切なのは、リーダーが一人で勝手に決めるのではなく、みんなで対話しながらつくるということです。

ＭＩＭＩＧＵＲＩでも、前述したコーポレート部門の「攻めのコーポ」「超やる」などのように、チームごとにバリューを置くようにしています。コンサルティング事業部門のとあるチームは、「どこにある!?　おまえのときめきハ

MIMIGURIのあるチームのロゴ――独自のチームバリューを掲げて、ロゴデザインを作成している

ーモニー　まざってもがいて美を乱せ」というチームバリューを掲げていて、なんとオリジナルのロゴもあります。

これは決してふざけているわけではなく、チームメンバーで真剣に話し合いながらつくったバリューです。このチームのメンバーは、総じて芸術的な志向性が強く、個の衝動を探知して混ぜ合わせ、予定調和を壊しながら新たな美しさを生み出していくスタイルを大事にしています。経営者の私から見ても、会社全体の組織アイデンティティに共鳴しながら、それを独自の感性で言い換えたすばらしいバリューだと感じます。

各チームで理念をつくったら、ぜひそれを社内で共有してください。チーム同士の違いが見えてきて、組織アイデンティティの探究に対しても有意義なフィードバックがかかります。

チームのアイデンティティを〝生成〟する2つのコツ
──「独自ルーティン」「メンバー巻き込み型採用」

チームアイデンティティを言語化するためのコツをご紹介してきました。

他方で、軍事的なカラーが色濃く残っている会社では、こうした取り組みをやろうとしても、そもそも**自分たちの「らしさ」の基盤がよくわからない**というケースも少なくないでしょう。

そこで、**「チームアイデンティティの土台」をつくるうえで効果的なアプローチ**を、2つご紹介しておきましょう。

「らしさづくり①」独自の儀式・ルールをつくる

共同体のアイデンティティは、独自の儀式やルールにも反映されています。「クリスマスにはケーキを食べる」「正月には初詣《はつもうで》に行く」といったルーティンに、ある種の「日本らしさ」が詰まっているのと同様に、どんな組織にも「らしさ」が反映されたローカルな儀式・ルールがあるはずです。

組織全体のルーティンはすぐには変更できないかもしれませんが、チーム内のローカルな儀式やルールであれば、調整や工夫の余地があるはずです。**チーム独自のルーティンを設計することで、そこから逆に「自分たちらしさ」を生み出すこともできる**のです。

典型的なのは「**定例ミーティング**」でしょう。会議の開催時間や頻度、タイミングなどにも、そのチームの個性がにじみ出ます。

・「チーム①」月曜朝に「週次目標管理定例」という30分の定例ミーティングがあり、今週の目標や計画を手短にシェアする。生産性と計画性のため、会議はなるべく

早く終わらせて、すぐ各自の業務に入るようにしている

- ［チーム②］同じく月曜の朝に「キックオフ朝会」と題した60分の定例ミーティングを開催し、「どんな週末を過ごしたか」「どんな1週間にしたいか」をシェアする。雑談やゆとりを重視しており、お互いの感情を共有するようにしている
- ［チーム③］毎月最終金曜の夕方に「お疲れさまフライデー」という2時間の定例ミーティングを確保し、じっくり今月の振り返りを行う。経験の共有と一体感を重視しており、終了後にはそのまま有志メンバーで食事会に行く

このように定例ミーティングの運用に工夫を凝らせば、定期的に「チームらしさ」を生み出す機会が得られます。ほかにも、コミュニケーションの仕方、ドキュメントの保存方法、情報共有の仕方、あいさつやお互いの呼び方の慣習など、**ふだん無自覚にやっているルーティンに「自分たちらしさ」を取り入れる**と、チームアイデンティティの基盤を整えられます。

［らしさづくり②］採用にコミットする

採用活動にチームを巻き込めば、それだけでチームアイデンティティは劇的に高まります。

すべての採用活動が人事と上層部だけで完結しているような会社にとっては、かなりハードルが高いかもしれませんが、配属可能性のある現場のマネジャーが採用活動を手伝っている会社もかなりあるはずです。そこからさらに踏み込んで、**チームの現場メンバーたちにも採用プロセスに参加してもらう**のはどうでしょうか？

ＭＩＭＩＧＵＲＩでは、新たなメンバーを採用する前に、配属先チームのマネジャーやメンバーにも必ず面談してもらいます。採用候補者の方と実際に話してみたうえで、「一緒に働きたいか？」「チームにフィットしそうか？」「共に成長できそうか？」といった観点で検討してもらうのです。

採用の意思決定にメンバーも巻き込んだほうが、新人が入社したあとのオンボーディングもスムーズにいきます。

また、採用面談に入った現場メンバーたちが、自然とチームアイデンティティを意識したコミュニケーションをするようになるという効果も期待できます。

「このチームが思い描いている人物像にとてもマッチしていると思います。人事が懸念しているスキル不足は、入社後に私たちがしっかりフォローするので、ぜひ採用してほしいです」

「経歴や能力はすばらしいし、うちの会社に入ったらきっと活躍してくれるとは思いますが、メンバーとの相性を考えると、われわれのチームよりももっとフィットするチームがあるかもしれないですね。たとえば隣のチームはどうでしょう?」

チームの採用活動にコミットするようになると、メンバーのなかにも「**チームを経営する感覚**」が芽生えます。自分たちのチームアイデンティティについて考えるうえでは、採用活動ほどうってつけな機会はないのです。

KEY 7

チームの問題解決は「目線合わせ」が9割。「解くべき問い」を見つける

「離職者の急増」が〝問題ではない〟理由
――問題解決は「問いへの合意」からはじまる

この節のテーマは「問題解決」です。チームづくりについて論じる本章で、なぜ問題解決のテーマを扱うのか、不思議に思う方もいるかもしれません。その理由はいたってシンプルで、**問題を柔軟に解決する能力こそが、チーム力の重要な指標の1つ**だからです。

チームとしての力が問われるのは、なにか困りごとが発生していて、一人だけではうまく対処しきれないような場合です。また、困難な課題にチームで立ち向かうことで、改めてお互いの個性を再認識したり、チームが目指すビジョンや目標設定を見直したりなど、チームの結束

が深まるという側面もあります。**問題解決はチームづくりにとって絶好の機会**なのです。

ところで、そもそも「**問題**」とはなんでしょうか？

私たちは「問題」という言葉をかなり広い意味で使っていて、日常においても漠然としか認識していません。

たとえば、コロナ禍においては多くの人が「コロナは社会の大きな〝問題〟だ！」と考えました。しかし私たちは、もしテストの問題文のところに「新型コロナウイルス感染症」とだけ書かれていても、具体的な解答を出すことはできないでしょう。なにを問われていて、どう答えればいいかがわからないからです。

問題とは、**答えを出すための疑問文**（**問い**）のことです。

たとえば「ワクチンは継続的に打つべきなのか？」とか「マスクはいつまで着用すべきか？」などと、明確な問いが提示されていれば、唯一の正解は決まらなくとも、自分なりの仮説を述べたり議論したりすることができます。しかし「新型コロナウイルス感染症」そのものは、単なる感染症の名称であって、このままでは「問題」とは呼べません。

こう書くと当たり前のことなのですが、組織でも同じことが起きています。

「売上」「エンゲージメント」「顧客のクレーム」「離職率」「コンプライアンス」など、会議のアジェンダに挙がるストレスフルな事象や数値に惑わされて、**自分たちにとって「答えを出すべき問い」がなんなのかについて合意しないまま、「どうしよう？」と頭を悩ませる——これでは、問題はいつまで経っても解決されません。**

チームによる問題解決のカギは、**メンバー間で「目線」を合わせて「解決すべき問い」について合意すること**です。**チームメンバー間で「これに答えを出すべきなのだ」と前向きに合意された問い**のことを、本書では「**課題**」と呼ぶことにします。

現代企業に生きる私たちは、この「**目線合わせ**」があまり得意ではありません。なぜなら、これまでの軍事的な組織においては、対処すべき課題は〝司令官〟が決めるものであって、現場の〝兵士たち〟にとっては「上から通達され、黙って従うもの」でしかなかったからです。

「問題」と「課題」はどうちがう？

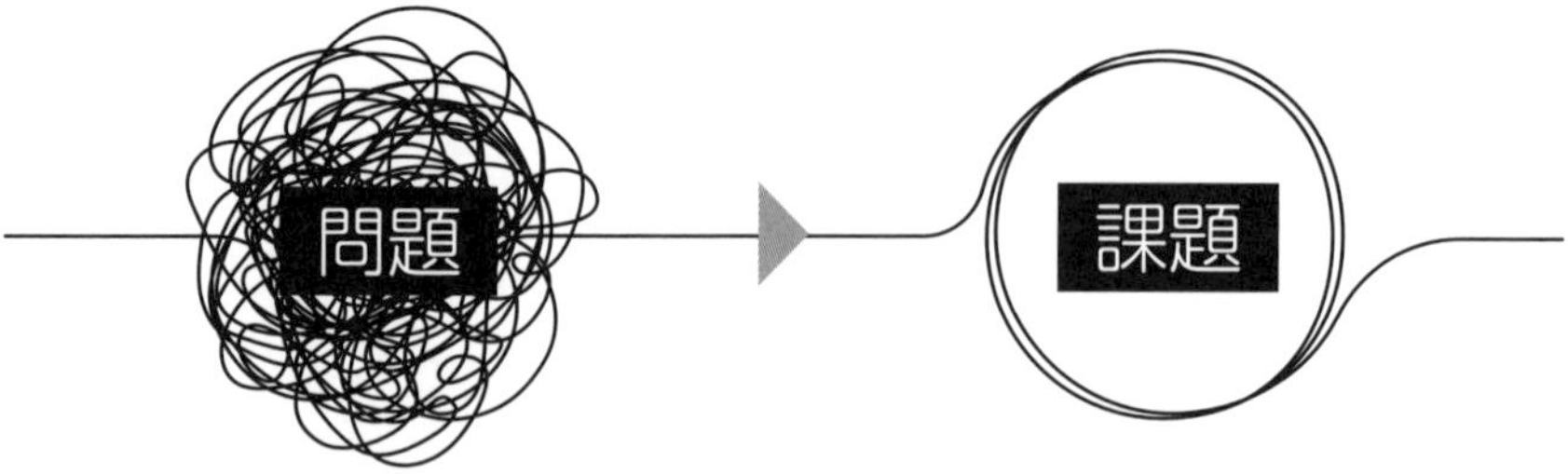

なんとなく現状に不満があり、
どうすればうまくいくのか
よくわからない状況。
キーワード的な認識に留まる

チームの関係者のあいだで
「解決すべきだ」と
前向きに合意された
整理済みの「問い」のこと

本書が目指す冒険する組織においても、迅速な対応が迫られる局面では、リーダーが独断で意思決定を下すしかないこともあるでしょう。

しかし「目線合わせ」なき課題設定は、さまざまなリスクをはらんでいます。どんなに優秀なリーダーでも、いや、むしろ優秀であればあるほど、**リーダーがとらえる問題の解釈には「バイアス（固定観念）」が含まれます。**

軍事的世界観に基づいた過度な分業化の結果、大きな組織には「これが正しいはずだ」「いや、こっちが正しい」という〝さまざまな正義〟が交錯しています。経営には経営の正義が、現場には現場の正義がある。開発の正義と、営業の正義。事業部の正義と、人事部の正義。同じチームに所属していても、リーダーの正義と、メンバーの正義が同じだとはかぎりません。

たとえよかれと思ってであっても、**組織内の特定のだれかが「自分の視点」だけから見た「自分の正義」だけに基づいて、「これが問題だ」と決めつけると、課題設定は必ず歪みます。**

これを避けるには、「解決すべき問い」についての「目線合わせ」が不可欠なのです。

これを組織全体で足並み揃えて実行するのはなかなか大変ですが（その変革の難しさには、「第8章」で向き合います）、まずはチームのメンバー同士だけでも「目線合わせ」の時間をとること――これが問題解決の秘訣であり、チームづくりのカギです。

「機能しないチーム」に欠けているもの

——「あいまいな問題」を「明確な問い」に落とし込む

チームに不測の事態やトラブルが発生した場合であっても、すぐに「解決策」を話し合ってはいけません。リーダーが率先して定例ミーティングや1on1などの時間を使って、**メンバーそれぞれが問題をどのように解釈しているか、その「景色」をヒアリングする**ようにしましょう。

個々の多様性が活かされているいいチームほど、問題の解釈は驚くほどバラバラになります。異なる景色をテーブルの上に載せて、**みんなで「解決すべき課題」を絞り込んでいくやり方**が必要になります。

冒険する組織は、個人の感情や多様性をどこまでも大切にします。しかし、そうしたバラバラな個人が集まっているチームだからこそ、**問題の解釈の「違い」を入念にすり合わせるステップを大事にするべき**なのです。

たとえば、会員制のウェブサービスを展開する企業の例で考えてみましょう。

これまで堅調に会員数を伸ばしてきたものの、突然、他社から類似サービスがリリースされた影響で、自社サービスを退会する古参会員が増えているとします。社内には不穏な空気が漂っている一方、期初のスタートダッシュのおかげもあって、さしあたって今期の会員数目標は達成できそうな見込みです。

この状況をどう解釈するかは、メンバーによってさまざまでしょう。いきなり解決策のアイデア出しに入るのではなく、まずはまとまった時間をとり、みんなの解釈を共有したうえで、チームとしての意味づけをすり合わせていくべきです。

こういうときには、まず「率直にこの状況をどのようにとらえているのか?」「なにが問題だと考えられるのか?」「そもそもこれは問題なのか?」などについて、メンバーの意見を収集・交換します。

あなたがチームのリーダーであれば、自分なりの仮説を構築しながら、並行して1on1の場などでメンバーごとの「景色」を取得していくといいでしょう。意見が出ないようであれば、自分の生煮えの仮説を提示して、「自分はこうとらえているのだけど、もし抜け落ちている視点や、ほかの仮説があれば遠慮なく教えてください」などと意見を募るのもアリです。

その過程を通じて、自分たちが向き合うべき「問い」の仮説を探っていきます。

メンバーA「昔から使ってくれている会員が流出!?　ただごとじゃないですね」

→【問い】なぜ古参会員が流出しているのか?

メンバーB「このままだと来期目標の達成が危ういですね。対策すべきでしょうか?」

↓

【問い】どうすれば新規会員を獲得できるか?

メンバーC「他社に惑わされなくてもいいのでは? 気にせず、自社サービスを磨いていくべきだと思います」

↓

【問い】なにをサービスの独自性にしていくべきか?

メンバーD「当期の目標達成は見えているんだし、別に慌てなくていいじゃないですか」

↓

(問題認識なし)

このように、同じ状況下であっても、見えている景色はメンバーごとに大きく異なるものです。リーダーの仕事は、こうした多様な解釈を踏まえて、自分たちが取り組むべき「問い」を絞り込んでいくことだと言えます。

「問題っぽいファクト」への解釈は人それぞれ

ノーマークだったベンチャー企業から類似サービスがリリースされた。
自社サービスの古参会員が少しずつ流出しはじめている。しかしながら、
期初のスタートダッシュもあり、半期の会員獲得目標はいまのところ堅調。

解釈①
当期の目標が堅調なら問題ないのでは?

解釈②
どうして古参会員が流出しているのだろう?

解釈③
どうすればいまのうちに新規を伸ばせる?

解釈④
今後はどんな独自性を打ち出していくべき?

現状をどう意味づけし、どんな「問い」を立てるかによって、
チームが真に向き合うべき「課題」が変わってくる

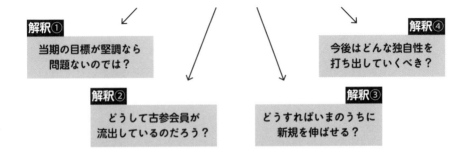

「古参会員が退会している理由を調査したい。その理由次第では、古参会員に戻ってきてもらえるようなキャンペーンなどを試すべきではないか」

このケースでは、リーダー自身もこんなふうに考えました（メンバーAに近い意見ですね）。最初のうちは内心焦っていたのですが、ほかのメンバーの意見も聴いていくうちに、「たしかに、自分たちのサービスに自信を持つべきだ」と落ち着きを取り戻し、次のように「チームの課題」を設定しました。

- **［チームの課題］「なぜ古参会員が流出しているのか？」を早急に調査しながら、並行して「自分たちのサービスは、なにを独自性として打ち出していくべきか？」について改めて話し合い、これを再定義すること**

事前に「目線合わせ」のプロセスがあったことで、チームメンバーはこの課題に共感・納得して、前向きに取り組むことができました。

チームで問題を解決していくうえで重要なのは、**あいまいな問題を「明確な問い（＝課題）」へと落とし込んでから「答え」を出すこと、つまり、つねに「課題解決」を意識すること**なのです（そのための具体的手法については、拙著『問いのデザイン』[19]を参照してください）。

真の問題は〝こちら側〟に隠れている

——適応課題の発見に欠かせない「チーム力」

チームでの問題解決にまつわる厄介さは、それだけではありません。

もう1点は、「チームのレンズ」のところで触れたとおり、**チームが直面する問題の多くが「技術的課題」ではなく「適応課題」である**ことに由来しています（77ページ）。

一部の問題は、しかるべき知識や技術さえあれば解決できます。インターネット上や自社内にそのリソースがなくても、弁護士やコンサルタントなどの専門家に相談したり、外部講師に研修をしてもらったりすれば、それを補うことが可能です。こうやって対処できる問題が「技術的課題」でした。

他方で、**チームが取り組むべき問題の多くは、専門的な知識・技術だけでは解決できない「適応課題」**です。これに対処するためには、自分たちの価値観や考え方、関係性そのものを修正する必要がありました。

目線合わせが不十分なチーム・組織では、「適応課題」と「技術的課題」をとり違えたアプ

ローチが頻発します。

問題は「チームの内部」で起きているのに、必要な対策をとらないまま社外の専門家に解決を丸投げしたり、研修などを通じてノウハウを外から注入したりしてしまう――これでは根本的な解決につながらないばかりか、むしろ状況を悪化させる可能性すらあります。

たとえば、「オウンドメディア上で自社イベントの告知記事を出したものの、集客に苦戦している」という問題状況があったとしましょう。

現場メンバーたちはこれに対して、「記事タイトルがターゲット顧客とズレているのだろう」「SNS広告のデザインをわかりやすく改善すべき」などと思い思いの分析をしました。これらはいずれも、この問題を「技術的課題」ととらえた仮説です。

他方で、イベントの集客担当者によくよく話を聞いてみると、「じつは……この件についてチームで議論したかったんですが、先週はみなさんが忙しそうだったので、だれにも相談できないまま記事をアップしてしまいました……」という答えが返ってきました。

ここからもわかるとおり、起きているのはまぎれもなく適応課題です。なぜなら、その真因は「担当者が周囲に相談がしにくいと感じている状況」のほうにあるからです。

チームがぶつかる問題状況の多くには、適応課題が潜んでいます。

なんらかの知識・技術〝以前〟に、自分たちのチーム・組織のあり方を見直さないかぎり、こうした問題は解決できません。

適応課題を見過ごさないためにも、「ぼんやりとした問題」を「はっきりした問い」へと変換する「目線合わせ」のプロセスはやはり避けて通るわけにはいかないのです。

「技術的課題」と「適応課題」はつねに入り交じる

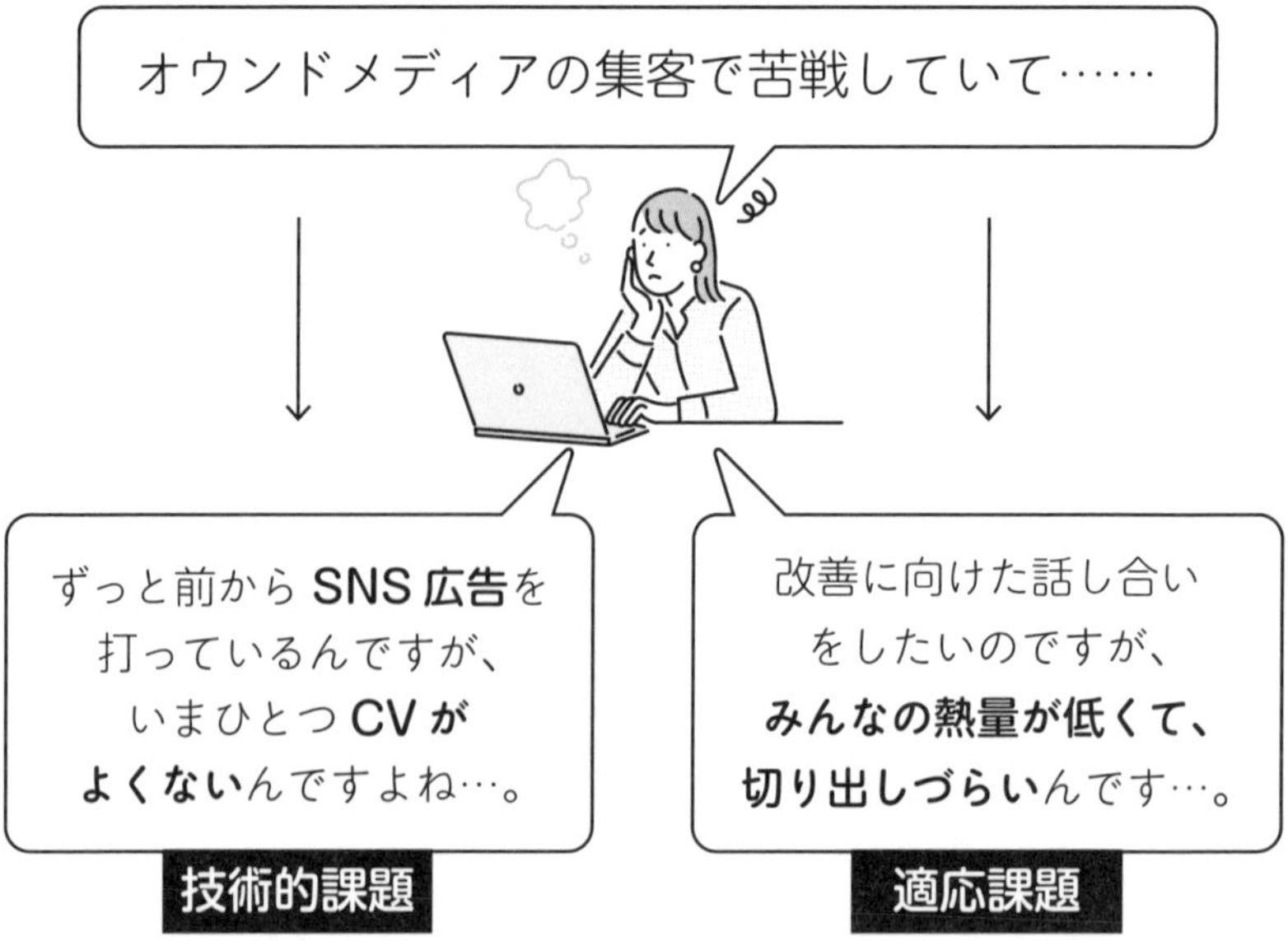
オウンドメディアの集客で苦戦していて……
ずっと前から**SNS広告**を打っているんですが、いまひとつ**CV**が**よくない**んですよね…。
技術的課題
改善に向けた話し合いをしたいのですが、**みんなの熱量が低くて、切り出しづらい**んです…。
適応課題

KEY 8

「共通体験」のリフレクションで、チームの学びを深める

「何年も一緒に働いているのに、つながりが弱い職場」の共通点

「同じ釜の飯を食った仲間」という表現があるように、共通した体験をお互いに分かち合えているかどうかは、精神的なつながりにとって大きな意味を持ちます。

冒険的なチームづくりにおいては、**メンバーと共にした体験を振り返り、それに意味を見出すという作業が欠かせません。**

体験を振り返って意味づける行為のことを、一般に「**リフレクション（内省）**」と呼びます。

リフレクションの重要性は、しばしば個人の学習や教育の領域では強調されますが、チームにとってもこの振り返りプロセスがきわめて大切なのです。

同じチームで働いているメンバーたちは、もちろんさまざまな体験を共にしています。しかしながら、ただ忙しく仕事をこなすだけでは、「**共通体験**」としての意味づけは進みません。「あんなことがありましたね」「たしかに、ありましたね！　あの失敗が、いまのプロジェクトに活きているなあと感じます」——そんな**リフレクションがあって初めて、それはチームの共通体験となる**のです。

しかし、リフレクションに重きを置いているチームは、それほど多くはないでしょう。期末とか年度末の人事評価のタイミングで、チームについての振り返りがリーダーに求められることはあるかもしれませんが、それがほかのメンバーに共有されるケースは稀だと思います。

そのため、**何年も何十年も一緒に仕事をしているのに、メンバーたちのあいだに一向に共通体験が蓄積されていかず、精神的なつながりが希薄なままに留まっているチーム**がたくさんあります。

冒険的チームづくりの観点からは、「**チーム単位でのリフレクション**」が欠かせません。できるだけ実体験から時間を空けず、こまめに振り返りを行うことをおすすめします。なんらかのプロジェクトが終了するたびごとに、あるいは、ルーティン業務なら四半期ごと・

半期ごとなどで、リフレクションのスケジュールだけでもまず決めてしまいましょう。

ＭＩＭＩＧＵＲＩの経営チームでは、**「マンスリーリフレクション」**という3時間のロングミーティングを、月次で実施しています。どんなに忙しくても月末に経営チームで集まって、この1カ月間をじっくり振り返るようにしているため、組織のなかでバラバラに起きていたさまざまな出来事を「共通体験」化することができています。いいチームをつくるには、〝同じ釜の飯を食べ続ける工夫〟が欠かせません。

チームでのリフレクションを「公開イベント」化する

「プロジェクトお疲れさま〜」「今期も無事に終わってよかった！」で終わらせず、経験したことを振り返り、自分たちの言葉に落とし込みながら、新たな「教訓」を得る——これがチームの共通体験となり、チームづくりにつながります。

「教訓を得る」といっても、「こうすべきである」「こうせねばならない」といったマニュアル的な制約や規則を増やすわけではありません。むしろ、チーム全体で未来に向けた「新たなルーティン」を構築していく活動を意味しています。

リフレクションはしばしば、失敗や間違いに対する「反省」だと誤解されがちです。しかしここで重要なのは、**失敗・成功だけにとらわれることなく、すでに起きた出来事や自分たちがとった行動を客観的に見つめ直す**ことです。

チームリフレクションは反省会や責任追及の場ではなく、一人ひとりがリフレクションを持ち寄り、共通体験を意味づけながらチームの教訓を得る場なのです。

また、**チームでのリフレクションを社内公開イベント化すると、チームレベルだけでなく、組織レベルでの「共通体験」化も進みます。**なかでも、チームづくりと組織づくりを同時に実現する「**社内番組**」は、ぜひともおすすめしたい取り組みの1つです。

すでに触れたとおり、MIMIGURIにはオンライン配信型の「社内向け番組」がいくつもあります。その1つに、終了したばかりのプロジェクトについて「**公開リフレクション**」を行う「まいに知《ち》たんじょうび」という番組があります。

番組内では、パーソナリティと共にプロジェクト担当者たちが振り返りを行い、「どんなことに苦労したのか？」「なにが課題だったのか？」「それをどう解決したのか？」「学んだことや気づいたことはなにか？」などを深堀りして、ナレッジ（知）を生み出していきます。

MIMIGURIが手がけている組織開発支援のクライアントは、規模や業界もバラバラです。そのため、コンサルティングにおける企業の課題やその解決アプローチはプロジェクトごとに千差万別であり、ほかのプロジェクトでなにが行われているのかがブラックボックス化しやすいという問題があります。

そこで、1つのプロジェクトが終わるたびに、チーム全員でこの社内番組に出演してもらい、彼らの「共通体験」を語ってもらうようにしたところ、これが社内では大好評でした。視聴は任意としていますが、番組にはエンタメコンテンツとして楽しめる工夫が凝らされているうえ、ほかのチームでの取り組みを学べる機会が貴重だからか、多くのメンバーがランチタイムの息抜きも兼ねて積極的に視聴しています。

ちなみに学びが深かったプロジェクトのうち、クライアントの許諾がとれたものは「社外番組」としてアップデートして、MIMIGURIが運営するウェブメディア「CULTIBASE《カルティベース》」で無料公開しています。社内のリフレクションの成果を社外にも広げる活動は、営業や採用広報にもプラスになります。

〝チーム内の問題〟が驚くほど見つかる技法
——「KMQT」リフレクション

最後に、チームでのリフレクションを行うときの具体的方法にも触れておきましょう。

リフレクションにはさまざまなやり方がありますが、過去の体験を次の3つに分けて振り返っていく「**KPT**」という方法が知られています。

- Keep——よかったこと、今後も続けたいこと
- Problem——よくなかったこと、改善すべき課題
- Try——次にチャレンジすること、具体的なアクション

ＫＰＴは、解くべき課題ととるべきアクションに主眼が置かれたフレームワークで、次の行動に迷わずに済むというメリットがあります。しかし、これが有効なのは、「Problem」の解釈が容易で、改善すべき課題が明確であるようなケースに限られます。

一方で、チームリフレクションでは、ＫＰＴはあまりうまく機能しません。というのも、「ＫＥＹ７」で見たとおり、チーム内では問題の解釈がバラバラになりやすく、専門的な知識・技術だけでは解決できない「適応課題」が多く紛れ込んでいるからです。モヤモヤした違和感に対して、メンバーそれぞれがＫＰＴを使って意味づけをしていくと、解決の方向性にもまとまりが出ず、適応課題の見落としが発生しかねません。

そこで、ＭＩＭＩＧＵＲＩでは「**KMQT**《ケモキュート》」というフレームワークを使っています。

これは当社のナレッジマネジメント責任者であり、リフレクションの研究者でもある瀧知恵美《たきちえみ》が独自に開発したものです。

・Keep――印象に残っているよかったこと、これからも続けたいこと
・Moyamoya――プロジェクト活動のなかでなんとなく引っかかっていて気になること、〝モヤモヤ〟すること
・Question――向き合っていきたい問い、探究していきたいこと（〝モヤモヤ〟を問いに変換すると?）
・Try――今後やってみたいこと

ＫＭＱＴにおける発明の1つは、**あえて「モヤモヤ」を共有するステップを入れて、適応課題を早期に発見できるようにした**ことにあります。これがあることで、些細な違和感やうまく言葉にできない感情を共有しやすくなり、チーム内の関係性の改善にもつながります。

また、これも［ＫＥＹ7］で見たとおり、**問題を「問い」のかたちに落とし込むことで、解決に向けた「目線合わせ」をしやすくする工夫も入っています。**

プロジェクトの終了時や期末のような節目のタイミングには、ぜひメンバーで集まってＫＭＱＴに沿ったリフレクションを行い、チームの共通体験をつくってみてください。

第6章

冒険する「対話の場づくり」のカギ

CHECK

「会議のレンズ」

「伝令と意思決定の場」から「対話と価値創造の場」へ

「会議の基本原則」

ハレとケの場づくりに工夫を凝らす

CONTENTS

KEY 9
「ファシリテーターとしての芸風」を全メンバーで磨く

ファシリテーション力が求められる時代――「前提」をすり合わせる対話力

職場で仕事をしていると「**あれ？　ちょっとズレているかも？**」とか「**そういう意味じゃないんだけど……**」と思うような場面に遭遇します。たとえ同じ現実を見ていたとしても、前提や価値観が人によって異なっている以上、解釈のズレは必ず生まれます。

ほとんどの場合、**チーム・組織内でのこうした違和感は、何事もなかったかのようにスルーされます。**ミーティングなどでも、議事録に記録されるのは最終的な決定事項だけであり、話し合いのプロセスで生まれていたズレや違和感が書き留められることはまずありません。

ですが、こうしたごく小さなズレが、組織やチームにおける致命的な不整合につながります。そしてそのちぐはぐ感は、悩ましい問題としていずれは表出することになります。

チームのみんなで決定したアイデアのはずなのに、じつはほとんどのメンバーが心からは納得しておらず、プロジェクトがなかなか前に進まなかったり、上司が土壇場でいきなりちゃぶ台返しをしたりするようなケースはその典型でしょう。

人には必ずバイアスがありますから、解釈のズレ自体を防ぐことはできません。また、それを最初から防ごうとする必要もないでしょう。むしろ大切なのは、組織における目線のズレを解消して、前提をすり合わせるための**「対話」を欠かさないこと**です。

他方で、「対話が大切だ」「じっくり対話をしよう！」と号令をかけたところで、社内のコミュニケーションがいきなり対話的になることは期待できません。**まずは、会議のような「場」そのものを変えることからはじめていくべき**です。

そのときいちばん効果的なのは、「**ファシリテーション**」の技術を持った人が会議の進行をすることです。

ファシリテーションとは、会議やミーティングを円滑に進めるための単なる「司会役」ではありません。**メンバー間における目線のズレを可視化し、それらをすり合わせる対話的なコミュニケーション技術**です。

各人の探究や価値観を尊重する冒険する組織においては、**ファシリテーションは経営リーダー、ミドルマネジャーに求められる必須スキル**です。近年、MIMIGURIでも多くの企業から「ミドルマネジャー向けにファシリテーション研修をしてほしい」という依頼が増えており、このスキルに対する意識は高まっているようです。

「対話する組織」を実現するうえでいちばん確実な方法は、**ファシリテーションそのものをメンバー〝全員〟にとっての基礎教養にする**ことです。全メンバーがファシリテーターを務められるようになると、組織全体でのコミュニケーションの質が段違いに上がります。実際、MIMIGURIでは「**全員ファシリテーション**」をルールの1つに掲げています。

管理職や特定のだれかが定例ミーティングの司会役を担っている組織・チームは、ぜひ会議のファシリテーターを持ち回り制にするところからはじめてみましょう。複数の意見をすり合わせることの難しさをみんなに体験してもらうと、参加メンバー一人ひとりのなかに「みんなで対話の場をつくっていこう」「話し合いの質を高めていこう」という意識が根づきます。

それ以外にも、**「メンバーにミーティングの場づくりそのものを任せる」というやり方**もおすすめです。自分がミーティングそのものの企画段階から関わっていれば、だれでもその「場」に対してオーナーシップを感じるようになるものです。

たとえば、思い切って若手メンバーを部門合宿の企画進行役に抜擢《ばってき》するとか、まずはプロジェクトのリフレクションだけ任せるなど、マネジメント側の姿勢も重要になります。

また、ファシリテーターを任せっぱなしにするのではなく、企画段階の目線合わせをサポートする、終了後に手短なフィードバックの時間を設けるなど、**学びの機会としての支援**も効果的です。現場でファシリテーションスキルの勉強会を企画したり、会社側がスキルアップのための研修を用意したりするのもいいでしょう。

「名MC」を目指さなくていい
――「4つの芸風」を意識すれば、だれでも司会になれる

しかし、いざメンバーたちにファシリテーション役を任せてみると、おそらくさまざまな反応があるのではないかと思います。

「私は人前で話すのも、みんなの意見をまとめるのも苦手です。ファシリテーターはやりたくありません」とか「あの人は進行役には向いていない。もっと議論の整理がうまい人がやればいいのでは？」といった声が上がることもあるでしょう。

一般にファシリテーターというと、客観的に物事を見ることができ、自分の主張を押しつけずに、バランスよくみんなの意見を引き出せる人というようなイメージがありますよね。しかし、そんな**「名MC」的なファシリテーター像は、「全員ファシリテーター組織」をつくっていくうえでは邪魔になります。**

繰り返しますが、ファシリテーションの目的は、会議の場を「円滑に回す」ことではありません。「集団の目線のズレを解消して、前提をすり合わせる」ことさえできていれば、名MC的なキャラクターでなくても、ファシリテーターとしての役割を全《まっと》うすることは十分できます。

ファシリテーションにおける「4つの芸風」

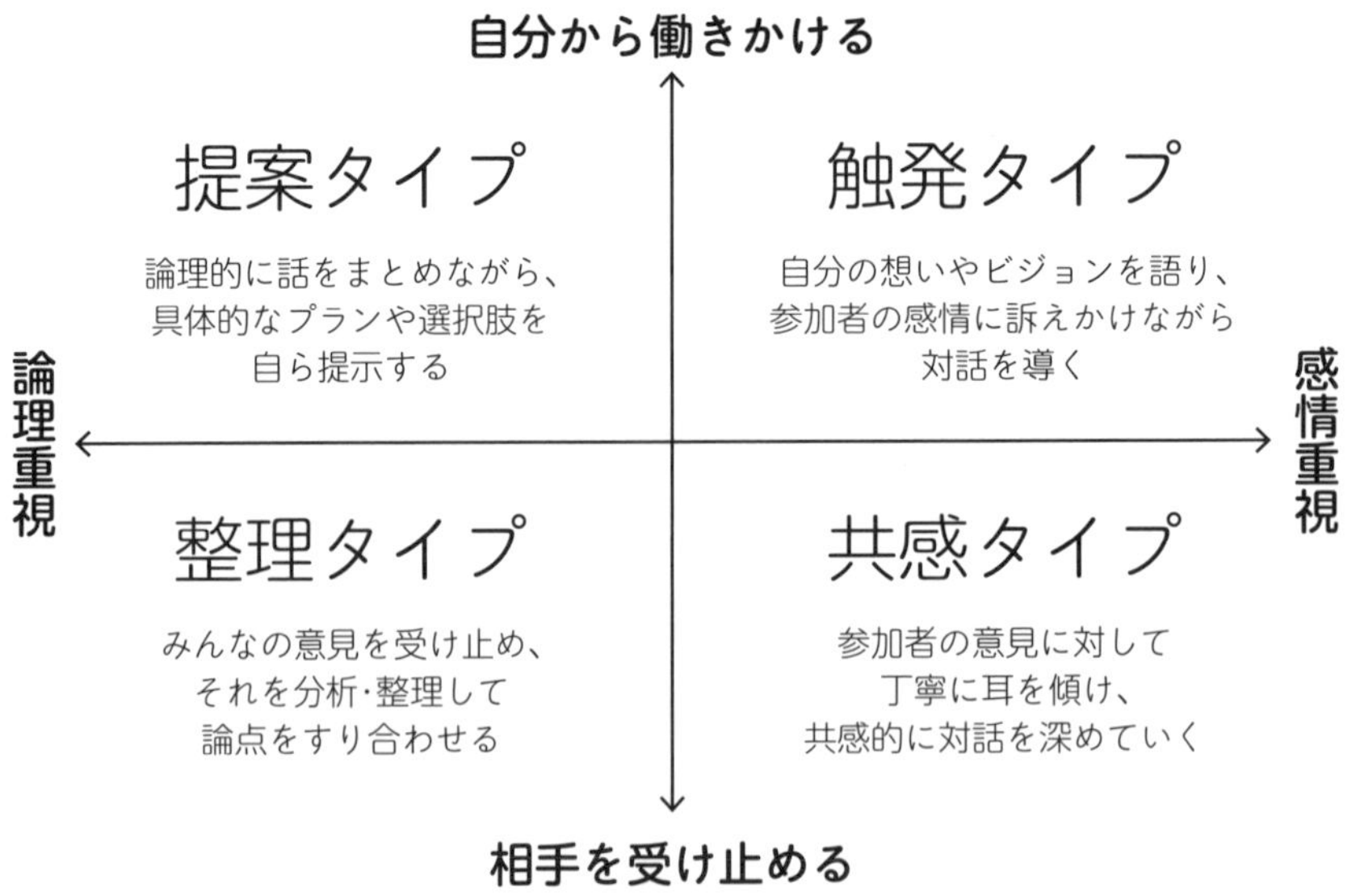
自分から働きかける
提案タイプ
論理的に話をまとめながら、具体的なプランや選択肢を自ら提示する
触発タイプ
自分の想いやビジョンを語り、参加者の感情に訴えかけながら対話を導く
論理重視
感情重視
整理タイプ
みんなの意見を受け止め、それを分析・整理して論点をすり合わせる
共感タイプ
参加者の意見に対して丁寧に耳を傾け、共感的に対話を深めていく
相手を受け止める

冒険する組織は、個々人の「らしさ」をどこまでも尊重します。ファシリテーターを引き受けることになったからといって、その人の個性を無理に押し殺したり捻《ね》じ曲げたりする必要はありません。**その人なりのコミュニケーション特性を活かし、むしろそれを強みにしながら、より質の高い対話の場をつくり出していけばいい**のです。

そこで意識しておくといいのが、**「ファシリテーションの芸風」のマトリクス**です。「論理重視／感情重視」と「自分から働きかける／相手を受け止める」という2軸を設定すると、ファシリテーターには右図のような4タイプの「芸風」があり得ることになります。

すべての人がはっきりとこの4タイプのどれかに分類されるというわけではありませんが、あまりファシリテーションの経験がない人は、どの芸風が自分に合っていて、自分の「らしさ」を発揮しやすいかを考えてみるといいでしょう。

その人らしさを活かすことこそが、全員ファシリテーション型組織への近道ですから、無理に自分らしくないコミュニケーションスタイルを選ぶ必要はありません。

また、会議の目的によっては、**異なる芸風を持った人と「共同ファシリテーション」をやる道**もあります。

たとえば、「触発タイプ」の人にファシリテーションを任せると、次々と新しい意見が飛び出してきて場が盛り上がるのですが、どうしても議論がとっ散らかって収拾がつかなくなることがあります。そういうときには、「整理タイプ」の人にサブファシリテーターとして入ってもらい、お互いの芸風を補完し合ってもらうとうまくいきます。

「声の大きい人」に振り回されないためには？
――「ズレないファシリテーション」の基本3ステップ

「集団における目線のズレを解消して、前提をすり合わせる」というファシリテーション本来の目的から逆算すると、ファシリテーターがやるべきことはきわめてシンプルです。

そのプロセスは、「第1章」の「③会議のレンズ」で示した**対話のステップ「察知・理解・共創」**（85ページ）に準じて、次の3ステップに整理できます。

①目線のズレに気づく
②目線のズレを可視化する
③目線のズレを合わせる

この3つのステップを確認するために、次のようなケースを考えてみましょう。

ある会議で、若手メンバーのAさんがアイデアを出してくれました。しかし、そこには少し突飛な要素があったからか、ベテランメンバーのBさんが「視点は新しいけど、ユーザー視点が足りないね」と発言しました。さらに続けて、中堅メンバーのCさんが「たしかに、ちょっと奇抜すぎるかも……」とのコメントをつけ加えました。結局、そのアイデアはいったん見送られることになったのですが、Aさんはあまり納得がいっていない表情……。

あなたがこの会議のファシリテーターだったら、この場をどのようにつくるでしょうか？

［ステップ①］目線のズレに「気づく」

話し合うなかで、少しでも「あれ？」「どういうこと？」「なにかおかしいかも……」といった違和感を抱いたら、それが対話のチャンスです。

こんな場をどうファシリテートする？

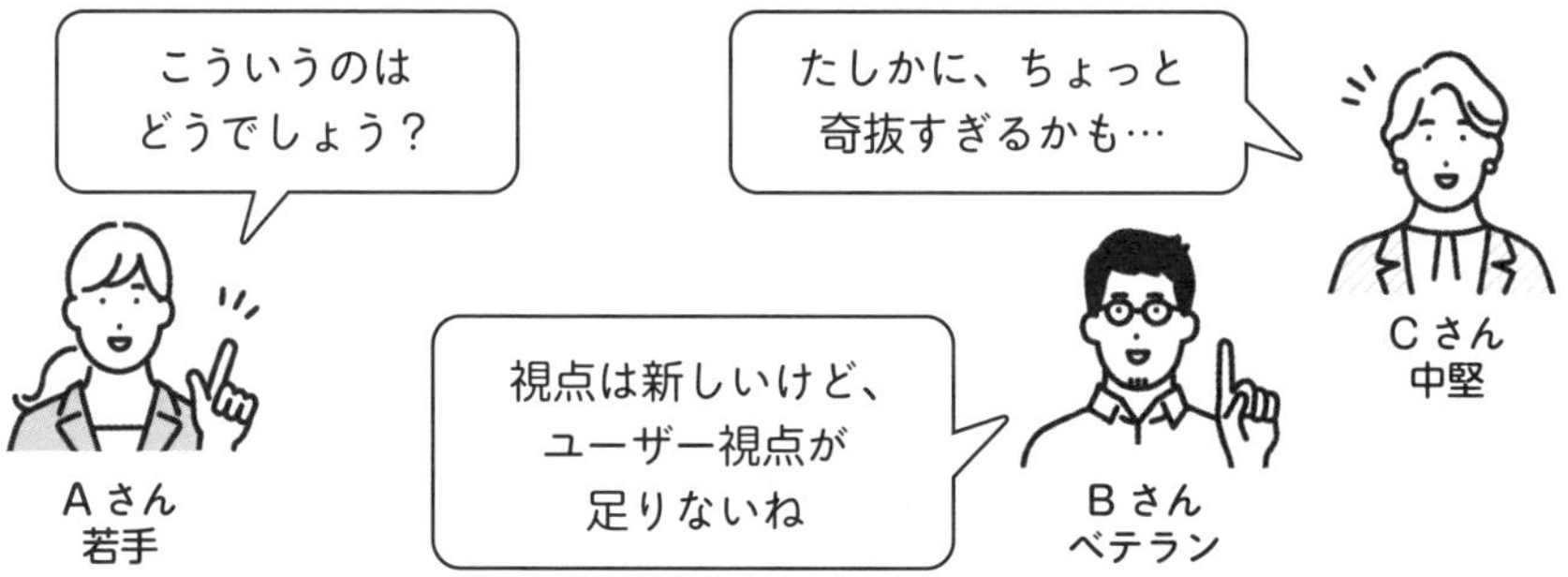
こういうのは
どうでしょう？
たしかに、ちょっと
奇抜すぎるかも…
視点は新しいけど、
ユーザー視点が
足りないね
Aさん
若手
Bさん
ベテラン
Cさん
中堅

ファシリテーターを何度も経験していると、だんだん話し手のあいだの前提のズレに敏感になっていきますが、最初からそこを目指す必要はありません。まずは自分のなかに浮かび上がったモヤモヤに意識を向け、ズレの兆候を見逃さないようにしましょう。

ズレが起こりやすいときのサインは次のとおりです。

(1) 両者の立場や役割が明確に異なるとき
(2) 言動の意図が語られていないとき
(3) 感情的なモヤモヤが生まれているとき
(4) お互いが異なる評価や判断をしているとき

さきほどのケースでも、前提のズレの兆候がいくつか見られます。最初に発言したBさんがベテランであった点（サイン(1)）、「ユーザー視点」「奇抜すぎる」という異なる表現のジャッジがあり、それぞれの意図・背景が明確ではない点（サイン(2)・(4)）、指摘を受けた若手のAさんが納得しきれてなさそうな点（サイン(3)）。

4つのサインに目を配り、**発言の土台にある価値観や感情、思い込み、バイアスなど、目に見えない当事者の深層心理に関心を持つようにする**と、目線のズレに気づけるようになります。

［ステップ②］目線のズレを「可視化する」

ファシリテーターの立場からはズレが見えていても、コミュニケーションの当事者たちはそれに気づいていないことがよくあります。

そういうとき、すぐに質問を投げかけてズレを可視化し、当事者やほかのメンバーたちに「あ、ズレているのかも……」と気づかせることもファシリテーターの重要な役目です。

ズレを可視化するときは次の3つを意識しましょう。

(1) **素朴な質問**
(2) **言い換える質問**
(3) **モヤモヤしている人への質問**

(1)の素朴な質問については、批判的・敵対的なニュアンスが入らないように、「本当に知りたい」「純粋に興味がある」といった気持ちが伝わるような表現を心がけます。たとえば、「Bさんはとくにどのあたりに『視点の新しさ』を感じましたか?」とか「Cさんが『奇抜』だと感じたのも同じ点ですか?」という質問をすると、じつはBさんとCさんの解釈がそもそも異なっていることが見えてくるかもしれません。

(2)の言い換えもまた、相手の前提を確認するうえでは有効です。「『奇抜すぎる』というのは、『ニッチすぎる』という理解であっていますか?」というように、こちらで別の言葉に置き換えてみるのもいいですし、「『ユーザー視点』を別の言葉にするなら?」と相手に投げかけるのもいいでしょう。これによって、たとえばCさんは、「多くの人にサービスを届けたい」と考えているだけで、そもそもAさんのアイデアに否定的なわけではないことが見えてきたりします。

(3)は質問の仕方ではなく、質問する対象の話です。役割や立場、話の流れによって思うように発言できていない人に気を配り、意見を促します。さきほどの例で言えば「『ユーザー視点が足りない』という指摘について、Aさん的にはどうですか?」とか「みなさんの意見を聞いてみて、Aさんはどんな発見がありましたか?」という具合です。これに答えてもらうことで、「Bさん・Cさんの指摘にAさんがピンときていない」という事実を可視化できるかもしれません。

[ステップ③] 目線のズレを「合わせる」

ズレが可視化されたら、前提のズレを解消する「目線合わせのコミュニケーション」をサポートしていきます。ここでも役に立つのは「問い」です。**みんなが次のステップに向けて考え**

たくなるような「前向きな問い」を設定することで、すり合わせを行います。

たとえば、「Aさんが出してくれた切り口を捨ててしまうのはもったいなさそうですね。Bさんのご意見も踏まえて具体的なユーザー像を設定しながら、このアイデアをどうブラッシュアップしていけば、もっとマーケットを広くとれるか、考えてみませんか？」という問いかけはどうでしょうか。

ぜひ、この3つのステップをメンバーみんなで共有しつつ、「全員ファシリテーション型の組織」を実現していただければと思います。

KEY 10

「日々の定例ミーティング」の質を底上げする

「日々の会議」には、その会社のエッセンスが詰まっている

組織開発のコンサルティングを手がけていると、さまざまな企業の社内会議に参加させていただく機会があります。

なかでも興味深いのが「定例ミーティング」です。**ルーティンで開催される会議の進め方や空気感は、組織ごとにまったく異なっており、独自のカルチャーが如実に反映されます。**

たとえば、次のような会議を想像してみてください。その会社がどんな状態にあるのか、なんとなくイメージがつくのではないでしょうか？

- ［例①］やたらと出席者が多いオンライン会議。しかし、ほぼすべてのメンバーがビデオもマイクもオフにしており、一部の幹部クラスが一方的に話すだけ
- ［例②］経営リーダーが厳しい調子で持論を語っている会議。社員たちは、資料に目を落としながらじっと聴いている。ミーティングルームには重苦しい空気があって、メンバーからの発言や質問はとくにない
- ［例③］そもそもアジェンダが整理されておらず、バラバラと報告事項が読み上げられるだけの会議。最後に「ほかになにかありますか?」と投げかけられるが、毎週とくにだれも手を挙げないので、いつも早めに解散する
- ［例④］カレンダー上に予定されてはいるが、上司・部下ともに乗り気ではない定例の1on1ミーティング。「今週はちょっとバタバタしているので……」という理由で、2回に1回はスキップされている

基本的に、軍事的組織の会議においては感情の発露がなく、参加者の表情がありません。

これらとは対照的なのが、定例の会議がはじまる前の時間帯に、メンバーたちが役割に関係

なく談笑しているような会社です。ミーティングの開始前から雑談や笑みがこぼれているのを見かけると、「この会社は組織づくりがしっかりしていそうだな……」と感じさせられます。

定例ミーティングは組織カルチャーを映し出す鏡です。

逆に言えば、日々の会議こそが、組織づくりにおけるレバレッジポイントです。なにか特別な施策を講じたり、研修をやったりするくらいなら、まずは日常的に繰り返し行われる定例ミーティングの質に徹底的にこだわったほうが、組織の冒険度はよほど確実に高まります。

「2つの流れ」を見直せば、会議のムダはすぐ減らせる——「冒険的ミーティング」のデザイン技法

定例ミーティングの質が低い企業には共通点があります。それは**会議の「流れ」がよくない**ということです。

ここで言う「流れ」には、「**1つのミーティング内における時間の使い方（ミクロな流れ）**」と、1週間・1カ月・1年など一定サイクルにおける「**複数のミーティング同士の配置（マクロな流れ）**」という両方の意味があります。

この「2つの流れ」を整えることが、定例ミーティングの質を高めるときの基本です。

まずは1つの会議における「**ミクロな流れ**」について解説していきましょう。

たとえば、1時間のミーティングの冒頭にアジェンダを提示し、あとは成り行き任せで議論するだけだと、どうしても会議の流れが安定しません。ガチガチに枠を決める必要はありませんが、なにについてどんな順序でどれくらい議論するのかの「大まかな時間割」を決めておけば、だれがファシリテーションを担当しても、ミーティングの質を一定以上に保つことができます。

次の7つのコツを意識しながら、「流れのいいミーティング」を設計していきましょう。

［ミーティングのコツ①］開始時に目的をしっかり共有する

前回に話し合った内容やその目的が曖昧なまま開始してしまうと、参加メンバーもどんな意識で臨めばいいのか迷ってしまいます。前回の議論やミーティングの狙いを冒頭で確認して、**「なんのための会議なのか？」「共通のゴールはどこにあるのか？」のすり合わせ**を行います。

［ミーティングのコツ②］ちょっとしたアイスブレイクを入れる

ミーティングの開始直後は、参加者の意識モードがまだ切り替わっておらず、直前までの作業や打ち合わせをつい気にしてしまうものです。**いきなり本題に入るのではなく、軽いアイスブレイクを挟む**ようにしましょう。週初めの定例などでは、ちょっとした近況報告やその日の気分などを全員にひと言ずつ話してもらう**「チェックイン」**もおすすめです。これだけで発言のハードルが下がり、自由に意見が出しやすくなります。

［ミーティングのコツ③］問いかけを工夫して意見を引き出す

ファシリテーターから「なにか意見ありますか？」「自由に話してください」などとあいまいな問いかけをされると、参加メンバーはなにを言えばいいのか迷ってしまいます。人はある程度の「制約」があるほうが考えたり、話したりしやすいものです。

「このアイデア、どうですか？」ではなく「このアイデアは100点満点中だと何点ですか？」とするなど、**みんなの答えが出やすい問いかけを意識**してみましょう。

［ミーティングのコツ④］インプットでアイデアを刺激する

ミーティングの冒頭でアジェンダに関連した事例（自社・他社・海外など）を手短に提示するなど、**ある程度のインプット刺激があったほうが、メンバーからは創造的なアイデアが活発に出やすくなります。**インプットが長くなりすぎるのは避けたほうがいいので、分量があまりに多いときには、会議前に資料を共有するなどしておくこと。

［ミーティングのコツ⑤］議事録の工夫で、場を活性化する

議事録にも工夫の余地があります。オンライン会議であれば**議事録をリアルタイムで画面共有しながら、話し合いをする**ようにしましょう（リアル会議の場合は、ホワイトボードで代替）。自分の意見が共通の場に可視化されることで、会議へのコミット感が高まりますし、論点もズレにくくなる効果が期待できます。もしイラストや図解が得意なメンバーがいる場合は、**グラフィックレコーディングなどを使って議事録をビジュアル化する**のもおすすめです。

［ミーティングのコツ⑥］あらかじめ役割・期待を付与する

とくに役割を決めないまま会議に臨むと、どうしても年長者や社歴の長い人、役職者などに発言が偏りがちになります。幅広いメンバーにもミーティングに積極的に関わってもらうためには、たとえば**若手にファシリテーター役をお願いする**などの工夫が必要になります。また、ふだんあまり発言しない人に対しては、「○○業界を経験してきた立場から、この件についての意見を聞いてみたいです」などと事前にリクエストを伝えておき、話す内容をじっくりと考えてもらうようにします。

［ミーティングのコツ⑦］終了時に「まとめ」をしっかり確認する

決まったこと、決められなかったこと、次回に向けてどうするのかなどを最後にしっかりと確認します。会議↓仕事の流れもよくなり、次のミーティングの質向上にもつながります。

御社の毎週の会議は〝どこ〟からはじまっている？
――定例ミーティングの「マクロな流れ」

次に見ていきたいのが、複数の会議をどのような順序・どれくらいのテンポで開催するのかという、ミーティングの「**マクロな流れ**」についてです。［KEY6］の「チームアイデンティティづくり」でも触れたとおり、定例会議の流れをどう設計するかは、チームでの仕事体験を大きく左右します。

たとえば、次のように**ミーティングのマクロな流れが〝上から下〟へと設計されている会社**は多いのではないかと思います。

・月曜午後の役員会議で意思決定
・火曜午前に上級マネジャーらに伝達
・火曜午後にミドルマネジャー向けの連絡会議
・水曜午前にチームの定例会議でメンバーに通達

定例会議がこういう流れになっているかぎり、どんなに経営陣が「現場の声に耳を傾けていきたい」と意識していても、やはり情報はトップダウンに流れ続けるので、**メンバーとしては「上から情報が降ってくる」という体感になります。**

現場メンバーの価値観を尊重し、それを駆動力に変えていくような組織に変わりたいのなら、このような会議スケジュールそのものを再デザインすることが突破口になります。

たとえば、このように**順序をまったく逆にしてみる**のはどうでしょうか？

・週初めにリーダーと各メンバー間での１on１
・１on１で上がってきた声をチームの定例ミーティングのアジェンダに反映
・定例ミーティングでの議論の結果を受けて、マネジャー会議でも検討
・最後に経営会議が行われる

これだけでも、組織のなかにはボトムアップな情報の流れが生まれてくるはずです。

残念ながら、多くの会社では、それぞれの会議が〝なんとなく〟とか〝これまでの慣例〟でスケジューリングされてしまっています。

あるいは、「決まった流れ」すらなくて、幹部などのスケジュール都合で会議がバラバラに配置されていたりするなら〝黄信号〟です。対話以前に、全員の時間が細切れに分散して、生産性が大きく損なわれている可能性があるからです。

御社では定例ミーティングの流れはどうなっているでしょうか？

とくに、組織が大きくなればなるほど、定例ミーティングの流れは定期的に見直すべきです。いつのまにか会議そのものが形骸化していたり、無駄に分科会が増えてしまっていたりして、かえって情報の流れが悪くなっている可能性もあります。

年に一度の大掃除や健康診断のように、組織においても、**いつ、どの会議に、だれが出席すべきなのかを見直す**「**定例ミーティングの総点検**」は欠かせません。

ＣＣＭで示した「組織デザイン」の要素の１つである「組織構造」には、単に組織図（ハコの配置）だけでなく、このような「ミーティングの構造」も含まれます。事業構造や業務構造に合致したミーティングの流れになっているかどうか、関係者で話し合いながら定期的に見直すようにしましょう。

KEY 11 ハレの場としての「全社総会」に命をかける

「日常しかない会社」は見放される
——軍隊にすら〝宴〟がある理由

日常的に行われる会議の質を底上げすれば、各職場におけるコミュニケーションは対話的になっていきます。ここに［第5章］で紹介した「チームづくり」の実践論を組み合わせていくことで、チームの結束は格段に高まっていくでしょう。

しかし、組織全体の整合性という観点でいうと、これだけでは不十分です。どれほどチームづくりや、日々の定例ミーティング設計に力を入れていても、それだけでは各メンバーのなかに**〝組織〟を主語としたアイデンティティ**は構築されていかないからです。

その結果、「とてもいい職場だと感じているし、すばらしい仲間に恵まれているとは思うけれど、それでもやっぱり自分が〝なぜこの会社で〟働くのかがわからない……」と感じて、組織を離れていく人は出てくるでしょう。

これをなんとかするためには、チームの垣根を越えて全社的な整合性を高めるしかありません。そこでカギになるのが、「会議の基本原則」でお伝えした「**ハレとケ**」の発想です（186ページ）。［KEY10］で見てきた**定例ミーティングでの工夫が「ケ」の場づくりだとすれば、それを補う「ハレ」の場にも力を入れていくべき**です。そして、そのような非日常の行事としてうってつけなのが「**全社総会**」です。

みなさんの会社には、全社総会はありますか？

全社総会どころか、そもそも全メンバーが一堂に会する場（オフラインにせよオンラインにせよ）すらないという会社も、近年ではあるかもしれません。

「全社総会があるかどうか」と「組織が冒険的かどうか」は直接にリンクするわけではありません。むしろ、**軍事的な色彩を残している企業ほど、全社総会にコストを割く**傾向があります。戦に宴はつきもの——。マンガ『キングダム』でも、厳しい戦いの節目では武将たちの戦果を称賛し、兵士らを労《ねぎら》って士気を高める豪華な宴の様子が描かれていたりします。

しかしながら、軍事的な全社総会で中心になるのは、あくまでも業績の振り返りや次期方針の発表、トップからの訓示《くんじ》です。多くのメンバーにとっては、じっと座ったまま一方的に話を聞かされるだけの時間ですから、**「あれのいったいどこが〝ハレ〟の場なのだ!」と言いたくなる人も多いかもしれません。**

しかし、大会議室やホテルのパーティ会場、展示ホールなど、いつもと異なる場所を貸し切っていたり、高い成果を上げたチーム・個人への表彰があったりと、そこには日々の業務とは異なる演出が加わっているはずです。

なかには、ちょっとしたレクリエーションや終了後の宴会が用意されていたり、新入社員の入社式・歓迎会とセットになっていたり、合宿や旅行を行ったりするケースもあります。これらもハレの場づくりの一種だと言えるでしょう。

「全社総会のデザイン」=「組織のデザイン」
——なぜMIMIGURIは「年12回」も総会をやるのか?

「ハレの場」である祝祭や儀礼が、その地域コミュニティの独自文化を育んできたのと同じように、全社総会にはその組織のカルチャーを強化する働きがあります。「どんな組織をつくっていくか?」は、「全社総会をどんな価値規範の下で設計するか?」にも、大きな影響を受けるのです。

たとえば、業績や戦略の話ばかりをし、結果を出したメンバーだけを称え、来期に向けた「決起集会」をしている会社では、ますます軍事的なカルチャーが色濃くなっていきます。

逆に、**非日常のパワーを利用することで、個々のメンバーの探究心と冒険へのエネルギーを爆発させ、組織全体の整合性を一気に高めていくこともできます。**全社総会のやり方をひと工夫するだけで、わざわざ新たな施策を導入したり大々的なコストをかけたりしなくても、組織のなかに冒険的文化を芽生えさせることができてしまうのです。

その意味で、全社総会は「一応やっておく」ような形式的イベントではありません。大げさに聞こえるかもしれませんが、冒険する組織づくりにおいては、**全社総会こそが「命をかける」べきレバレッジポイント**なのです。

MIMIGURIも、全社総会には並々ならぬ情熱とこだわりを持っています。私たちはコロナ禍をきっかけにオフィスを手放すことにし、約70人が国内外さまざまな場所で働くフルリモートの会社になりました。それにもかかわらず、個々のメンバーが自身の探究に向き合い、組織としての一体感を保てているのは、まずなによりもこの全社総会に対する本気度のおかげです。

たとえば、一般的な会社における全社総会の開催頻度は、「年に1回」あるいは「半期に1回」

といったところではないかと思います。一方で、全社総会を最重要施策に位置づけているMIMIGURIでは、**オンラインの総会を「毎月」行っています。**

なかでも、節目となる半期に一度の全社総会は、10～18時まで1日がかりでじっくり行います。この日には、メンバーの家族やパートナーの分も含めて、ちょっと豪華な食事セットを自宅に配送し、全社員が「同じ釜の飯を食う」体験ができるようにしています（「共通体験」については［KEY8］参照）。

ここには、日頃のがんばりに対する労いの意味はもちろんのこと、全社総会に集中してもらうためという意図もあります。総会は一日がかりで行われるので、在宅でのオンライン参加であっても、家族の食事などを準備する時間がとれない可能性があるからです。

MIMIGURIでは「家族を大切にする」という価値観を大切にしており、たとえば家族が体調を崩したときには、業務よりも家族のケアを優先することを推奨しています。全社総会では**家族のみなさんも一緒に「同じ釜の飯を食う」ことで、改めてそのバリューを体感しながら、ハレの場に参加してもらう**のです。

ただし、ハレの場といっても、単なるお祭り気分ということではありません。日常業務とはモードを切り替えますが、決していい加減な気持ちで臨んでいるわけではないのです。

熱心な乗組員ほど、「船に乗っている理由」を見失う

――「探究のズレ」を整える最強ツール

全社総会にどんな演出を取り入れるかは、会社によってさまざまでしょうが、ＣＣＭにおける中央の縦ライン、つまり、**「探究の整合」を改めてつなぎ直すことを基本的な目的に据えるべき**です（132ページ）。

そのためには事前に「今回の全社総会では、とくにどの部分を整合させるのか？」を絞り込んで、狙いをはっきりさせておく必要があります。外部環境、組織や事業の状況、メンバー個人の状況など踏まえ、社内のどのあたりに〝ちぐはぐ感〟が生まれているのか、どの探究をもっと強化していくべきかについて、あらかじめ対話しておきましょう。

「探究の整合」づくりには終わりがありません。よほど小さな船でないかぎり、**乗組員はそれぞれの持ち場での仕事**

全社総会「MIMIGURI FESTA」専用のオリジナルZoom背景

に目を奪われ、自分たちの船がどこを目指して冒険をしているのか、自分はなぜこの船に乗っているのかを見失いがちです。

この整合をつくり続けるには、年に1、2回の全社総会では足りないというのが私の実感です。MIMIGURIが全社総会を毎月開催している理由もここにあります。

もちろん、オンライン開催とはいえ、毎月のように総会をやっていれば、コストや労力は相当なものになります。人事・コーポレート部門にすべてを丸投げしていては、とても運営していけません。事業部門とも連携しながら企画チームを組成し、参加型・巻き込み型で全社総会をつくっていくようにしています。

また、毎月の全社総会では**「CCMの強化ポイント」が3カ月で一巡するよう、ローテーションが組まれています。**

たとえば**1カ月目**には「社会的ミッションの探究」と「事業ケイパビリティの探究」のつながりに重きを置き、経営陣がビジョンを語って、メンバーの視座を高めることに力を入れます。

その次の月には、「組織アイデンティティの探究」と「個々の自己実現の探究」の整合性を高めるべく、一人ひとりが本気で取り組みたいと思えるビジョンを共有し合ったり、それが「MIMIGURIらしさ」にどうつながるのかを対話する場を中心にします。

そして、**3カ月目**には「事業ケイパビリティの探究」と「組織アイデンティティの探究」をつなぎ合わせるために、顧客目線で自分たちを見つめ直し、アイデンティティを再認識する機会をつくります。クライアント企業からゲストをお呼びし、その方にお話を聞いてみることもたびたびあります。

こうした取り組みが可能なのは、MIMIGURIという会社がまだ100人以下の規模だからなのかもしれません。たとえば1000人とか1万人の組織になってくれば、同じ方法を貫くのは難しくなってくるでしょう。

しかし、どれだけ組織規模が大きくなっても、全社総会の重要性やその目的に変わりはありません。「探究の整合」を意識しながら、御社なりの全社総会をつくっていただければと思います。

トップリーダーのための「ストーリーテリング」の技法

——「業績」と「探究」をつなぐ話し方

冒険的な全社総会においても、今期業績や来期目標につ

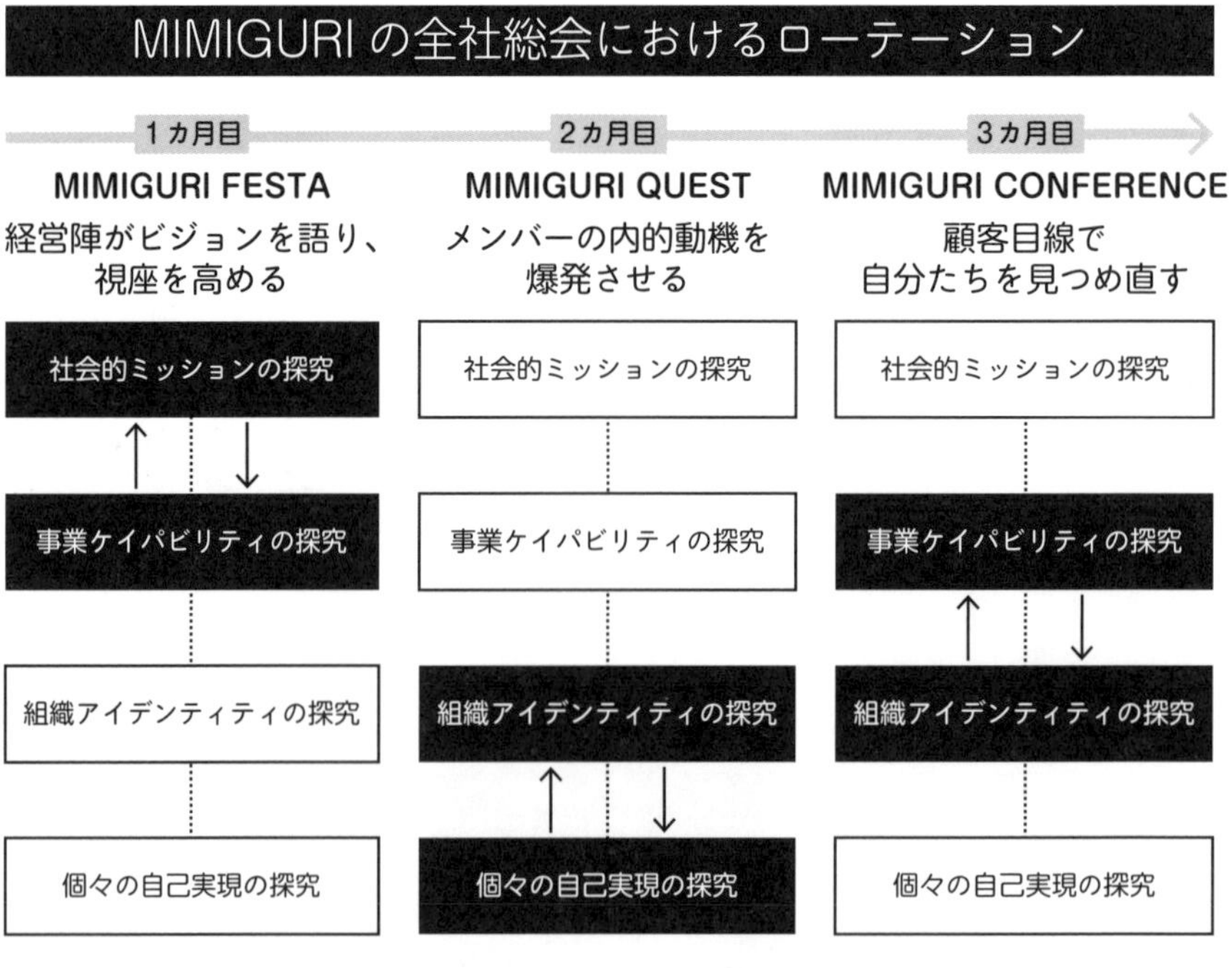

いて語ってはいけないというわけではありません。

重要なのは、ただ事実や計画を淡々と語るのではなく、それぞれを組織内の探究に結びつける**「ストーリーテリング」**を忘れないことです。

たとえば、「今期の売上高は前年度比で〇〇%アップしました！」とか「今年のMVPは〇〇プロジェクトで圧倒的な成果を上げた〇〇さんです！」といった語りで、**「うわべだけのハレ」を演出しても、冒険的世界観を持ったメンバーにはまったく響きません。**

求められているのは「どのような探究の試行錯誤があって、そのような成果に結びついたのか？」とか、「MVPに選出された人の働きによって、組織全体の探究がどのように更新されたのか？」といったストーリーの部分だからです。

そして、**そのストーリーの語り手としては、経営リーダー以上の適任者はいません。**全社総会における経営陣の役割は、組織内のさまざまな探究（「個々の自己実現」「組織アイデンティティ」「事業ケイパビリティ」「社会的ミッション」）と結びつけながら、直近の成果や試行錯誤を称賛し、これからの方針について語ることなのです。

全社総会で業績を振り返る際のポイントは、**目標設定における「ALIVE」の法則を意識して語る**ことです。［KEY1］で解説した「目標設定のカギ」を実践していれば、期初に設定した目標は、SMARTなKPI／KGIだけでなく、ALIVEな「問い」が埋め込まれたものになっているはずです。

全社総会では、業績やKPI／KGI達成度についてだけでなく、**ALIVEな「問い」の探究成果にも触れる**ようにしましょう。

「目標を追い求める過程で、どんな可能性が広がったか？」「どんな学びの機会になったか？」「どんな興味深い発見があったか？」「どんな未来につながりそうか？」「どんな挑戦や葛藤があったか？」――これらについて、経営者の目線でストーリーテリングするのです。

事業・組織全体の取り組みを俯瞰《ふかん》的に意味づけしながらも、場合によっては特定のチームや取り組みにも意識的にスポットライトを当てて、触発するといいでしょう。

たとえば、［KEY1］で紹介した営業チームの成果（206ページ）にスポットライトを当てるのだとします。このときは、単に「受注単価が10％上がった」という結果だけではなく、その過程で「顧客の経営課題に踏み込んだ、チャレンジングな提案が増えた」といったことを称賛し、それが今後の会社の新たな「事業ケイパビリティ」や「組織アイデンティティ」にどうつながりそうかを語るのです。

全社総会で経営リーダーが語るときには、ぜひ**探究と結びつけたストーリーテリングを意識する**ようにしてみてください。

そうすることで、メンバーも自分たちの日々の探究が、組織全体の探究につながっていると実感でき、ＣＣＭ上の整合性を高める機会になります。

起爆剤となる「問い」を投げかけ、対話の場の「熱量」を高める

軍事的な全社総会では、リーダーや幹部クラスが一方的に話をして、メンバーはそれを聞いて終わりというスタイルになりがちです。

しかし、全社総会を冒険的なミーティングの象徴として設計していくのであれば、**「メンバー同士が対話する時間」を必ずとるべき**です。たとえば「経営リーダーの話を聞いて自分はどう感じたのか」とか「それを踏まえて自分はどうしたいのか」といったテーマについて、みんなで意見を述べ合い、対話を深めていくのです。

とはいえ、参加メンバーをいくつかのグループに分けて「自由に対話してください」と丸投げしても、なかなか対話は生まれません。**あらかじめ「対話のための問い」を設定しておく**のがおすすめです。

ここでも、MIMIGURIでの事例をやや詳しくご紹介しましょう。

かつて当社が行っていた事業は、人材育成・組織開発のためのワークショップの実施、理念開発に伴うロゴデザインやコーポレートサイトのリニューアル（リブランディング）、理念浸透のためのインナーコミュニケーションなどの施策提供が中心でした。

そのため、2021年あたりまでの当社には、「ワークショップを専門とするファシリテーション集団」「クリエイティブに強いデザイン会社」といった組織アイデンティティが（自他ともに）あったように思います。

しかし、ある時点から「自分たちはもっと深く経営課題に伴走できるのではないか？」「点としての施策で終わらず、もっと多面的に組織づくりを支援できるのではないか？」という**「もったいなさ」の感覚**（368ページ）が組織内に生まれてきました。

そこで、自分たちの事業ケイパビリティの軸を「デザイン」や「ワークショップ」ではなく、「組織づくりによる経営コンサルティング」へと置き直し、クライアントに対してこれまで以上に付加価値の高い施策が提供できるよう、「顧客1社あたりの案件単価アップ」をKPIとして設定するなどの変革を進めてきたのです。

一方で、このような大きな変革の際には、組織内の整合性のバランスが崩れやすくなります。**会社の「事業ケイパビリティの探究」と「組織アイデンティティの探究」がいまどんな状態**

にあり、それぞれの探究を今後どう進めていくのか？——それらの「共通認識」が揺らぎかねないタイミングが訪れていました。

2023年春の全社総会が開催されたのは、まさにこの組織変革の真っ最中のことです。

当社の全社総会には決まった型がなく、毎回その時々の目的に合わせてコンテンツや形式を設計しています。右のような課題意識を抱えていた私たちは、この総会で**「顧客からのフィードバックから考える、MIMIGURIの伸びしろとは？」という問いをあらかじめ設定する**ことにしました。

そして、実際にコンサルティングのクライアント企業3社からそれぞれ社長をゲストとしてお招きし、担当コンサルタントとの公開対談セッションの場で直接のフィードバックをいただくことにしたのです。

当時、MIMIGURIはすでに事業ケイパビリティの軸を「組織づくりによる経営コンサルティング」に移し、実際に大きな実績を上げつつありました。そうであれば、身内同士だけで対話するのではなく、いっそのこと顧客から直接のフィードバックをもらう場にしたほうが、会社の新たなポテンシャルが見えてくるのではないか？——企画を立案した背景には、そんな思いがありました。

この対談セッションの様子は、オンラインで視聴できるようにしました。メンバーらはリアルタイムでチャットツールに感想を書き込み、互いにコメントし合ったりしながら対談についての理解を深めていきます。

そのなかでも印象的だったのが、とあるゲスト経営者が発したひと言で、チャットが湧き上がった瞬間です。

「MIMIGURIさんが提供するサービスって、なんていうパッケージなんですか？　ふつうのコンサルティングじゃないですよね……。『クラウド経営企画』とか？」

この言葉に触れた瞬間、私たちが持っていた組織アイデンティティが大いに揺さぶられました。

「自分たちは〝コンサルティングを提供する会社〟なんだと思っていたけど……じつは違うのかもしれない。MIMIGURIってなんの会社なんだろう？」

そんな探究がメンバー全員のなかで進みはじめるのが実感できました。

全社総会「MIMIGURI CONFERENCE」のタイムテーブル

［テーマ］顧客からのフィードバックから考える、MIMIGURIの伸びしろとは？

13:00-13:30	オープニング・チェックイン	Zoomウェビナー	「今日の全社総会をどんな時間にしたいか？」全員がチャットツールに書き込み
13:30-14:20	顧客対談セッション①	Zoomウェビナー	対談セッションを視聴しながら、チャットツールで自由にコミュニケーション
14:20-15:10	顧客対談セッション②		
15:10-16:00	顧客対談セッション③		
16:00-17:30	横断グループ対話	Zoomミーティング（ブレイクアウトルーム）	部門を越えた横断グループ（7～8名）に分かれて「MIMIGURIの伸びしろ」について対話
17:30-18:00	クロージング・チェックアウト	Zoomミーティング（全員参加）	各グループの対話結果を全体に共有 今日の感想をチャットツールに書き込み

熱量が一気に高まったまま突入した対話セッションでは、部門横断のグループ（7〜8名）に分かれ、「顧客からのフィードバックから考える、ＭＩＭＩＧＵＲＩの伸びしろとは？」について1時間半ほど語り合いました。

ゲスト経営者たちの言葉に触発されたおかげで、メンバー間での対話も大いに盛り上がりました。「『人間讃歌系コンサルティング』ってのはどうでしょう？」「『経営の孤独に寄り添うファシリテーター』と言えるかも……」「『クライアントと同じ景色を分かち合える存在』でありたい」など、これまでにない創造的な意味づけも飛び出していました。

全社総会での対話は、結論を出すことが目的ではありません。

全員が「組織」を主語にして語り合うことで、「社会的ミッションの探究」を支える「事業ケイパビリティの探究（自分たちの得意技はなにか？）」と「組織アイデンティティの探究（自分たちは何者なのか？）」を前進させることに意味があります。

全社総会では一方向的にメッセージを伝えるのではなく、ぜひメンバー間で深く対話する機会を設け、「組織としての探究」の起爆剤にしていただきたいと思います。

第7章

冒険する「学習文化づくり」のカギ

CHECK

「成長のレンズ」
「望ましいスキル・行動の習得」から「新たなアイデンティティの探究」へ

「成長の基本原則」
学び続ける組織文化を醸成する

CONTENTS

KEY 12

学ぶとはどういうことか？「学びのものさし」を変える

お互いの学習観がずれていないか？
──「冒険的な学び」へのヒント

［第1章］「成長のレンズ」のところで説明したとおり、冒険する組織における「成長」や「学び」というのは、新たな資格取得のための勉強や最新テクノロジーについての情報収集、実務で役立つスキルの習得などのことではありません。そうではなく、**「自分は何者であり、なにを探究していく存在なのか？」というアイデンティティの変容**こそが、ここで求められる学びのあり方なのです。

ですから、冒険する組織づくりのためには、組織全体としてそうした「学び」を大切にしていく文化づくりも欠かせません。

「**冒険的な学習文化**」をつくるうえでは、この新しいレンズをベースにした学習観を、組織のメンバー全員に共有・体現し、実践を促していく必要があります。

アップデートのポイントをいくつか列挙しておきましょう。

- 「**教材から学ぶもの**」から「**経験から生じるもの**」へ――いわゆる学校の勉強のような「机に座って教科書を開いて行うもの」というイメージは、学びのほんの一部にすぎません。冒険する組織の学びは、実際の試行錯誤とリフレクションによる「経験」から生まれるものです
- 「**ひとり孤独な作業**」から「**共同体への参加**」へ――学びは「ひとり」で行うものだと思われがちです。しかし、アイデンティティは「共同体」の一員になることで芽生えるもの。学びに仲間や先輩の存在は欠かせません
- 「**専門性を確立する**」から「**専門性を広げ続ける**」へ――かつてのプロフェッショナルは、確立した自分の専門分野についてだけ責任を持ち、専門外には手を出さないのが通例でした。しかし、冒険する組織のプロは、専門外の問題にも仲間と協力して果敢に挑戦し、結果として思わぬ方向性に専門性が広がっていく過程を楽しみます
- 「**やらされる退屈なもの**」から「**楽しくて自らやるもの**」へ――学校教育や受験教育の影響で、学習＝「権威によって〝やらされる〟もの」「退屈に耐え忍んでやるも

の」と考えている人も少なくないでしょう。しかし本来、学びは好奇心によって駆動されるもの。冒険的な学びでは「楽しさ」を重視します

- **「インプット偏重」から「アウトプット前提」へ**

――これまでは学ぶべきことを頭に叩き込んだら、学習は終了でした。たしかにインプットは大切ですが、アウトプットの質が変化すること、思いも寄らない新しいアウトプットが生み出されること自体も、立派な学びのあり方の1つです

- **「個人の能力主義」から「チームの変化も含む」へ**

――私たちは長らく「個人」の能力によってのみ学びを評価される世界に生きてきました。個のポテンシャルを活かすことは引き続き大切ですが、もはや全員が個として強くなることにこだわる必要はありません。チームの関係性が変わったり、結束が強まったりした結果、コミュニケーションやパフォーマンスの質が変わることも、チームとしての重要な学びだと言えます

「学び」の意味も変わる

軍事的学習観		冒険的学習観
教材から学ぶもの	⟶	経験から生まれるもの
ひとり孤独な作業	⟶	共同体への参加
専門性を確立する	⟶	専門性を広げ続ける
やらされる退屈なもの	⟶	楽しくて自らやるもの
インプット偏重	⟶	アウトプット前提
個人の能力主義	⟶	チームの変化も含む

経営リーダーやマネジャーは、冒険的学びの重要性を強調し、望ましい学びを体現しているメンバーやチームを称賛してください。それを繰り返していけば、新たな学習文化はじわじわと組織に浸透していきます。

旧来の学びも引き続き重要ではあるため、古い学びのあり方を過度に非難したり退けたりする必要はありません。しかし、**リーダー自身が旧来の学習観を助長しないようには注意すべき**です。たとえば、「あの人は〇〇大学出身だから優秀だね」などの口ぐせがあるリーダーは要注意です。こういう言葉遣いを繰り返していると、冒険的な学習観はまず広がっていきません。

組織に染みついた学習観を「研修・評価面談」で変えるには？

組織内の学習観を変えていくうえで、いちばん取り組みやすいのは「**学びのものさし**」の更新です。つまり、人事評価の仕組みや人材育成の取り組みなど、「**この会社のなかでは、なにを『学び』としてとらえるのか？」という基準そのものをつくり直していく**のです。

たとえば、さまざまな知識・スキルの習得を目的とした研修ばかりが行われている企業では、「どれだけ知識やスキルを獲得できているか?」が学びの基準になっています。

もちろん、こうした研修をすべて廃止すべきだというわけではありません。ただ、メンバーたちの「学びのものさし」を変えていこうとするなら、**研修企画者には、チームの連携を深めたり、個々のキャリアを振り返ったりするための「場づくり」の発想が求められます。**

MIMIGURIでは、チーム内での対話を通じて、自身のアイデンティティを内省する時間を定期的につくっています。また、全員に自身のアイデンティティを反映させた**「探究テーマ」**の設定を推奨しています。自分の興味関心をテーマとして言語化することは簡単ではありませんが、各マネジャーや知識創造室という内部支援チームが、全力でそれをサポートしています。

伝統的な学びのものさしで考えると、「なぜ就業時間中にこんなことに時間をかけるのか?」「なぜこれが学びの機会になるのか?」がさっぱり理解できないと思います。「そんなことは会社の外で、各自が勝手にやればいいのでは?」と思う人もいるでしょう。

ですが、**冒険する組織においては、アイデンティティの振り返りと言語化は、大切な「学習」の機会そのものなのです。**

こうした取り組みに通常のスキル研修以上のコストをかけること自体が、メンバーたちにとっては「この組織では、こういう学びを大切に考えています」という経営からのメッセージになり得ます。

さらに、**評価面談の場も、「学びのものさし」を変える絶好の機会です。**

ただ成果を報告して評価基準と照らし合わせるだけでは、面談の場を「学びの場」ととらえてもらうことはできません。部下の「**リフレクション**」を促し、新たなアイデンティティ探究に向かう機会をつくれれば、メンバーにとっての評価面談の意義は変化していきます。

MIMIGURIは、評価面談を「リフレクションの場」と明確に位置づけており、自分の変化や学びを振り返る「**リフレクションレポート**」をあらかじめ書いてもらうようにしています。

面談の場では、そのレポートに基づいて上司やチームメンバーに向けてプレゼンテーションを行い、そこでの問いかけやコメントへの応答を繰り返しながら、さらにリフレクションを深めていきます。このやりとりがあるおかげで、上司は期待されたミッションの達成具合だけでなく、部下の探究プロセスも踏まえた評価ができるようになります。

ぜひ、こうした面談を半期ごとに繰り返してみてください。御社でも評価面談が「自らの学びを振り返る場」「メンバー同士で学び合う場」に変わっていくはずです。

リーダー自身が学んでいますか？「学ぶ姿」を共有していますか？

組織の学習観を変えていくうえでは、**だれよりもリーダー自身がその学びを率先して体現している必要があります。** みなさんの周りにこんなリーダーはいませんか？

・みんなに「変わろう！」と言っているのに、自分は変わっていないリーダー……
・「葛藤を大切にしよう」と言っているのに、自分の葛藤は見せないリーダー……
・「リフレクションしよう」と言っているのに、自らは振り返らないリーダー……

当人がまったく学びを深めておらず、古いアイデンティティにしがみつき続けているのだとすれば、学習文化がチームや組織に広がっていくはずがありません。

本書の読者のなかには、「自分は社内のだれよりも学んでいる」と自負する方も少なくないかもしれません。しかし重要なのは、**学び続けている様子を社内にきちんと共有すること**です。

とくにリーダーは、周囲から「悩みがない完璧な人」だと誤解されかねませんから、「たえず学んで、自分を変えようとしている姿」を意識的に示していく必要があります。

ＭＩＭＩＧＵＲＩの経営陣は、自らの学びや探究、自身のアイデンティティ変容のプロセスを、社内ラジオやポッドキャスト「CULTIBASE Radio」で赤裸々に発信しています。また、社内のチャットツール上には日報用のチャンネルがあり、経営陣やマネジャーたちもそこに日々の学びや葛藤を記しています。

私自身は、**音声プラットフォームVoicyのチャンネル「安斎勇樹の冒険のヒント」で、日々の気づきを定期的に音声配信しています。**社員に視聴は義務づけてはいないのですが、経営者がプライベートな気づきや悩みを語っている様子を面白がってくれているようで、多くのメンバーの刺激になっているようです。

また、全社総会のコンテンツとして、経営陣らが自分の学びを分かち合う対話セッションを企画することもあります。そこでは生々しい経営の葛藤が語られ、リフレクションする様子が公開されています。

こうやって実際に経営陣が日々、どんなことに悩み、試行錯誤しているのかの「景色」を素直に共有したほうが、メンバーたちにも決定した指針や経営からのメッセージが伝わりやすくなります。さらに、経営陣も悩みつつ学んでいることが伝われば、ミドルマネジャーやメンバーたちも自分の葛藤を素直に開示しやすくなるのではないでしょうか。

いずれにしても、**リーダー自らが学び続け、アイデンティティを探究している姿を見せることは、冒険的な学習文化をつくるうえで、最もインパクトのある方法**と言えます。

KEY 13 育成の要である「フィードバック」の質を変える

冒険的なフィードバックとは？

──「こうするべきだった…」から「こうできるかも！」へ

冒険的な学習文化を定着させるうえでいちばん手っ取り早い方法は、**日常的に行われているフィードバックの質を変える**ことです。

「フィードバック」と聞いてみなさんはどんなことをイメージするでしょうか？　この言葉は一般に、「部下のパフォーマンスを軌道修正するために、上司が部下に対して改善点を伝えるコミュニケーション」として理解されています。

部下がミスをしたら、なるべく早く呼び出して〝耳の痛いこと〟を伝え、ときには必要な技術指導をしながらエラー行動を修正することが重要だとされています。フィードバックの方法を解説した書籍やウェブコンテンツなどには、部下を納得させ、行動を改めさせるためのテクニックが多数掲載されています。

しかし、**このフィードバック観の根底には、まさに戦場で役立つ兵士を訓練するときのような、軍事的な人材育成論が見え隠れしています。**

軍事的世界観における「成長」とは、組織内で求められる水準のパフォーマンスを発揮できるよう技術をインストールすることでした。成長を妨げるような望ましくない行動が部下に見られたら、上司はただちにそれを改めさせなければなりません。

「機能的な分業部隊」を任されている「レベル70のリーダー戦士」に求められてきたのは、すばやいフィードバックを通じて「レベル5の新人戦士」をできるだけ早く一人前に育て上げることだったわけです。

一方、冒険的世界観における「成長」とは、自分の新たなアイデンティティを探っていくプロセスです。

これに伴い、フィードバックもまた、相手が起こした「過去の行動」を修正するためのものではなくなります。

むしろ、相手がまだ気づいていない「未来の可能性」を提示して、**「じつはこんなこともできるかもしれない」という新しい冒険の道に気づかせること**こそが、冒険的なフィードバックの本質です。

新しい可能性を提案するといっても、単に相手を褒めたり、いいところを指摘したりする、**いわゆる「ポジティブ・フィードバック」を心がけるべきだという話ではありません。**「相手の存在を肯定する」という意味ではポジティブだと言えますが、むやみにおだててモチベーションを上げることを推奨しているわけではないのです。

「冒険的上司」に求められるのは、部下の内的動機や探究テーマに共に向き合い、どうすればそれを外的価値と整合させられるのかを一緒に考えることです。新しい未来の可能性を部下に提案し、**「たしかに……自分はそれをやってみたかったのかもしれない！」と本人の探究を加速させる**ことができれば、そのフィードバックは間違いなく成功だと言えるでしょう。

思えば私自身も、他者からのフィードバックに大きな影響を受けてきました。

たとえば、大学院修士課程のころに、当時の指導教官だった山内祐平先生からかけられた「君は学問の世界に閉じるのでもなく、社会や現場のニーズに迎合《げいごう》するのでもなく、**研究と実務を絶妙なバランスでつなぐ希少な役割**を担うポテンシャルがあると思います」という言葉が、いまでも強烈に記憶に残っています。

このフィードバックを受けた瞬間、私のなかにあった〝研究者の卵〟としてのアイデンティティが揺らぎ、「**たしかに、私は『研究と実務をつなぐ人』になりたいのかもしれない！**」という思いが生まれました。

当時は、自分が会社を経営することになるなどとは夢にも思っていませんでしたが、まさにあのときに恩師から受けたフィードバックが、私の冒険を導いてくれたのだと感じています。

あえて〝耳の痛いこと〟を伝えなくていい
——古いフィードバック観からの脱却

「過去の行動の修正」から「新しい可能性の提案」へと目的が変わると、それに伴ってフィードバックにおける「常識」もまたすべてひっくり返ります。

そのポイントをいくつか見ておきましょう。

［新常識①］「その場ですぐ」から「適切なタイミング」へ

軍事的世界観においては、部下にエラー行動が見られたら、直後にフィードバックして修正すべきだとされてきました。いわゆる〝パブロフの犬〟で知られる行動主義的な条件反射の原理がそうであるように、賞罰によって動物の行動をコントロールするときには「できるかぎり早く」「繰り返し」が鉄則です。

一方、相手の可能性を提案したいのであれば、フィードバックは必ずしも即座に行われる必要はありません。相手がなにか新しい目標を設定しようとしていたり、壁に行き詰まって視野が狭くなっていたりするときなど、**しかるべきタイミングを見計らってコミュニケーションをとるほうが効果的な場合もあります。**本人のリフレクションのための時間も考えると、むしろ「直後」は避けるべきかもしれません。

［新常識②］「密室」から「オープン」へ

軍事的フィードバックは、上司と部下の「閉じられた関係性」のなかで行われます。フィードバックの内容は基本的に〝ダメ出し〟であり、部下はほかのメンバーに聞かれることを望みません。そのため実務的にも、「1対1の密室」でこっそり行うことが推奨されてきました。

他方で、「あなたにはこんなこともできるかもしれない」と前向きな可能性を提案するのであれば、わざわざ密室である必要はありませんし、2人きりでなくてもかまいません。内容によってはむしろ、**ほかのメンバーにも共有されていたほうが、チームづくりの観点でプラスになる**ケースすらあるでしょう。

［新常識③］「耳の痛い言葉」から「目を開かせる言葉」へ

部下に「正しい行動」をとらせることが、軍事的組織における上司の役割です。

そのためには、範となる行動を自ら〝背中で語る〟だけでなく、実際に「こういう行動をとるべきだ」「その行動は間違っている」ということを明示的に伝えなければなりません。

そのなかには、部下にとって都合の悪い事実や指摘されたくない欠点なども含まれているでしょう。それゆえ、フィードバックとは「**部下にとって〝耳の痛いこと〟**[38]」**を伝える行為**だとされてきました。

また、そうだからこそ、「まずは相手の話を傾聴しよう」とか「最初にポジティブな話題から入り、そのあとにネガティブなことを伝えよう」といったテクニック論にスポットが当たり、それに終始しがちだったと言えます。

一方、冒険的世界観のフィードバックでは、**相手の「ものの見方」を広げる言葉を大切にします。**会社や上司にとって都合がいいように行動をコントロールするのではなく、部下のなかで未来の選択肢や想像が広がっていくようにするのです。

といっても、これは「**冒険する組織では〝耳の痛いこと〟を言うべきではない**」**ということではありません。**相手の目を開かせるような言葉をかけた結果、ひょっとするとその人が「見ないようにしていた不都合な部分」が視界に入ってきて、結果的にその人が耳の痛い思いをする可能性はあるからです。

ここでの力点はあくまでも、「〝耳の痛いこと〟を通じた行動改善を目的にしない」というところにあります。

新常識④「一方向的コマンド」から「双方向的ギフト」へ

軍事的組織におけるフィードバック権限は、上司に独占されています。この背景には、〝正解〟を持っているのはあくまでも上司であり、それに基づいて部下の行動を「答え合わせ」すれば組織がうまくいくという発想があります。

こうした一方向的なフィードバックの〝OS〟を持った組織で、いわゆる「360度フィードバック」や「360度評価システム」などの〝アプリケーション〟を導入してもうまくいかないのは当然です。

一方、冒険する組織でのフィードバックは、共に冒険を

冒険的世界観に基づく「フィードバックの新常識」

旧常識		新常識
即座に	→	適切なタイミングで
密室で	→	オープンに
耳の痛い言葉で	→	目を開かせる言葉で
行動を正す	→	ものの見方を広げる
相手の成長のため	→	お互いの学びのため

フィードバックとは、相手に対する「新しい可能性」の提案

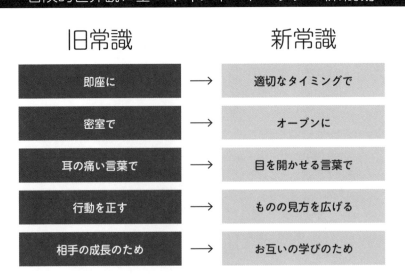

していく仲間の可能性を提示するコミュニケーション全般を指します。また、それゆえに権限も役職も関係ありません。フィードバックは、いわば**「お互いの学びのために贈り合うギフト」**のようなものです。「部下から上司へ」はもちろん、チーム外のメンバー同士であっても、日頃からどんどんフィードバックし合うことが推奨されます。

リーダーこそ率先して、「新しい可能性」をもらいにいこう

軍事的フィードバックと冒険的フィードバック、両者の考え方の違いを押さえたところで、実際にフィードバックを行うときのコツについても見ていくことにしましょう。

ポイントは次の3つです。

①目標設定時に「主観的な期待や思い」を伝える
②指導や指摘は「自己実現ビジョン」を踏まえる
③「部下や同僚」からフィードバックをもらう

［ポイント①］目標設定時に「主観的な期待や思い」を伝える

冒険的なフィードバックはタイミングを問いませんが、上司から部下への「新しい未来の提案」が効果を発揮するのは、**期初などの目標設定のタイミング**でしょう。

目標設定の面談のときには「**ALIVEの法則**」（175ページ）を意識しながら、「こんなこともできるのでは？」「じつはこんな可能性があるかも？」「こういう選択肢を考えてみても面白いですね」といったコミュニケーションの型を意識してみましょう。

このとき、「なぜそう思ったのか？」もセットで伝えるのを忘れてはいけません。ただし、論理的な根拠を説明するというよりは、主観的な感覚や思いを伝えるほうが効果的です。

さらに注意すべきなのは、フィードバックは**あくまでも「可能性の提案」であり、「無茶振りの指令」ではない**ということです。軍事的なマインドが染みついている組織では、上司の「こんなこともできるのでは？」という言葉が、部下の脳内では「これをやりなさい！」に自動変換されがちです。伝えた提案が相手にとってプレッシャーになっていないか、その場で決断を迫るコミュニケーションに陥っていないかには十分気をつけましょう。

［ポイント②］指導や指摘は「自己実現ビジョン」を踏まえる

「冒険的なフィードバック＝新しい可能性の提案」だからといって、**技術的な指導や改善点の**

指摘をしてはいけないわけではありません。一緒に仕事をやる仲間である以上、そうした指導や指摘は必要です。

ただし、フィードバックをするときには、**相手の自己実現ビジョンに紐づけたコミュニケーションを意識する**ようにしましょう。「深い自己紹介」（243ページ）などを通じて相手の価値観をしっかりとつかめていれば、単なる表面的な「ダメ出し」にとどまらない、相手がポジティブに受け取れる提案ができるはずです。

いちばん避けるべきなのは、フィードバックを「ダメ出しと反省」の機会にしてしまうことです。ひとたびフィードバック自体にネガティブなイメージがついてしまうと、する側もされる側も気が重くなり、フィードバック文化が広まっていきません。こうして、お互いになにも言葉をかけ合わない「**無関心な職場**」ができあがっていくのです。

［ポイント③］「部下や同僚」からフィードバックをもらう

権限や役職とは関係なく、双方向的・多方向的に自由なフィードバックが飛び交う職場をつくるためには、**まずリーダーが率先して「部下や同僚からのフィードバックを歓迎する姿勢」を見せるべき**です。

といっても、「もしも気になることがあったら、遠慮せずになんでも言ってくださいね」などと言うだけではいけません。階層がはっきりしている軍事的な組織でそんなことを言われても、ほとんどの人は遠慮して「はい、大丈夫です」「いまのところ、とくにありません」と答えるだけで終わるからです。

管理職の立場にある人は、進んで部下のところに足を運んで意見を聞いたり、そのための場を設けたりして、**自分からフィードバックをもらいにいくことを意識しましょう。** 場合によっては、ちょっとした休憩時間やランチなどの時間に、お互いの近況報告なども交えつつ、フィードバックをもらうという方法もあります。

KEY 14 暗黙知と形式知の「循環」をマネジメントする

人を「道具」扱いする会社ほど、「仕事の定型化」にこだわる
——伝統的な「ナレッジマネジメント」の発想

組織の学習文化づくりに必要な「学習観のすり合わせ」と「フィードバック」について見てきました。最後に重要なのが、**組織内の「知」を管理し、組織レベルでのさらなる学習を促進していく「ナレッジマネジメント」**です。

新たな価値創造には「知の蓄積」が欠かせません。ナレッジマネジメントが機能していない組織では、体制が変わったり人が辞めたりするたびに知が失われます。なかなか組織が賢くなっていかないので、当然ながら事業の成長や文化の成熟が進みません。

他方で、ナレッジマネジメントの考え方は、もともと軍事的世界観の下で発展してきたものでもあります。

その背景にあったのは、1990年代のアメリカで進んだ大規模なリストラでした。景気後退の影響を受けたアメリカの企業では、大量の従業員を解雇する必要に迫られましたが、リストラされた人の業務がうまく引き継がれず、現場が回らなくなるなどの問題が頻発したのです。

そこで、業務の属人性をできるかぎり排除し、**新人でもすぐに仕事を回せるよう、具体的なノウハウや作業手順などの「知」をマニュアル化する動き**が加速していきました。

現場での「**OJT**（On-the-Job Training）」を通じて、先輩の背中を見ながら徒弟《とてい》的に学ばれていた属人的な知を、だれにでもアクセスできるかたちで蓄積することで、人材の育成や仕事の引き継ぎをスムーズにしよう――これがナレッジマネジメントの発想の原点でした。

マイケル・ポランニーは『暗黙知の次元[39]』のなかで知（Knowledge）を「**形式知**」と「**暗黙知**」の2つに分類しています。だれにでも理解できるように言語化・データ化された形式知に対して、暗黙知のほうは、**言葉や図式で表現・整理されておらず、そのまま他人に伝達することができません。**典型的なのは「自転車の乗り方」のように運動に関わる身体知ですが、セールス担当者が持っている営業トークの技術なども、かなりの部分が属人的な暗黙知にとどまっていると言えるでしょう。

どのような組織においても、**ふつうに仕事をしているだけだと、現場は暗黙知だらけになっていきます。**まったく同じ商品を扱っていても、セールス担当者によって商談の進め方はまちまちで、営業成績がいい人とよくない人の差がどこにあるのかはブラックボックス化されがちです。

このように、暗黙知による業務パフォーマンスの差が生じないよう、できるかぎり仕事を形式知化し、活用しやすいかたちにデータベース化するのが旧来のナレッジマネジメントの狙いでした。

旧来のナレッジマネジメントにある「仕事の属人性を解消しようとする発想」は、［第1章］でも見た「働く人を〝いつでも取り替え可能な道具〟だとする考え方」と隣り合わせです。戦争を勝ち抜くためには、優秀な一人の兵士に頼っているわけにはいきません。重要なのは、**供給されてくる兵士の質に関係なく、一定の戦力を維持できるような「仕組み」**なのです。

他方で、冒険的世界観には、これとはまったく別の人材観があります。共に働くメンバーは、その機能に応じて配置されるだけの歯車ではなく、「個性を活かし合う仲間」でした。したがって、冒険する組織では、**ナレッジマネジメントの考え方をアップデートする**必要があるのです。

マニュアルに頼りすぎない。仕事の「属人性」を歓迎する

伝統的なナレッジマネジメントについては、運用上の限界や課題も多く指摘されています。たとえば、ミスやトラブルが発生するたびにルールや注意書きが加筆されていくため、まともに読みこなせないくらいにマニュアルが膨れ上がってしまっていたり、十分に情報が整理されていないせいで実用性に欠け、だれもデータベースにアクセスしなくなるなどの話はよく耳にします。

もともとは仕事の属人性をなくすために形式知化を進めていたのに、その情報があまりにも煩雑かつ膨大になってしまった結果、**かえって現場の属人的な暗黙知が増えてしまうケース**すらあります。そうした「匠《たくみ》の技」を持った人が会社を辞めるたびに、組織から強みが失われるようでは元も子もありません。

また、形式知だけに頼ったビジネスは、「必勝パターン」を実行すれば確実にシェアを広げられるような局面でしか通用しません。変化があまりに激しい現代のような環境下では、蓄積

された形式知そのものがすぐに賞味期限切れになるリスクがあります。

さらに、「だれがやってもうまくいくマニュアル」には特有の弊害もあります。

主体的に考えなくても一定の成果が出せてしまう状態が続くと、メンバーはどうしても思考停止の状態に陥りがちです。不透明な環境下では自分の頭で考えて、ものごとを試行錯誤する態度が不可欠なので、全体としての組織力が低下してしまいかねないのです。

他方で、冒険する組織においても、暗黙知を形式知に変換するナレッジマネジメント、つまり、**「なんとなくうまくいっている」領域を減らし、それぞれの成功の「再現性」を高めるアクション**は大切です。

むしろ、個人の探究をあと押ししようと思えば、各人が得ている気づきを積極的に形式知化していかないと、「うちの会社は、だれがなにをやっているのかがさっぱり見えない……」という状態になりかねません。

他方で、冒険的なナレッジマネジメントの目的は、仕事を徹底的にマニュアル化して、だれがやっても同じ成果を出せるような枠組みに人を押し込めることにはありません。

各自の好奇心に基づいた探究が「車輪の再発明」に陥らないためにも、**形式知化すべきところはしっかり形式知化したうえで、そこに収まりきらないや暗黙知や属人性を「個性・独自性」として尊重していく**ことが肝心なのです。

職場でこそ大事な「巨人の肩の上に立つ」発想

――「知の循環」をデザインする

経営学者の野中郁次郎は名著『知識創造企業』[40]において、組織における知識創造を「暗黙知と形式知の循環」としてとらえ直し、それを有名な「SECI《セキ》モデル」に落とし込みました。

だれか（個人・チーム・組織）の暗黙知を形式知化することで、また別のだれかの探究が促進される。そして、その人がその形式知を使い倒すなかで、さらに独自の暗黙知が生まれてくる――このように**暗黙知と形式知とが〝循環〟し続けるあり方こそが、冒険する組織が目指すべきナレッジマネジメント**なのです。

このような知の循環は、「巨人の肩の上に立つ」

組織における知識創造の「循環」――新・SECIモデル

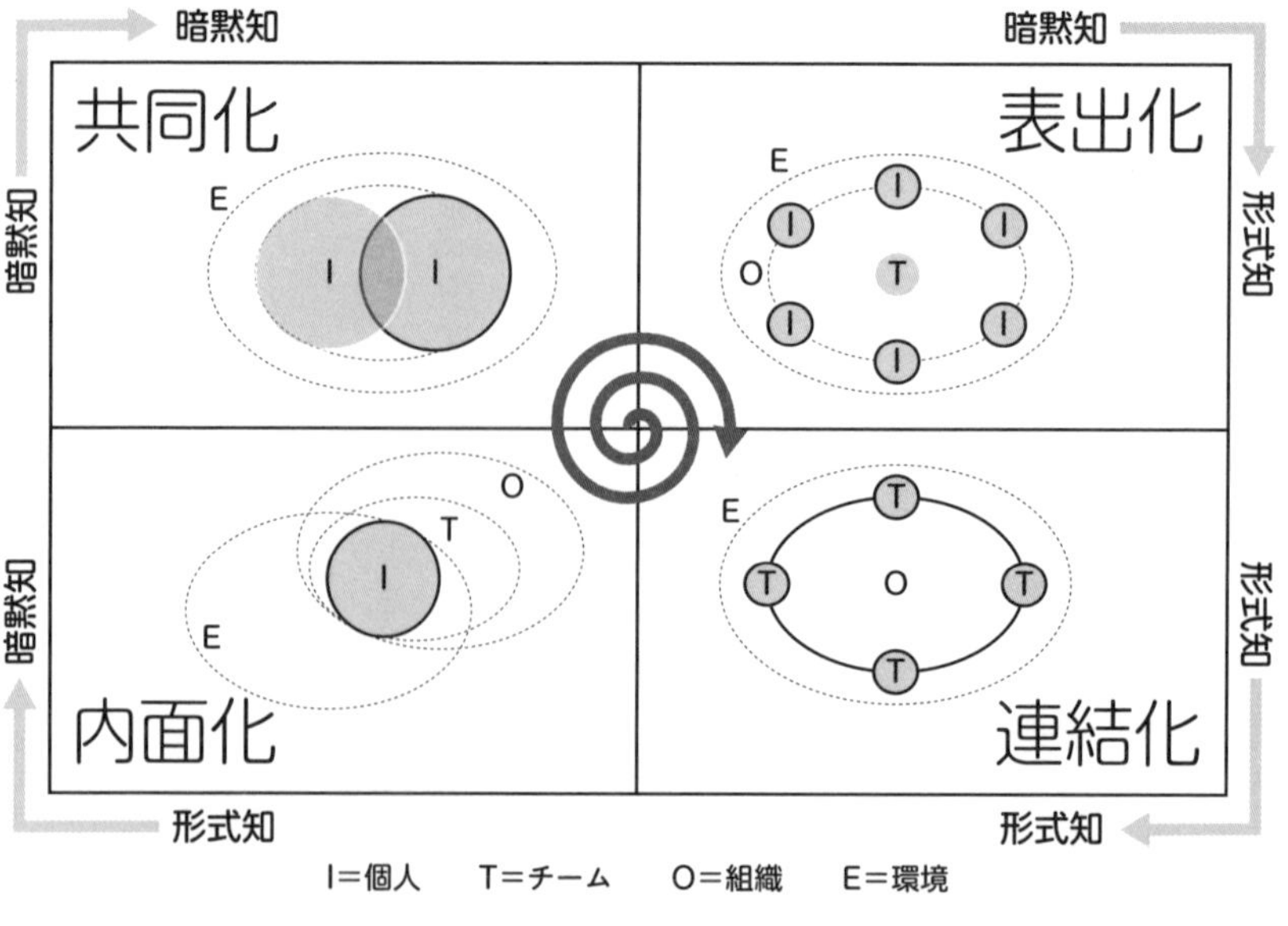

出典：野中郁次郎・竹内弘高『ワイズカンパニー』[41]

ことが基本となっているアカデミズムの世界では日常です。偉大な先人たちの業績や先行研究の積み重ねがあるからこそ、個々の研究者たちは先人には見えなかった景色を見ることができ、そこから新たな知を生み出すことができます。

これと同様、既存の形式知を活用することで、個々のメンバーが独自の暗黙知を生み出し、それがまた新たな形式知の源泉となって組織の未来を支えていく――そんな「知の循環」がみなさんの職場にはあるでしょうか？

どんなにすぐれたテクノロジーや特許、その他さまざまな知的財産を持っている企業であっても、**組織の未来をつくるのは、いまいるメンバー一人ひとりが持っている暗黙知**です。個人のなかで湧き出している暗黙知の泉が枯渇《こかつ》したり、それを汲み上げる仕組みが止まったりした瞬間、その組織では学習文化が衰退していきます。

冒険的ナレッジマネジメントにおいて重要なのは、暗黙的にとどまっているノウハウをただひたすら形式知化することではなく、**「暗黙知→形式知→暗黙知→……」という新陳代謝をとめないこと**――これに尽きます。

こうした「知の循環」こそが組織の中長期的な力の源泉になるとの思いから、ＭＩＭＩＧＵＲＩでは「知を拓いて、巡らせ、結び合わせる」という探究ポリシー（行動指針）を掲げ、部門をまたいだ「知の循環」を最優先事項の1つに設定しています。また、社内における暗黙知・形式知の循環を促進するために、「知識創造室」という専門部署を設けたりもしています。

せっかくのマニュアル、なぜ読んでもらえない？
——冒険的ナレッジマネジメントのコツ

以上の論点を踏まえたうえで、冒険的ナレッジマネジメントに向けた実践のコツをお伝えしていきましょう。ポイントは3つあります。

①形式知は「使いやすく編集」して現場に届ける
②「社内メディア」を活用して流通させる
③「葛藤や失敗談」もナレッジとして尊重する

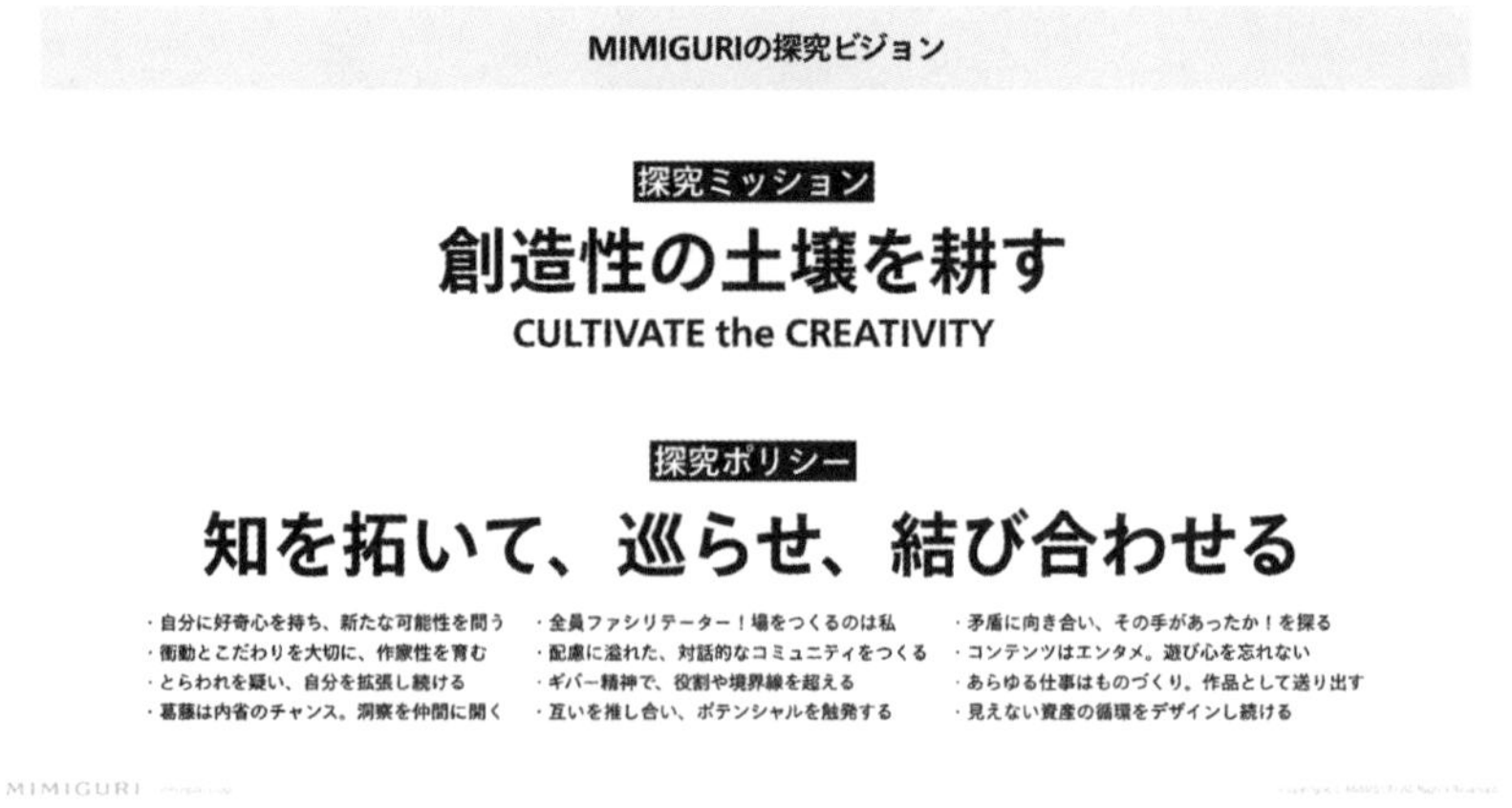
MIMIGURIの探究ビジョン
探究ミッション
創造性の土壌を耕す
CULTIVATE the CREATIVITY
探究ポリシー
知を拓いて、巡らせ、結び合わせる
・自分に好奇心を持ち、新たな可能性を問う
・衝動とこだわりを大切に、作家性を育む
・とらわれを疑い、自分を拡張し続ける
・葛藤は内省のチャンス。洞察を仲間に開く
・全員ファシリテーター！場をつくるのは私
・配慮に溢れた、対話的なコミュニティをつくる
・ギバー精神で、役割や境界線を超える
・互いを推し合い、ポテンシャルを触発する
・矛盾に向き合い、その手があったか！を探る
・コンテンツはエンタメ。遊び心を忘れない
・あらゆる仕事はものづくり。作品として送り出す
・見えない資産の循環をデザインし続ける
MIMIGURI

MIMIGURI会社説明資料より

［ポイント①］形式知は「使いやすく編集」して現場に届ける

御社では、マニュアルづくりそのものが目的化していないでしょうか？　形式知は「使われてナンボ」です。暗黙知と形式知を循環させ続けるためには、「どうやって形式知を残すか？」以上に、**「どうすれば形式知を使ってもらえるか？」に神経を使うべき**です。

「だれも読まないマニュアル」「だれも使わないデータベース」に陥らないようにするためには、ほかの人が使いやすいよう、適切な編集を加える必要があります。

いちばんシンプルなのは、「サイズを小さくする」ことでしょう。コンテンツが長すぎたり、分量が重たすぎたりすると、それだけで人は「気軽に試してみよう」というモチベーションを失います。そのほかにも、こんなことに注意してみましょう。

- □ 言いたいことを絞り込み、「1枚のスライド」にまとめる
- □ ひと目で中身がつかめるように「図式化」する
- □ 要点を把握しやすいように「3カ条」などにまとめる
- □ 必要とする人が探しやすいよう「ラベル」「ファイル名」を工夫する
- □ 「元データ」も共有する（画像やPDFだけだと、編集・アップデートできない）
- □ 形式知そのものに「キャッチーな名前」をつける（「○○メソッド」「○○モデル」「○○モードと××モード」など）

「これは役立ちそう！」「使ってみたいかも！」と思われるような工夫を施し、ぜひ〝社内で大ヒットする形式知〟を生み出してください。

［ポイント②］「社内メディア」を活用して流通させる

「使ってもらえる形式知」を生み出すためには、**形式知の「巡らせ方」にも工夫が必要**です。どんなにいいプロダクトがあっても、流通施策が不十分だと顧客に行き渡らないのと同じです。

形式知の流通には、ぜひ「社内メディア」を活用してください。社内メディアとは、組織内のコミュニケーション手段のすべてです。

イントラネットや社内報、メルマガ、社長ブログ、グループウェア上のチャンネル、限定公開にした動画や音声など、どんな会社にもインナーコミュニケーションのための

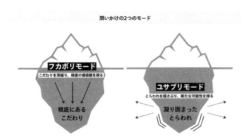

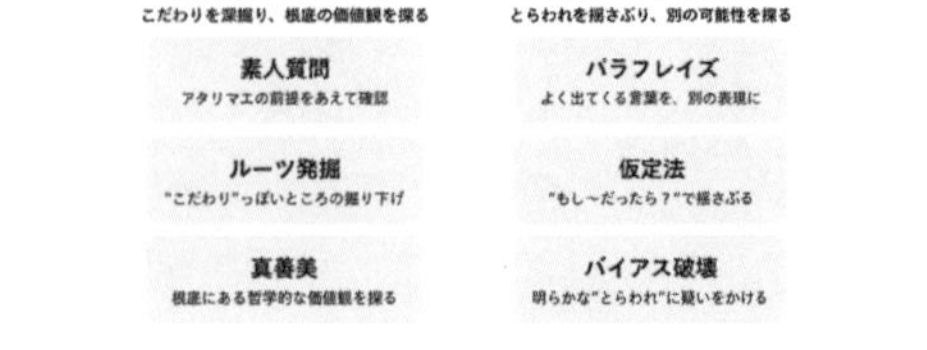

形式知に名前をつける（MIMIGURI社内資料より）

メディアがあるはずです。

社内メディアは、組織アイデンティティの探究を推し進め、組織全体の精神的な整合性を高めるうえでも重要な役割を持っていますが、同時に**ナレッジマネジメントにとっても非常に強力なツールとなります。**

形式知化というと、ついドキュメントやスライドなど、文字ベースの情報にまとめることを考えてしまいがちです。

もちろん、こうしたメディアもとても有意義なのですが、まとめるにはかなりの時間と労力がかかってしまいます。作成する側もかなりたいへんですし、読む側もなかなか最後まで読めなかったりして、あまり効率的だとは言えません。

現場で生まれた暗黙知をいち早く形式知化し、組織内に広く流通させたいのであれば、動画や音声の活用を検討すべきです。Zoomなどで収録すれば、動画コンテンツはコストをかけずにすぐにつくれますし、音声だけを配信する社内ポッドキャストなどの取り組みも、各社で増えはじめています。

これまでもたびたび触れてきたとおり、MIMIGURIには「社内番組プロデューサー」が手がけるオンライン配信番組が多数存在しており、毎日のようにコンテンツが定期配信されています。

なかでも、さきほど触れた知識創造室と密接に企画連携しながら、社内メンバーの暗黙知を紐解いていく番組などは、とくに根強い人気を誇っています。

番組といっても、そこまで凝った編集がされているわけではなく、ほとんどがZoomなどを使った生配信にすぎません。

しかし、遊び心たっぷりの企画やタイトルが次々と立案されているため、それぞれの番組にはファンがついており、ランチタイムなどに大勢のメンバーがリアルタイム視聴しています。

たとえば、すでに紹介した「まいに知たんじょうび」という番組（280ページ）では、以前に「エンジニア炎上百物語――結局一番怖いのは人だった」と題した回が配信されていました。プロダクトチームのメンバー数名が登壇し、開発現場での「炎上ケースあるある」を妖怪になぞらえて紹介するという企画でしたが、Slack上ではたくさんのコメントが飛び交い、大いに盛り上がっていました。

MIMIGURIの社内番組表

まったく同じ内容を「プロダクト開発における失敗ケース」としてドキュメント化しても、ここまで多くのメンバーに読んでもらうのはまず難しいでしょう。

動画や音声を活用して、できるだけリアルタイムで発信していくようにすると、形式知の流通を促すことができます。

［ポイント③］「葛藤・失敗談」もナレッジとして尊重する

従来のナレッジマネジメントでは、うまくいったこと・役に立ちそうなことだけを形式知化するのがふつうでした。

しかし、**「失敗したこと」「わからなかったこと」のなかにも、じつは多くの暗黙知が含まれている**ものです。

「もう少しでうまくいきそうだったけれど、あと一歩でなにかが足りなかった……」「なんとか結果は残せたけれど、なんとなく悔しさが残っている……」など、失敗やモヤモヤを深掘りしていくと、次なる成功や改善に向けたヒント

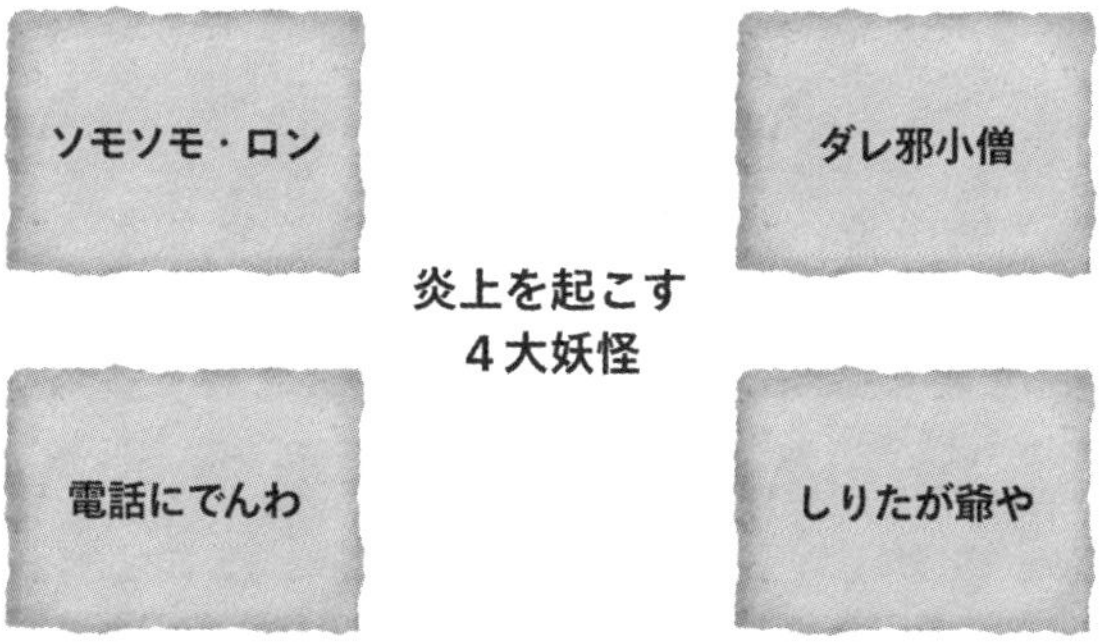

MIMIGURI社内番組「まいに知たんじょうび」の一場面

が見出せるかもしれません。

暗黙知と形式知の循環を生み出すには、葛藤や失敗のストーリーも積極的に共有していくべきです。

ネガティブな体験に向き合うのはつらいものですが、そこから目を背けるのではなく、むしろ学びのチャンスとしてポジティブにとらえて、形式知を組織内に巡らせていくようにしましょう。先述した「エンジニア炎上百物語」などは、失敗を楽しく前向きなコンテンツとして形式知化した好例だと言えます。

問いかけは「比較」が肝心
——できる人の暗黙知を〝ブラックボックス化〟させない極意

従来のナレッジマネジメントがフォーカスしてきた「暗黙知の形式知化」もまた、やはりそれ自体なかなかひと筋縄ではいかない側面を持っています。

かつて長嶋茂雄がバッティングのコツを「スーッと来た球をガーンと打つ」と語ったように、すべてのハイパフォーマーが成功の理由をうまく言語化できるわけではありません。また、個人主義や利己主義が蔓延している職場では、〝成功の秘訣〟を独り占めして、同僚に教えないようにする人もいるでしょう。

そのため、暗黙知を形式知に落とし込むためには、聞き手側にかなりの工夫が求められます。

このとき、**問いかけで意識するべきなのが、「比較の対象をつくって、差分を明らかにすること」**です。

ここでは、優秀なプロジェクトマネジャー（PM）のAさんの暗黙知をあぶり出すときの例で考えてみましょう。

◎「他人との比較」で暗黙知をあぶり出す問いかけ

「Aさんとほかの PMとのいちばんの違いはどこにあると思いますか？」

「Aさんから見たとき、同じPMであるBさんのやり方にもったいないと感じる点はありますか？」

「あのプロジェクトをもしAさんが引き継ぐことになったら、どこから手をつけますか？」

◎「初心者・新人との比較」で暗黙知をあぶり出す問いかけ

「Aさんが新人に指導するとき、伝えるのがいちばん難しい仕事はなんですか？」

「Aさんが初心者のパフォーマンスを見ていて、『えっ、これができないの!?』と驚いたことはありますか？」

「Aさんがいま新人の立場だったら、真っ先にまずなにをやりますか？」

◎「過去との比較」で暗黙知をあぶり出す問いかけ

「Aさんにとって3年前はできなかったけど、いまはできることってありますか？」

「なぜできるようになったのですか？」

「3年前の自分にアドバイスするとしたら、どういう伝え方をしますか？」

◎「別事例との比較」で暗黙知をあぶり出す問いかけ

「Aさんは今回こう対応されていましたけど、あのときのケースも同じでしたか？」

「(違うとしたら) なぜ違う判断をしたんでしょうか？」

「これまででいちばん難しかったプロジェクトは？　今回のプロジェクトとの違いはどこにありますか？」

暗黙知をあぶり出し、形式知化していくうえで忘れてはならないのは、**暗黙知を共有してく**

れる人に対する敬意と称賛です。

そこで生まれた形式知が組織全体を進化させ、巡り巡って自身の成長にもつながることがわかれば、暗黙知を出し惜しみする人はいなくなります。

第8章

冒険する「組織変革」のカギ

CHECK

「組織のレンズ」

「事業戦略のための手段」から「人と事業の可能性を広げる土壌」へ

「組織の基本原則」

毎日が変革！ 変えることを楽しむ

CONTENTS

KEY 15

変革は課題設定が9割。自社の「もったいない」を探す

「問題解決」と「組織変革」は、似ているようでまったく違う

組織変革には、経営陣などが主導する「**トップダウン型**」だけでなく、現場メンバーが主役となる「**ボトムアップ型**」の取り組みもあります。両者についてはそれぞれ「KEY16」と「KEY17」で解説していきますが、共通しているのは、どちらも「**目線合わせ**」がきわめて重要だということです。

とくによくあるのが、**経営チームのなかで課題がすり合わされていないケース**です。

社長は「現場全体のカルチャー改革」が必要だと考えている一方、人事担当役員は閉塞感を打破する「事業変革」を期待しており、また新規事業管掌の役員は「部門間の連携」を強化しようとしている――このように**現状の課題意識がズレたままあれこれの手を打っても、組織を望ましい方向に変化させていくことはできません。**

これは「KEY7」で「チームでの問題解決」に関して指摘したのと同じことです。

つまり、**問題解決も組織変革も「目線合わせが9割」**なのです。

しかし、チームにおける問題解決と、組織全体にまたがる変革とのあいだには、いくつかの決定的な違いもあります。

組織変革においては、CCMにおける全体的な整合を模索しながら、組織にとって望ましい状態を定着させていく活動が求められます。したがって、ある程度まで局所的・短期的に対応できてしまう現場レベルの問題解決と比べると、**いくつもの部門・部署のさまざまな要因が絡んでくる組織変革のほうがより問題構造が複雑であり、中長期的な取り組みにならざるを得ないのです。**

たとえば、離職が相次いでいる部署があるとしましょう。このときは、一刻も早く代わりの人材を採用することこそが、現場レベルで求められる「問題解決」になります。

しかし、中長期的な「組織変革」の目線に立つと、まったく別の景色が見えてきます。

たとえば、新規事業のヒットに伴って新しい事業ケイパビリティの〝芽〟が生まれ、組織アイデンティティそのものが変わりつつあるのだとしたらどうでしょうか？

組織全体の「らしさ」が揺れ動くなかで、既存事業部から離職者が相次いでいるのは、ある意味では自然な反応なのかもしれません。もしそうだとすると、**これから採用すべきなのは「辞めた人の代わりになる人材」ではなく、「新たな組織アイデンティティに共感して、さらにそれを拡張してくれそうな人」**だという結論になるでしょう。

場合によっては、採用に力を入れる前に、バリューなどの経営理念を更新するほうが先決かもしれません。

また、問題解決には「目の前の状況にどう対処するのか？」という**現実主義的な考え方**があります。

その一方で、組織変革のほうには「私たちは本来どうあるべきか？」というビジョンから逆算して、新しい整合の

「問題解決」と「組織変革」はどうちがうのか？

問題解決		組織変革

チームの目標達成を妨げるストレス状況に対処すること		**組織の望ましい状態に向けて新しい整合の仕方へ変化させ、その状態を定着させること**
短期的	**期間**	中長期的
チームメンバー	**関係者**	部門横断
現実主義・連続的	**考え方**	理想主義・非連続的

仕方へ変化させていく**理想主義的な特徴**があります。

問題解決が目指すのが現状と地続きになった**連続的な変化**だとすれば、組織変革のほうは理想ベースの**非連続的な変化**を志向しているのです。

問題解決と組織変革とのあいだの大きな違いを踏まえると、「目線合わせ」に関しても考え方を変える必要が出てきます。

問題解決における目線合わせであれば、なにか具体的な困りごとが起こったときに、その都度、メンバーで対話をして解釈をすり合わせていけばなんとかなるでしょう。

しかし、冒険的な組織づくりにおいては、**変革は危機下にだけ行われるものではなく、〝日常〟そのもの**です（195ページ）。したがって、目線合わせについても、日頃からつねに継続していくのでなければなりません。

とくに経営チームは、かなり意識をしてそのための時間を確保するべきです。自分の管掌部門の視点に引きずられて、組織全体をどう変えていくべきかという視点を失わないように注意しましょう。

MIMIGURIでも、役員と各部門のリーダーが集まる2〜3日間の「**経営合宿**」が3カ月おきに開催されています。経営状況が順調で変革の必要性がなさそうなときも、**必ずみんなで目線合わせの時間を確保し、「中長期的に会社にどんな変化が求められているのか」に**

ついて、じっくり対話するのです。

問題解決能力がチーム力の指標であるとするなら、組織変革の能力は組織力・経営力の指標です。変化に強い組織は、ピンチが到来してから慌てて変革をはじめたりしません。

常日頃から変革に向けた目線合わせの時間をとり、いざというときに組織の動きが〝ちぐはぐ〟にならないよう準備をしているのです。

「危機感ドリブン」の行動は〝続かない〟――変革の動機4パターン

冒険する組織においては「変革が日常」――そう言われると、ゲンナリした気持ちになる人もいるでしょう。

しかし、そのように感じるのは、**「組織変革＝ピンチのときに仕方なくやるもの」という思い込み**に囚われて

ネガティブな動機づけによって変革を起こす

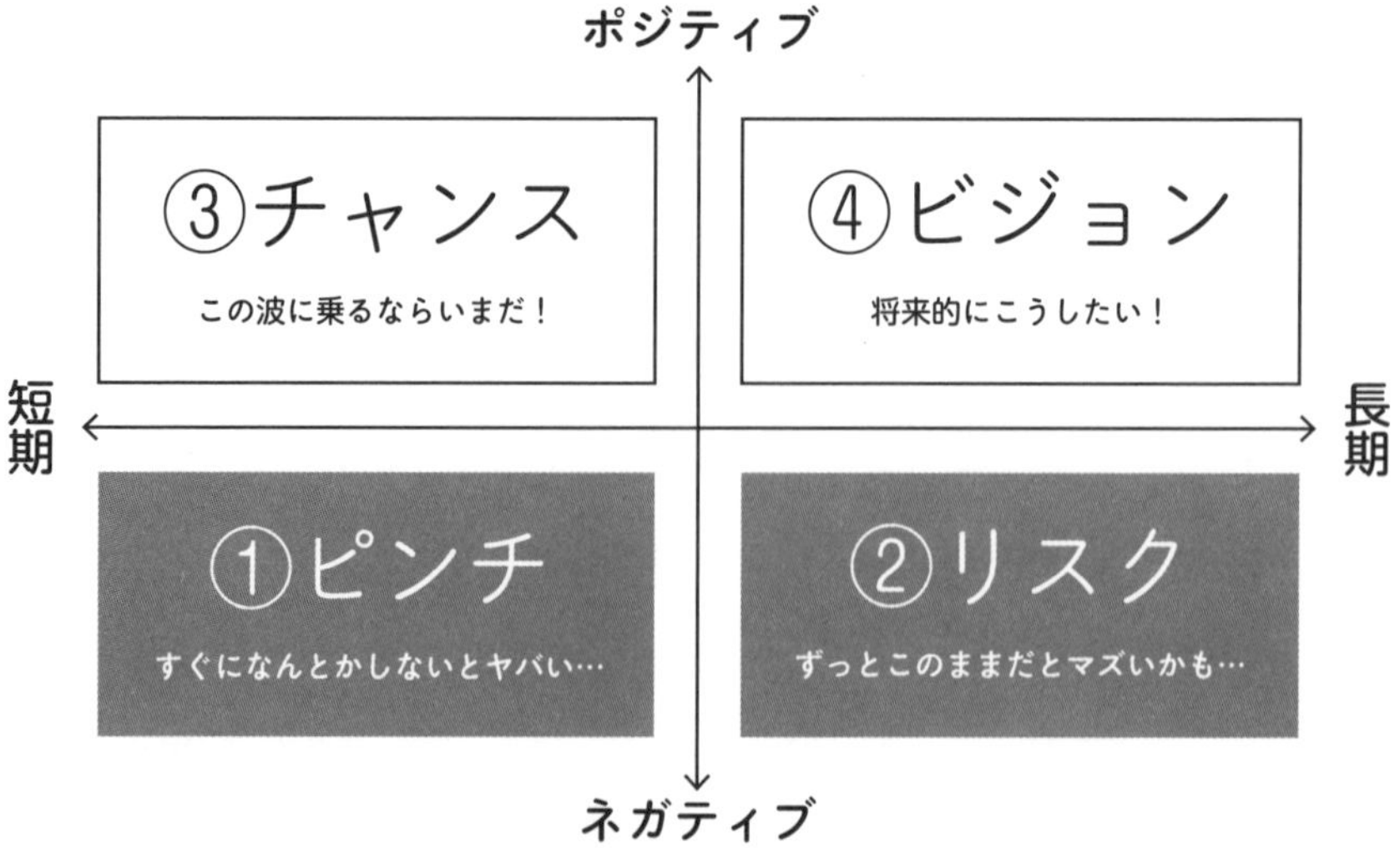

危機意識を起点にした変革は「説得的」だが「持続性がない」

いるからです。たしかに、そのような変革を目的としているのなら、日頃から「目線合わせ」を継続する気にはなれないでしょう。

変革そのものを楽しむマインドセットを身につけたい人は、ぜひ右図の「**変革の動機マトリクス**」を手がかりにしていただければと思います。これは、変革の「タイムレンジ（短期／長期）」および「起点となる感情（ポジティブ／ネガティブ）」の2軸から構成されるマトリクスです。これによれば、変革の動機は4つに分類されます。

軍事的世界観をベースとした組織変革は、基本的に**ネガティブな動機（①ピンチ・②リスク）**を起点にしていました。しかし、**危機意識からスタートする変革は、短期的に人を駆り立てる効果こそあれ、持続性には欠けます。**

「このままでは大変なことになる！」という号令を何度も繰り返したり、一定の時間が経過したりすると、人々を変革へと駆り立てるパワーはしだいに落ちていきます。転職が当たり前のこの時代、むしろ離職を促しているようなものです。

だからこそ、**冒険的な組織変革にはポジティブなモチベーション（③チャンス・④ビジョン）が必要**です。とはいえ、すべての変革がそれ自体としてポジティブなものであるわけではありません。不採算事業を縮小したり、思いどおりにいっていないプロジェクトを畳んだりといった、後ろ向きに思える変革も、日々の仕事においては発生します。

組織内の「もったいない！」を探し、前向きに「リフレーミング」する

重要なのは、そのときに「早くしないとマズいことになるから……」とか「将来的にヤバい影響がありそうなので……」などと、**現状を否定するような動機づけをしない**ことです。むしろ、これらを「チャンスに向けた変革」「ビジョンに基づいた変革」としてリフレーミングする「物語」が不可欠なのです。

「ピンチ／リスク」を「チャンス／ビジョン」に置き換える前向きな課題設定をしたいとき、ぜひとも意識してほしいのが「もったいない！」という感情です。

この感情の特徴は、現状に対する不満と未来への期待とが併存している点にあります。「本来はあれくらいのポテンシャルがあるはずなのに、現実にはこれくらいしか発揮

変革の動機をリフレーミングする

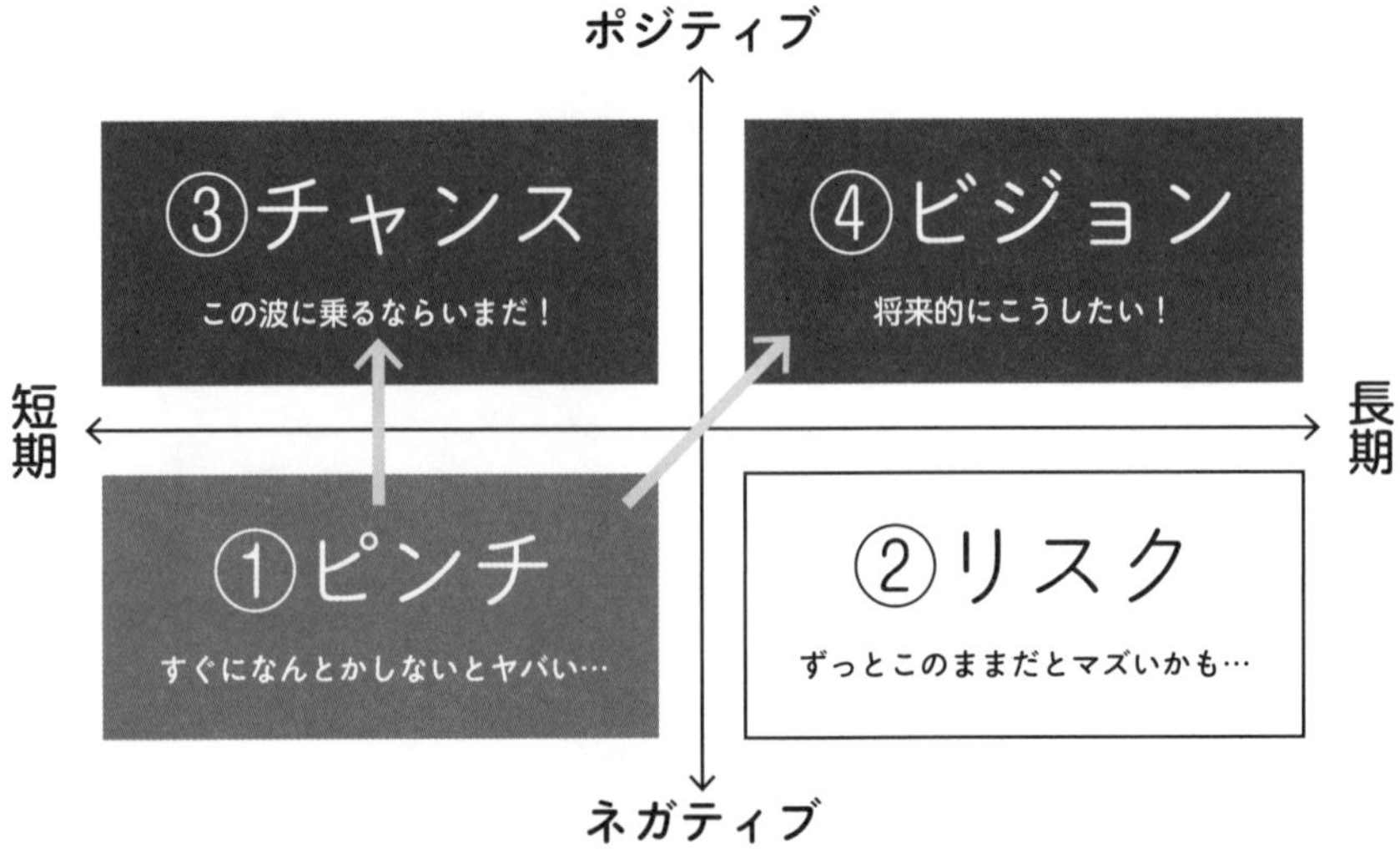

仮に「ピンチ」であっても「前向きなストーリー」に置き換える

できていない。もったいない！」というわけです。

組織変革に向けた目線合わせにおいては、自分たちがすでに持っている強みや資源に目を向け、**どんなところに「もったいなさ」を感じるかをお互いに共有する**ようにしましょう。「もったいない！」を合言葉にして対話を行えば、軍事的組織のような「危機ベースの変革論」に陥ることなく、「変わろう！」「変えよう！」という前向きなモチベーションを生み出すことができます。

・一人ひとりの自己実現の欲求が高いのに、それを満たせる職場づくりができていない　↓　**もったいない！**

・新しい事業ケイパビリティの芽が出てきているのに、組織アイデンティティが更新されておらず、この芽をもてあましている　↓　**もったいない！**

・ユニークな組織文化のおかげで採用がうまくいっているのに、組織構造と業務構造のつながりが悪く、中途入社してくれた人材の生産性がなかなか上がらない　↓　**もったいない！**

・会社としては唯一無二の社会的価値を生み出しているのに、それがブランドとして世間に伝わってない　↓　**もったいない！**

会社に対する「もったいない！」という感情の背後には、組織内における「ズレ」の知覚が

あります。つまり、組織のどこかにうまく整合性がとれていない箇所があるということです。

その箇所を発見するときに心強いツールとなるのが、［第2章］でご紹介した「CCM」です。**CCM上のどこにズレがあり、「もったいなさ」が発生しているのか**――それを探していくことで、すべての組織変革を前向きな活動にリフレーミングできるようになります。

御社の問題は〝どこのズレ〟から？

――変革のトリガーとなる「3つの不整合」

整合性のズレを発見していくときには、CCMの図を眺めながら、「なにとなにがズレているのか？」という観点で対話するようにすると、より正確に不整合を把握できます。

ズレには、**「内部要素間」「外部環境」「理想と現実」という3つのパターン**があります。

◎「内部要素間」のズレ

――組織の規模や構成員、部門構造が変わり、従来の制度がうまく機能しなくなった

り、文化に違和感を持つメンバーが出てきたりと、組織内部で不整合が生まれている

［例］

・新プロジェクトの開始により、既存部門とのあいだで予算配分の摩擦が起き、部門間の協力関係が悪化している

・複数の企業が合併した結果、社内に異なる企業文化や評価制度が混在し、従業員の不満が高まっている

・従業員数が10倍に急成長した結果、新参マネジャーと古参マネジャーの意思決定の基準が合わなくなっている

◎「外部環境」とのズレ

——組織の外にある環境や前提、ルールが大きく変わり、組織内部との不整合が生まれている

［例］

・感染症の拡大により対面営業が制限され、オンライン販売システムの構築が急務となっている

・SNSマーケティングの隆盛により、紙媒体での集客が効果を失いつつある
・環境規制の強化により、これまでの製造プロセスに大幅な見直しが迫られている

◎「理想と現実」のズレ

――事業フェーズの移り変わりとともに、当初思い描いていたビジョン（あるべき姿）と現状の方向性とが乖離《かいり》したりアップデートが必要になったりしている

［例］

・高品質な製品を少量生産する理念で創業したブランドが、大量販売のプレッシャーに直面している
・「創意工夫」を掲げている企業なのに、仕事内容があまりにも定型化されすぎて、メンバーのモチベーションが低下している

組織変革のトリガーになるもの

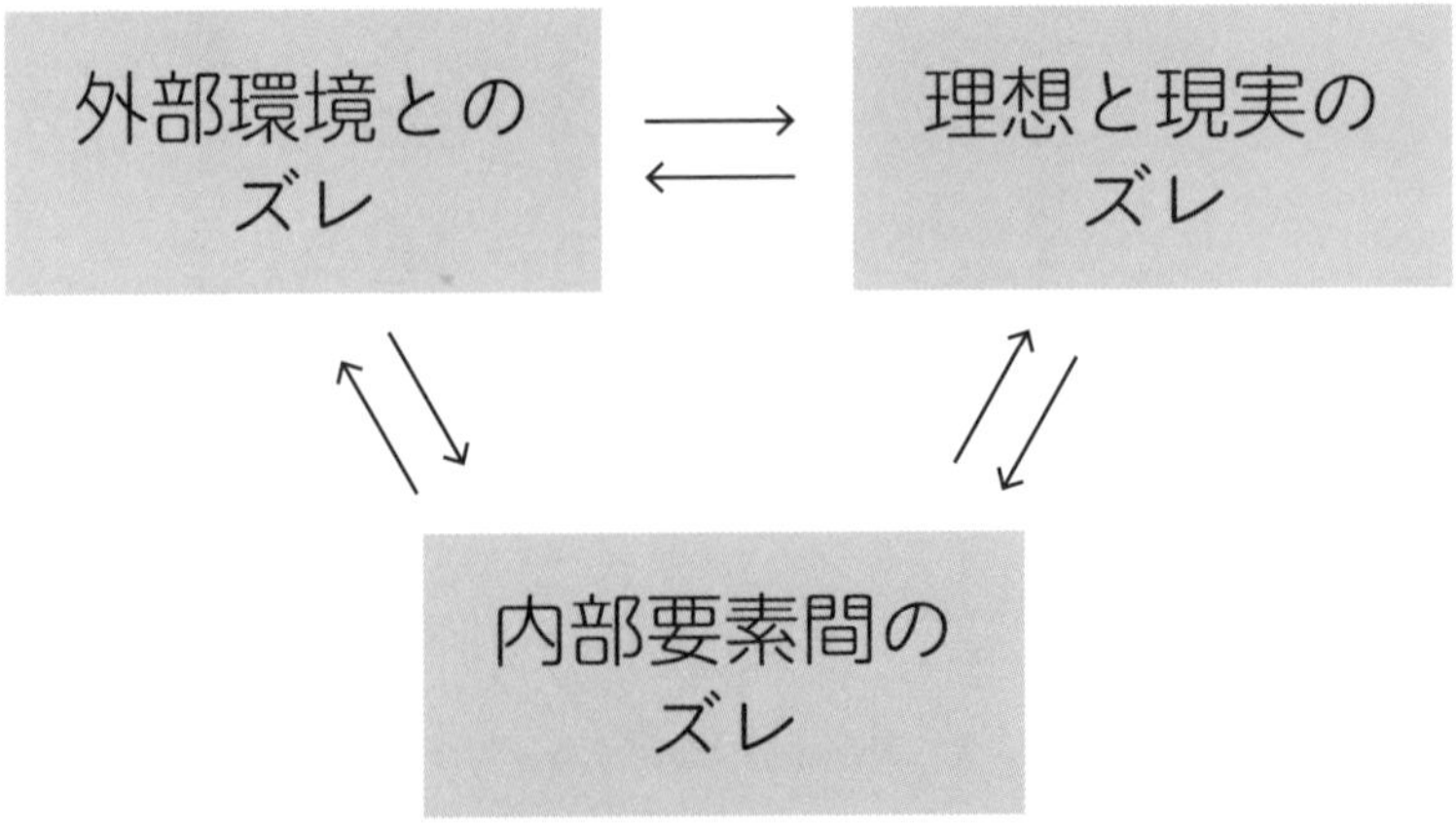

「整合性のズレ」の知覚から「変革のきっかけ」が生まれる

・事業成長のペースがあまりにも速く、数年前に策定したロードマップを前倒しで達成できてしまいそう

このなかで、**とくに見逃されがちなのが「理想と現実のズレ」**です。このズレを感知するためには、自分たちが目指している未来（ビジョン）の解像度を上げなければなりません。その理想状態が見えていないかぎり、ズレに気づくこともなければ、「もったいない！」という感情が湧き上がることもないからです。

もちろん、これだけ不確実性の高い世の中において、組織のビジョンを具体化するのは生易しいことではありません。とくに経営チームなどは、［ＫＥＹ２］でご紹介した経営理念の使い方や、［ＫＥＹ11］に出てきた全社総会の場などを活用して、**自分たちなりの未来像を言語化する機会をつくりましょう。**

その際、次のポイントに目を向けてみると、「現実とのズレ」がより見えやすくなります。

- □ 世の中にどんな価値を発揮する組織になっていたいか？
- □ その価値を支える中心的な事業ケイパビリティとは？
- □ そのときには、どんな組織アイデンティティが実現されている？
- □ そのときには、各事業はどう成長して、互いにどんなシナジーを生んでいる？
- □ そのときには、世の中でどんなブランドとして認知されている？

- [ ] そのときの組織図は？　カルチャーは？
- [ ] そのときには、どんな才能を持った仲間が、どれくらい増えている？

不整合が起きている箇所は1つとはかぎりません。当然ながら、外部環境とのズレを埋めていると、新たに組織内部の要素の折り合いがつかなくなったりと、**組織のなかでは同時並行的にさまざまな部分の整合性が崩れていきます。**このズレの連鎖は終わることがありません。

冒険的な組織変革とは、**知覚されたズレを埋めていくための「終わりなき日常的な働きかけ」**です。ズレに気づき、それを埋めようとする絶えざる運動が「冒険＝探究」の本質であり、それを通じたアイデンティティの変容こそが組織にとっての成長なのです。

うちの会社の「悪いクセ」は？
——無意識の「ルーティン」に目を向ける

組織のズレを埋め、新しい整合をつくっていくうえでのポイントは、**日々の「ルーティン（繰り返される習慣）」に目を向けること**です。健康な身体は日々の生活習慣によってしかつくれないのと同じように、組織のさまざまなズレを埋めていくためには、組織の〝悪いクセ〟

を減らして、〝望ましい習慣〟を取り入れていくしかありません。

組織・職場にはさまざまな独自のルーティンが埋め込まれています。「毎週月曜の朝は社長の講話からはじまる」「歓迎会は盛大にやる」「ニックネームで呼ぶのが通例」「紙の書類にハンコが押されないと物事が決まらない」……など、挙げればキリがありませんが、なかには当たり前すぎて気づかれないものもあるでしょう。［KEY10］で検討した「定例ミーティング」などはその典型です。

これらのなかには、生産性や付加価値の向上につながっている「自分たちらしさの核」もあれば、ビジョン実現を妨げている「悪しき習慣」や、完全に形骸化している「無意味なルール」もあるはずです。

変革のトリガーとなるズレを発見したら、**ズレを生み出している悪しきルーティンや、組織の理想状態で保持すべきルーティンの洗い出し**をします。

そのうえで、「組織のビジョンに向かうにあたって、コストをかけてでも変えていくべきルーティンはなにか？」「新たに身につけるべきルーティンとは？」を自分たちに問いかけてみましょう。これを定めることが、組織変革における課題設定と言えます。

たとえば、ある会社で組織内のズレを点検していった結果、毎年3〜4月にかけて離職者が増えていることがわかりました。上半期は抜けたメンバーの業務の穴埋めや、慌てて採用した人材のオンボーディングなどで、いつも社内がバタバタしています。そのあと、目標達成の遅れをなんとか下半期で取り返そうとする流れが常態化していて、それが各職場でさまざまな不整合を生み出していることが見えてきました。

このとき、これを「エンゲージメント」「退職マネジメント」「採用オンボーディング」の問題としてとらえるのは安易すぎます。そうではなく、**「一連の不整合がどのようなルーティンから生まれているのか?」を考察する**のです。

すると、この会社では人事評価が毎年度末に1回しか行われておらず、しかもマネジャーが決めた評価が一方的に通達されるようになっていることに目が向きました。そのため、多くのメンバーにとって「なぜこの評価になったのか?」の納得感が低いままに留まっていたのです。

評価に強く反感を抱いた人が退職していくのは当然ですが、辞めなかったメンバーたちも自身の評価にモヤモヤしながら新年度を迎え、バタバタと次の期の目標が設定され、そのままなし崩し的に走り出すことになります。モチベーションが低いまま、離職者の穴埋めフォローをやらされるメンバーは、当然ながら思うような成果を出し切れませんから、期末にまたネガティブな評価が上から降ってくる——。

このような「評価をめぐる悪しきルーティン」のせいで、退職希望者が増え続ける悪循環が生まれていたのです。

そこで大事なのは、**「ルーティン」を変革のターゲットに設定する**ことです。

たとえば、「人事評価の頻度を年2回に増やす」「不満の要因になっている評価項目を修正する」「評価を一方的に通知するのではなく、事前に本人とのコミュニケーションプロセスを挟む」などの取り組みをすれば、組織のズレはかなり整えることができるでしょう。

他方で、**ルーティンではなく問題の表面だけに目を向けてしまうと、どうしても場当たり的な「点」の施策でお茶を濁すことになりがち**です。

たとえば、「エンゲージメントサーベイを導入して、退職予備軍のアラートを早めに出せるようにする」とか「マネジャー向けのフィードバック研修を導入して、部下がもっと評価に納得感を持てるようにする」といった取り組みは、その典型でしょう。もちろん、サーベイや研修はうまく使えば効果的な施策になりますが、組織における「悪しき連鎖」を断ち切らないかぎり、同じ問題は必ずまた発生します。

組織内の不整合を生み出しているルーティンをターゲットにすることこそが、冒険する組織における日常的変革の核心なのです。

KEY 16

トップダウンの変革は「構造」と「文化」をセットで変える

覚悟なき「コンサル丸投げ」では、組織変革は100％失敗する

トップダウン型の組織変革においては、［KEY15］で触れた「経営チーム間の目線合わせ」のほかに、欠かせないものがあります。それは「**変革への明確な意思**」です。

経営チームが「必ず組織を変えよう！」という意思や覚悟を持たないまま、「なんとなくいいかたちに落ち着くといいな……」「ガス抜きの施策を打てば、現場の不満も減るだろう」などという生半可な気持ちでいるかぎり、組織づくりはうまくいきません。

経営陣には不確実性のストレスと凄《すさ》まじいプレッシャーが伴うため、とくに業績が不調のときほど、組織づくりは「先延ばし」または「だれかに丸投げ」のどちらかになりがちです。

しかし、**企業トップが変革への強い意思を持たぬまま、人事部や外部コンサルタントなどにこの仕事を丸投げしてしまうと、組織は本質的には変わりません。**場合によっては、ほかでもない経営陣たちのそのスタンスが、変革を妨げるボトルネックになることすらあります。

とはいえ、深刻になる必要はありませんし、危機感を持つべきだという話ではありません。経営陣が暗い顔をしていると、会社全体のムードが暗くなります。冒険する組織においては「変えることを楽しむ」が基本です。**ひとたび覚悟を固めたら、まずは経営メンバーたち自身に、変革プロセスを全力で楽しんでいただきたいと思います。**

経営チームが一丸となって前向きに変革に取り組むためには、「**経営陣のチームワーク**」が欠かせません。すでに見たとおり、**経営チームこそが組織内のすべてのチームの「縮図」**だからです（180ページ）。

経営チームのメンバーは、それぞれの管掌範囲（＝領分）を守ることに気をとられ、組織全体のことを考えられなくなりがちです。もし経営チームにおいて「深い自己紹介」（［KEY5］）や「チームアイデンティティの言語化」（［KEY6］）がおろそかになっている場合は、「組織変革」の前にまずは「**経営チーム変革**」からはじめるべきです。

大胆に「組織図」を変えたのに、少しも「組織の現実」が変わらないワケ

トップダウン型の組織変革に向けて経営チームの意思が固まったら、CCMの図を眺めながら、**変革に向けた「目線合わせ」**をします。

通常の問題解決に比べると、組織変革のプロジェクトはより長い時間を要しますから、あらかじめおおまかなロードマップをつくるようにしましょう。現実的なところでは数カ月〜半年といったところですが、設定された課題によっては、数年がかりで進めていくことになる可能性もあります。

とはいえ、環境変化を予測しきれない現代においては、計画を実行に移すうちに状況が大きくシフトし、ロードマップそのものに見直しが迫られることもあるでしょう。ですから、5〜10年先の未来に向けた中長期的なビジョンを具体化する努力はある程度しながらも、**あまり緻密に長期計画を立てることにこだわる必要はありません。**

むしろ、当面どこを目指し、なにに注力していくのかを可視化するだけでも十分です。「A

LIVEの法則」における「Adaptive＝長期的な環境変化に適応しやすく」の考え方です。

変革のポイントは組織ごとにまちまちですが、共通して言えるのは、**変革の対象を1つに絞り込まない**ということです。

人間の身体がそうであるように、組織はどこかに一時的・局所的な変化を与えても、すぐ「元に戻ろうとする力」が働きます。大きな変化を定着させるためには、複数の要素を並行して変える必要があります。とくに、具体的な取り組みに落とし込んでいくときには、**「構造（機能的整合）」と「文化（精神的整合）」の両面に働きかけることを意識するべき**です。

トップダウンでの組織変革は、しばしばCCMの左側、つまり構造面の変更（組織体制刷新、人事異動、評価制度改革、新たなルールの制定、研修による業務スキルの向上、オフィスやITへの投資など）に偏りがちです。

何度も繰り返してきたとおり、人は道具でもロボットでもありません。システムさえいじれば、その場で即座に機能するような存在ではないのです。組織変革においては、構造と同時に文化＝精神的な整合（CCMの右側）にも十分に気を配るべきです。

たとえば、「ファーストペンギンであれ」というバリューを掲げる企業において、若手の開発者たちがリスクをとる姿勢を失っているとしましょう。

この会社は創業以来、自ら開発した先進的な技術によってさまざまな特許を取得してきました。業界内での圧倒的な競争優位性のおかげで、優秀な技術者たちの採用にも成功し、会社の規模を拡大してきたわけですが、近年では新たなチャレンジに乗り出す若手がなかなか現れなくなっています。

こういうとき、「最近の若手は小さくまとまりがちだ」などといった世代論で片づけるのは最悪です。また、研修をやってみたり、インセンティブ報酬制度を取り入れたり、はたまた組織体制を変えたりといった、**小手先だけの構造面の変革をやっても、組織が根本から変わることはありません。**

むしろ、「ファーストペンギンであれ」というバリューを再解釈する機会をつくるなり、このバリューそのものを時代環境やメンバーの価値観に合わせて改定するなりして、精神的な整合性を高めることにも目を配るべきです。

変革が「CCMの左側＝構造面」に偏っていないか？

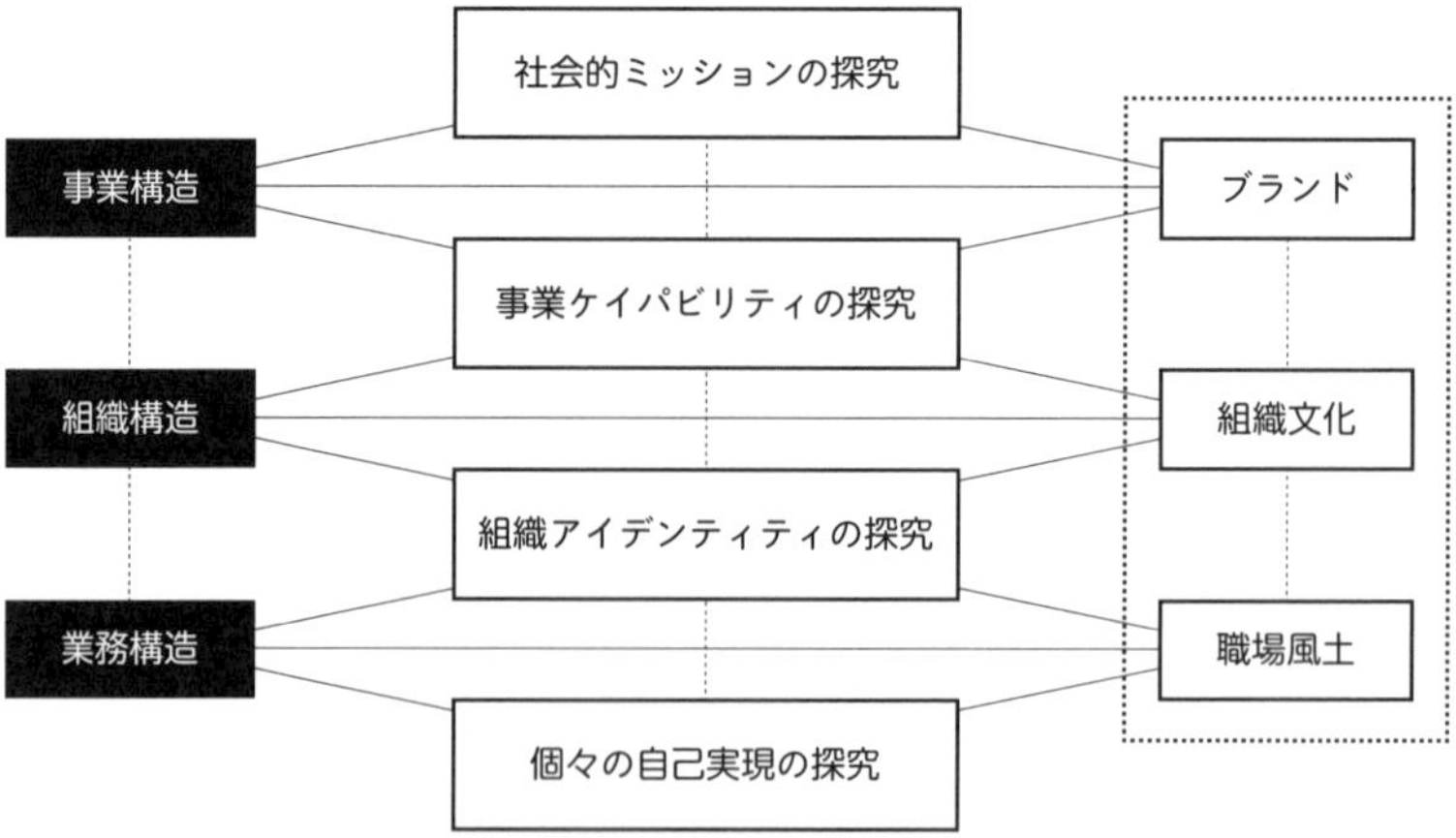

どこにズレが生じているか、
対話を通じて各自の見立てを共有する

MVVが定着しない会社は、なにをやり残しているのか？

同社は全社総会の場で、「ファーストペンギンであれ」というバリューについてみんなで対話することにしました。すると、この言葉に対する解釈が、組織の拡大に伴ってメンバーのなかで微妙に変化していたことが見えてきたのです。

もともとこのバリューは、シンプルに「リスクを恐れずに挑戦する姿勢」を意味していたのですが、どういうわけか若手社員たちのなかには、これを「新規事業につながるような特許技術の開発」として解釈している人が多くいました。

創業期に比べれば、現代のほうが特許レベルの技術を生み出すことは難しくなっています。そのため、メンバーたちからしてみれば、「ファーストペンギン」は異様にハードルの高い行動指針として映っていました。その結果、バリューが形骸化し、現場メンバーの行動とのあいだにズレが生まれてしまっていたのです。

バリューが機能不全に陥っている原因が見えてきたところで、彼らは改めてこのバリューを再解釈していきました。「特許取得」だけにとらわれない、自分たちなりの「ファーストペンギン」像をつくるため、全社総会の場でみんなで対話する機会を設け、より精神的な整合性の高い表現などを模索していったのです。

他方で、このように精神的な整合性を高めただけで油断してはいけません。

文化の変革は、構造の変革とセットで行うことで定着し得るからです。つまり、**「構造だけを変える」のがNGであるのと同様、「文化だけを変える」ことも避けるべき**なのです。

会社の理念やバリューを見直していくのであれば、それに合わせて社内の制度や仕組みもアップデートする必要があるでしょう。精神的な側面だけ変えようとしても、組織の構造や機能が古いままであれば、やはり元に戻ってしまいます。

「文化」と「構造」をすり合わせる組織変革チェックリスト

- □ 事業構造を見直す必要はないか？
- □ 個別の事業が部分最適で目標管理されていて、事業同士の価値のシナジーを高めるポテンシャルは残されていないか？
- □ 事業構造で想定している価値のシナジーに対応した、現場の業務構造になっているか？
- □ 事業と組織を推進するだけに十分な業務が、具体的に定義されているか？それはジョブディスクリプションに落とし込まれているか？
- □ 組織のハコの構造を見直す必要はないか？
- □ 事業・業務構造に対応した人事評価制度や人員のバランス、ハコ同士のレポートライン、会議体の設計などを見直す必要はないか？

KEY 17

ボトムアップの「勉強会」から、変革のうねりを全社に広げる

非公式にスタートしながら、「経営陣の巻き込み」を目指す

経営主導のトップダウン型アプローチだけが組織改革ではありません。**冒険する組織においては、すべてのメンバーが探究の主体であり、変革の担い手になり得ます。**

「ボトムアップ型の組織変革」と聞いて多くの人が思い浮かべるのは「新規事業」でしょう。現場から生まれたアイデアが新ビジネスとして結実し、事業ケイパビリティや組織アイデンティティ、社会的ミッションに影響を及ぼしながら、組織のあり方を中長期的に変えていくことがあります。『ゼクシィ』『R25』『スタディサプリ』など数多くの事業を生み出して

きたリクルートグループの「Ring」のように、**ボトムアップの事業提案を制度化している企業もあるでしょう。**

これとは対照的に、カシオ計算機の「Gショック」や、本田技研工業の「ASIMO」など、業務時間外に行われる事業企画や研究開発（いわゆる〝闇研究〟）から新しいビジネスが生まれるケースも数多く報告されています。とくに闇研究から生まれた大ヒットは、組織文化にも多大な影響を与えます。こうした「**非公式性**」**は、ボトムアップ型の組織変革における醍醐味**だと言ってもいいでしょう。

また、それぞれの現場レベルでの風土改革や働き方改革、業務改善、DX推進などの「**職場デザイン**」（CCMのいちばん下の層の整合性を高める活動、145ページ）も、**現場主導で進めやすい組織変革の1**つです。

たとえば、トヨタ自動車におけるDX推進は、もともと経営主導ではじまった公式のプロジェクトではなく、当時R&D部門の管理部署で働いていた永田賢二さんの個人的な問題意識に端を発したものだといいます。それが最終的

組織変革の２つのアプローチ

トップダウンアプローチ		ボトムアップアプローチ
経営陣	**主体**	現場／ミドル
経営の変革意思	**動機**	現場の自己実現／実験
組織の構造と文化	**対象**	職場／探究の突き上げ
公式プロジェクト	**進め方**	非公式／日常／ローカル
精神的不整合による崩壊	**リスク**	組織からの逸脱／徒労
ミドルを巻き込む	**ポイント**	経営の視界に入れる

には5000人規模の社内コミュニティへと発展し、やがて経営からのあと押しも得ながら全社的な取り組みへと広がっていきました〈42〉。

こうしたボトムアップ型のアプローチにおいては、**経営主導の組織変革のように「課題設定ありき」でなくてもかまいません。**個々のメンバーが持っている純粋な好奇心を出発点にして、自己実現の探究につながるなんらかの活動を仕掛け、組織全体における「探究の整合」を下から突き上げて揺さぶりをかけていきましょう。そのうねりが、組織や部署の垣根を越えたインフォーマルなつながりを生み出していきます。

とはいえ、いつまでも非公式な草の根活動であり続けていては、組織全体を変えるインパクトは持ち得ません。**ボトムアップ型の変革の肝は、どこかのタイミングで活動を「経営陣の視界」に入れること**です。そのときに、経営メンバーのだれかが一人でも「なんだか面白そうな取り組みが生まれているな」「小さな動きだが、会社にとって重要な活動かもしれない」と関心を持てば、ボトムアップの活動が経営全体に響くことがあるのです。そのためには、できるかぎり多くの人を巻き込みながら、部門をまたいだつながりを生み出し、**経営を触発するための工夫や努力が不可欠**になります。

「社内勉強会」こそ最強の変革トリガー

――全社を巻き込む「3つのワザ」

ボトムアップ型の組織変革に向けたアプローチとして、思いのほか効果的なのが「勉強会」の開催です。「お勉強で組織が変わるものか」と思われるかもしれませんが、小規模にはじまった草の根の勉強会が、実際に大企業の変革につながったケースを、私もこれまで何度か目にしてきました。

ここでいう勉強会とは、**特定のテーマに関心を持つ有志が集まって学び合うインフォーマルな会合**を指しています。多くの場合は就業時間外の開催となりますが、内容によっては、就業時間内に行われることもあり得ます。

「勉強会」アプローチのなによりものメリットは、だれにでも開催できるという点です。就業時間中となると、上長の許可などが必要になりますが、そうでなければ入社したばかりの新人でもすぐに主催可能です。自分の関心に基づいてテーマを設定して、1人でも関心の合う仲間を見つけることができれば、それはもう立派な勉強会だと言えます。

単発ではなく継続開催のかたちにすることで、メンバー同士の交流の場が育つというのも、勉強会のすぐれたところです。最初は2～3名のこぢんまりとした集まりであっても、コツコツ続けることで10名、20名、30名と規模を拡大させていけば、組織のなかで無視できないほどの影響力を持ったコミュニティに育つ可能性もあります。

大事なのは、むやみに参加人数規模を拡大するよりも、**部門を越えたつながり**（**場合によっては会社の垣根を越えたつながり**）**をじわじわと形成していくこと**です。変革において力になるのは、なにより「人のつながり」です。人間関係が公式な所属だけに閉じていると、あらゆるコミュニケーションが〝マネジャーの伝言ゲーム〟に依存することになり、ダイナミックなうねりが生まれません。

SNSの口コミや炎上の影響力が絶大なのは、まるでウイルスが感染するように、非公式なネットワークを通じて情報や熱量が高速で伝播《でんぱ》するからです。**社内に部門を越えたつながりが張り巡らされていることは、それ自体が組織にとって資産になる**のです。また、それまで孤独を感じていた人にしてみれば、関心や問題意識を同じくする仲間が社内にいると実感できるだけで、「組織をよりよく変えていこう」というモチベーションが高まるはずです。

他方、このようなコミュニティを形成するときに注意したいのが、**会社・職場・上司に対する「愚痴大会」の場にしない**ということです。

インフォーマルな勉強会を継続するうちについ熱が入り、なかなか変わらない会社や上司、同僚などにフラストレーションが募《つの》ってくることもあるでしょう。

しかし、よほど経営側に致命的な問題がある場合を除いて、会社に〝小石〟を投げつけていても組織はまず変わりません。

経営は経営で、変革に向けた試行錯誤をしているはずです。そうであれば、**いつでも経営と協力関係が築けるよう、勉強会を「会社のなかの〝もったいない！〟を探す場」としてデザインし、非公式なコミュニティを育んでおく**ほうが有意義なはずです。

ここからも言えるとおり、関係者の「巻き込みやすさ」こそが、有志による勉強会ならではのメリットです。新規事業や闇研究などは、あくまでも閉じたコミュニティのなかで進められることが多く、一定のわかりやすい成果が出てからでないと、なかなか社内の関係者から注目してもらえません。

他方、**だれでも参加できる社内勉強会であれば、活動初期から多様な関係者を巻き込み、思いのほか早く経営にリーチできる可能性を秘めています。**

そのためにはいくつかの工夫の余地があります。

◎社外の人材や有識者を巻き込む

情報管理などの点で十分に注意すべきではありますが、専門性を持った社外の有識者（先行事例を実践している人や研究者など）を招くことで、勉強会の場そのものが活性化します。また、これまで参加していなかったメンバーや経営陣にも、関心を持ってもらいやすくなるでしょう。

◎人事やマネジャーに声をかける

ある程度参加者が増えて、場の質も高まってきたら、人事部門のメンバーや管理職、役員クラスにも参加を呼びかけてみましょう。社外の有識者をゲストに招いた会などは招待しやすいはずです。

あるいは、勉強会の講師やアドバイザーとして、勉強会に顔を出してもらうのも1つの手です。忙しい管理職や役員でも、部門を越えた現場のメンバーたちが学習意欲に溢れているとわかれば、講師としてひと肌脱いでくれるかもしれません。

◎社内メディアを活用する

勉強会の開催は、［KEY14］で見た**ナレッジマネジメント促進の観点でもきわめて重要**です。たとえインフォーマルな勉強会であっても、告知やコミュニティづくりに社内広報チャンネルを活用することで、社内の多くの人の目に留まります。また、活動の様子や学びを事後レポートとして発信すれば、告知段階では関心を持たなかった人たちからも、「次回は参加したい」という声が出てくるようになります。

勉強会自体をオンラインで開催するのも有効です。参加人数が増やしやすく、資料共有やアーカイブ、終了後のチャットコミュニケーションなど、社内メディアとの連携もしやすくなるでしょう。

経営陣を巻き込みやすい勉強会の「2大テーマ」とは？

もう1つ忘れてはいけないメリットが、勉強会はどこまでもメンバー個人の内的動機に根ざしたものであるということです。この活動自体がCCMにおける「個々の自己実現の探究」に接続しており、組織内の学習文化づくりにも寄与し得ることを考えると、それ自体で十分に意義がある取り組みだと言えます。

逆に言えば、**勉強会それ自体は、決して組織変革を目的としている必要はありません**。あくまでも、個人的な探究プロセスの一環として、個々の関心に基づいて自発的に着手されるべきものです。

ただし、それを一部メンバーだけに開かれた限定的な場で終わらせず、**組織変革のうねりに**

までつなげたいのであれば、「なんの勉強会なのか？」というテーマ設定の部分が重要になってきます。

「マンガ同好会」や「料理サークル」といった趣味のクラブ活動は、組織内のインフォーマルなネットワークづくりに寄与するすばらしい取り組みですが、組織変革に直接つながるようなエネルギーは持ち得ません。

では、業務に関係するテーマであればいいのかというと、必ずしもそうとも言い切れないでしょう。たとえば、エンジニアが最新の技術やプロジェクトマネジメントについて学ぶコミュニティは有意義ですが、参加者は当然エンジニア中心になります。専門分野に閉じた実用的なテーマだと、部門を越えたつながりが期待できず、わざわざ経営が関心を持つことも期待しづらくなります。

組織変革につながる可能性がある「おすすめの勉強会テーマ」は2つあります。

1つは、**自社の「事業ケイパビリティ」や「組織アイデンティティ」に関するもの**、もう1つは**「組織づくり」に関するもの**です。

［テーマ①］自社の「事業ケイパビリティ」や「組織アイデンティティ」に関する勉強会

これは、「自社には、これからどんな事業展開があり得そうか？」とか、「将来的にどんな会社になっていくべきか？」を考えていく場です。要するに、「自分たちの会社の新たな可能性」に好奇心を向け、**自社のケイパビリティやアイデンティティを変え得る、新たな市場・業界・技術などをテーマにする**のです。

たとえば、ウェブメディア運営を主要事業にしている企業で、足下での収益はそれなりに安定しているものの、現場のメンバーには「これまでの強みをベースにすれば、法人向けのコンサルティング事業や教育研修事業に手を広げられるのではないか？」といった肌感覚があるとしましょう。その場合、「コンサルティングビジネス勉強会」「人材育成業界勉強会」などを企画して、同様のピボットを成功させた企業事例を研究してみたり、有識者をゲストとして招いてみたりするのです。

ほかにも例としてわかりやすいのは、「生成ＡＩで自社のビジネスはどう変わるか？」など、無視できない最新技術をテーマにする勉強会でしょう。

いずれにせよ忘れてはいけないのが、単なる情報のインプットの場で終わらせず、必ず対話の時間を設けることです。「私たちはこうしたい！」「この会社にはこういうポテンシャルもあるのではないか？」という**現場起点の意思とアイデアを磨く場にすることを意識しましょう。**ふらっと見学にやってきた役員が、思いも寄らない現場の熱量に触れたとき、そこから変革のうねりが生まれるかもしれません。

［テーマ②］「組織づくり」に関する勉強会

もう1つは、自社の組織をよりよくすることを目的とした勉強会です。組織づくりは部署や職務を問わず、だれからも関心を持たれやすいテーマなので、より多くの人を巻き込みやすくなります。社外から専門家を講師として招き、自主セミナーを開催する道もあります。

ストレートに「組織づくり勉強会」でもいいですし、「心理的安全性」「カルチャー改革」「ファシリテーション」「マネジメント」などもう少しテーマを絞ってみるのもいいでしょう。

MIMIGURIのクライアント企業の方には、本書で紹介している「冒険的世界観」や「CCM」を題材にした勉強会をおすすめしています。単にインプットするだけでなく、部門を越えたメンバーでの対話の時間を設けることで、組織のどこにズレを感じているかがあぶり出せ、変革に向けたきっかけを生み出せるはずです。ぜひ**本書『冒険する組織のつくりかた』を課題図書にした読書会も企画してみてください。**

「お客さん」で終わらせず、「変革の同志」になってもらう

非公式な集まりである勉強会を、組織変革のうねりへとつなげていくためには、勉強会の質そのものを高める工夫も欠かせません。どれほどテーマ設定がよくても、そこでの学びが不十分だと、勉強会コミュニティは大きく育っていかないからです。［KEY9］でご紹介したファシリテーションの基本ステップ（292ページ）や、［KEY10］で触れた定例ミーティングのコツ（301ページ）などを意識しながら、**学びと対話が深まるように勉強会の「流れ」にも工夫を凝らしてください。**

他方で、入念に準備を重ねて「イベント」としての質を高めていけばいくほど、参加者の「お客さん」意識が高まってしまうというジレンマがあります。どれだけ参加者の人数規模が膨らんでいっても、「実際に問題意識と熱量を持っているのがひと握りの事務局メンバーだけ」という状態のままでは組織変革にはつながりません。

参加者を少しずつ「勉強会の運営側」に巻き込み、「変革の当事者」を増やしていきましょう。

そのとき、とくに大事なのは、通常のミーティングと同様、開始時のイントロダクションです。勉強会がはじまったら、**毎回必ず冒頭で「なにを勉強するのか？（What）」だけでなく、「なぜこの勉強会をやっているのか？（Why）」についてもストーリーテリングする**ようにしてください。

また、簡単にできる方法としては、参加してくれた人たちにアンケートを実施して、運営の改善点や次回テーマのアイデアなどを募るのも効果的です。集まった意見を積極的に取り入れることで、「自分の意見が反映された」という手応えを感じてもらったり、熱量の高いアンケート回答を寄せてくれた参加者には直接声をかけ、運営スタッフとして入ってもらったりするのも有効です。

コミュニティは「多様な役割」によって成り立ちます。よりよい勉強会コミュニティをつくっていくうえでは、「集客に協力する」「議事録をとる」「質問を出す」「グループの対話をファシリテートする」など、さまざまな役割が無数にあるはずです。これらを少人数の事務局メンバーだけで抱え込むのではなく、参加者に少しずつ協力してもらいながら、**「お客さん」を「変革の仲間」に変えていく**のです。

変革の熱量を持った非公式のコミュニティは、経営にとっては大きな資産です。なかなか成果が出ないと感じるかもしれませんが、あきらめずにいい学びの場をつくり続けていれば、いつか必ず経営を触発して、変革のうねりにつながるタイミングがやってきます。

KEY 18

ミドルは変革の中枢。マネジャーこそ「自分」を尊重する

結局、変革のカギは「中間」が握っている

トップダウン型の組織変革においては、経営チームの明確な意思が欠かせませんが、それを実務に落とし込んでいく段階では、やはり経営チーム以外のメンバーにも声をかけ、公式のプロジェクトチームを組成《そせい》していくことになります。

このとき**重要なのが、「どれだけミドルマネジャーを巻き込めるか」**です。経営の視点だけではどうやっても偏りや死角が生まれますから、現場・現物・現実に日々向き合っているミドルマネジャーの協力は不可欠なのです。

また、とくに現場に大きな影響が出るような変革プロジェクトともなると、ミドルの重要性はいっそう高まります。

現場のメンバーたちに精神的な不整合が広がらないようにするためには、「この変革が自分たちにとってどんな意味を持っているのか？」についてミドルマネジャーがストーリーテリングするプロセスが欠かせないからです。どんなに経営が熱量を持っていても、**ミドルマネジャーが現場目線の熱量に変換しなければ、組織の「温度差」は高まり、かえって変革そのものが組織を崩壊させかねません。**

また、**ボトムアップ型の組織変革**においても、ミドルマネジャーの立ち回りは重要です。新規事業にせよ、勉強会にせよ、現場と経営の中間に位置するミドルマネジャー自身が発起人となることで、その活動はより経営から認識されやすくなります。また、現場メンバーからはじまった草の根的な活動も、ミドルマネジャーが前向きなかたちで参画し、社内向けの広報活動にも協力的だと、変革を組織全体に広げるうえでのハードルはグッと下がります。

実際、大企業における新規事業開発が失敗するとき、その原因はアイデアそのものの良し悪しよりも、社内からのサポートの有無に左右されているという研究報告もあります〈43〉。**ボトムアップ型の変革プロジェクトの成否もまた、ミドルマネジャーのサポートにかかっている**と言えるでしょう。

以上のように、トップダウン型かボトムアップ型かを問わず、ミドルマネジャーこそは組織変革プロジェクトを前進させていくための要《かなめ》なのです。

しかし、現代のマネジメントは複雑で難易度が高く、**多くのマネジャーが責任の重みと仕事の負荷に「しんどい」思いをしています。**

さらには後述するように、ミドルマネジャーは年齢や役割に起因する特有の悩み（アイデンティティ危機）とも隣り合わせです。

本書が提案する「職場デザイン」の心得は、いたずらにマネジャーの仕事を増やすためのものではありません。そうではなく、**マネジメントの機能を組織的に「分散」させて、ミドルマネジャーたちに「変革の余力」をもたらすためのアイデア**なのです。

ミドルマネジャーは組織変革の要ではありますが、だからといって、その責任をすべてミドルマネジャーに押しつけるのは避けるべきです。むしろ、ミドルマネジャーが組織変革を「自己実現の探究」に向けた絶好の機会として活用できるよう、組織全体でケアしていく姿勢が求められています。

「マネジャーがしんどい…」の正体
——できる人が「自分主語」を捨てる瞬間

ミドルマネジャーがしんどい思いをする原因の1つに、「**アイデンティティ・クライシス**」と呼ばれるキャリア課題があります。これは「**私らしさ**」**の認識が揺らぎ、自分が何者なのか、なんのために働いているのかがわからなくなる現象**のことでした。

「新たなアイデンティティの探究」を通じてこれを乗り越えていくことこそが、冒険的世界観における「成長」だという論点は、すでに［第1章］で触れたとおりです（102ページ）。

一般的に、人生で最初の「アイデンティティ危機」は、20歳前後の青年期に訪れるとされています。多くの若者は「自分探し」をしながらもなんとか社会に飛び出し、自分の職能と結びついたアイデンティティ（たとえばセールス、デザイナー、エンジニア、コンサルタントなど）を獲得していきます。

ところが、こうして仕事に熱中していた人も、**マネジャーとなって指導や育成の役割を持つようになると、次第に「自分」が揺らぎはじめます。**

厚生労働省の調査〈44〉によれば、課長職の平均年齢は49・2歳だそうですから、マネジャーになるのは早くとも30代、一般的には40代以降でしょう。つまり、ちょうど家庭生活などでも役割の変化が発生し、気力や体力も衰えていきやすいタイミングです。

そのため、自分のなかに生まれた「新しい私」の要素との折り合いがつかず、自己の揺らぎに直面することになるのです。これは中年期特有の問題として**「ミドルエイジ・クライシス（中年の危機）」**とも呼ばれます。〈45〉

たとえば、ひたすらデザインの技を磨き続けてきたデザイナーでも、ひとたびマネジャーになれば、まったくデザインの仕事をしないまま、部下たちとの1on1の連続だけで終わる一日も出てくるでしょう。こういうとき、本人のなかに「自分はデザイナーだったはずなのに、いったいなにをしているんだろう？」という疑問が生じるのは、きわめて自然なことです。

また、つい最近まで同僚に対して発していた「がんばってね！」という言葉も、それが部下に対する「がんばってくださいね」になった途端、これまでとは違う意味合いを持つようになります。**いつのまにか自分の言動の「主語」が〝私〟ではなく〝会社〟になっていることに気づき、そこに言い知れぬ違和感を抱く人もたくさんいる**はずです。

組織で働く人が「自分の自己実現」をあきらめるのも、まさにこのタイミングです。プレイヤー時代にのびのびと仕事をしていた人が、マネジャーになった途端に「会社の駒」として振る舞うようになるのも、このアイデンティティ危機によるところが大きいと言えます。

新しい自分への違和感から逃れるために、ひとまず「調整役」に徹していたつもりが、いつのまにかその〝仮面〟にアイデンティティを乗っとられてしまい、自分なりの探究を完全に捨て去ってしまうのです。

一方、プレイヤーだろうとマネジャーだろうと、個々の自己実現をあきらめないのが冒険する組織のなによりもの特徴でした。

ただし、それは「マネジャーになっても自分のやりたいことだけを貫き通せばいい」ということではありません。ミドルマネジャーになった以上、マネジメントの成分も自分のなかに取り込みながら、「新たなアイデンティティの探究」に意識を向けることが不可欠です。

ミドルマネジャーのアイデンティティ探究が難しい理由は、プレイヤー時代の自分と、現在の役割とのあいだに「矛盾」が生じるからです。前述した例で言えば、「手を動かしてデザインしたい自分」と「他人のデザインを指導しなければいけない自分」との矛盾です。折り合いのつかない要素が共存することで、自分の「中途半端さ」に悩み続けてしまうわけです。

こういうときは、少し視点を変えて「元デザイナーの自分が、マネジャーの立場だからこそデザインできるものはなにか？」「デザインの力で、組織を変えていくためには？」といったように、**過去と未来をつなぐ問いを立て、文字どおり「新しいアイデンティティ」を粘り強く探究する意識**が求められます。

その意味で、組織づくりや組織変革へのコミットメントは、ミドルマネジャーのアイデンティティ探究を促進し、「失った自分」を取り戻させるための絶好のチャンスでもあるのです。組織変革が求められているときこそ、ミドルマネジャーたちを精神的にケアしながら、積極的に変革プロジェクトを任せて、彼らの成長をあと押しする姿勢が会社側には求められます。

とくに、すでに触れたとおり、マネジメントチームは「組織の靭帯」です（181ページ）。プロジェクト推進にあたっては、ミドルマネジャーたちにチームとして連携してもらうようにしましょう。これによって会社の組織力そのものが底上げされると同時に、ミドルたちのなかにも「自分たちは組織を変えていけるのだ！」という手応えが育《はぐく》まれていきます。

「制度いじり」だけで満足してはいけない
——マネーフォワードの「デザイン組織」がやったこと

ここで、組織変革の取り組みと、マネジャーのアイデンティティ危機とをうまく橋渡しした事例として、**マネーフォワード**のケースをご紹介したいと思います。

個人向けの家計簿アプリや、法人向けのクラウド会計ソフトなどを提供しているマネーフォワードは、この10年ほどで飛躍的な成長を遂げ、60以上のサービスを手がけるまでに事業を多角化してきました。

しかしそれに伴って、組織のなかにいくつかのズレが生まれていました。典型的だったのは、同社内のデザイン組織です。たとえば、プレイヤーであるデザイナーたちの職能が多様化し、活躍範囲が広がった結果、もはや従来の能力定義ではメンバーをうまく評価・育成できないといった事態が生まれていました。これはＣＣＭでいうところの「事業構造と組織構造との不整合」です。

そこでＭＩＭＩＧＵＲＩでは、同社のデザイン組織における「新たな評価制度・能力定義の策定」に伴走することになりました。

デザイナーの仕事がバラバラに広がった結果、旧来の「スキル」ベースの尺度では、それぞれのメンバーのパフォーマンスを測定しきれません。そこで、「事業インパクト」を軸とした評価制度への見直しを行ったり、キャリアラダー（キャリア開発の段階を梯子《はしご》のように表現したもの）を再定義したりと、制度面の調整を行うことにしました。これらはすべて、**ＣＣＭにおける「機能面の整合」にフォーカスした取り組み**だと言えます。

しかしながら、制度（機能面だけ）をいじるだけでは、変革にはつながりません。

新たな評価制度や能力定義の浸透を図るため、これと併行して「ミドルマネジャー向けの集合研修」も実施することにしました。研修といっても単なるスキルの伝達ではなく、ミドルマネジャー同士の対話を深め、チームビルディングの機会とすることを主眼に置いた学びの場です。

そのとき、とくに印象的だったのが、デザイン組織の部門リーダーであるCDO（Chief Design Officer）の伊藤セルジオ大輔さんによるストーリーテリングです。

彼はデザイナーとしても十分に実績があり、自身でもデザイン事務所を経営していたのですが、あるとき会社からCDOへの就任を打診されたそうです。当時の伊藤さんは40歳。まさに人々がアイデンティティ危機に陥りやすいタイミングであり、実際、このオファーを引き受ける覚悟を決めるまで、大きく葛藤したといいます。

驚くべきことに、伊藤さんはそのときの心情を赤裸々に綴った「日記」を、研修の場で公開しました。**トップマネジャーが自らのアイデンティティ危機下の心境や、「マネジャーになる覚悟」を持つまでの心的プロセスを開示した**ことで、その場にいたミドルマネジャーたちは大いに触発された様子でした。その結果、参加者たちにも「〝マネジ

MIMIGURIが伴走したマネーフォワードの組織変革

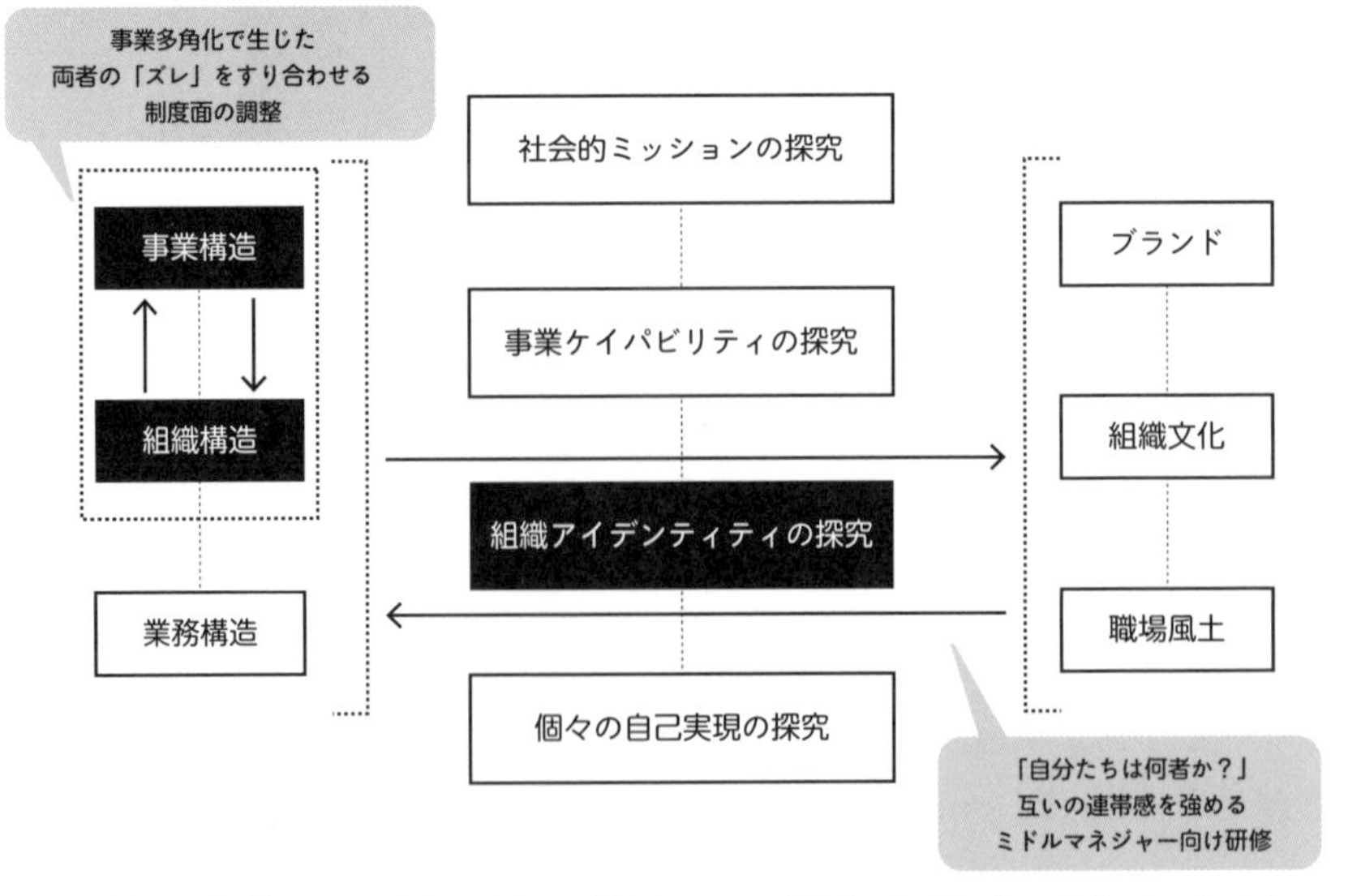

構造と文化の両軸で取り組むと、新たな探究が立ち上がる

ャーとしての鎧〟を脱ごう」という意識が生まれ、信じられないほど対話が深まったのです。

こうして、マネーフォワードでのミドルマネジャー研修は、個人とチームのアイデンティティを改めて問い直す機会になったと同時に、ミドル同士がつながり、互いの連帯感を強める場としても機能することになりました。

これは「KEY16」で解説した「構造×文化」の両面から進めるトップダウン型の変革の典型的なあり方だと言えます。トップダウン型の変革においては、トップリーダーが意思と覚悟を持つと同時に、ミドルマネジャーたちを触発しながら、変革プロセスそのものを個人とチームの「アイデンティティ探究」の機会に変えていくことが重要なのです。

冒険型ミドルマネジャーに変わるための「3つのリーダーシップ」とは？

他方で、ミドルマネジャー自身も、会社が手を差し伸べてくれるのを待っているだけではいけません。とくに、軍事的組織のなかでモヤモヤを抱えているミドル層のみなさんには、ぜひボトムアップ型変革の起点となっていただきたいと思います。

いきなり新規事業の立ち上げとまでいかなくても、まずは「小さな勉強会」を主催してみるところからで十分です。単なる「調整役」に自分を押し込めないためにも、目の前の業務を越えて**「冒険するマネジャー」として組織変革に身を投じることで、組織そのものの世界観を変えるうねりを生み出していきましょう。**

最初のうちは孤独を感じるかもしれませんし、なかなか変わらない組織に徒労感を覚えるかもしれませんが、自己実現と変革をあきらめないでいるかぎり、それはあとで必ず自身の成長やキャリアの充実にもつながります。

ミドルマネジャー自身がボトムアップな変革の起点となるには、当然ながら一定のリーダーシップが求められます。これには、周囲のメンバーを巻き込んだり、経営チームをその気にさせたりするための働きかけが不可欠だからです。

冒険型ミドルマネジャーに必要なリーダーシップ要素としては、次の3つがあります。最後にそれぞれについて見ていきましょう。

①変革を〝自分たちの物語〟に落とし込む「ストーリーテリング」
②タテ・ヨコ・ナナメ・社外とつながる「越境力」
③矛盾を乗りこなす「ネガティブ・ケイパビリティ」

［要素①］変革を〝自分たちの物語〟に落とし込む「ストーリーテリング」

ビジネスコミュニケーションにおいては、まず結論を先に述べて、そのあとに根拠を添えるのが基本だと言われます。ここには、「コミュニケーションはなるべく短く済ませるべき」「人はロジックが明確であれば納得するもの」といった前提があります。

他方で、感情や精神的なつながりを大切にする冒険する組織において意識するべきは、これまでも何度か触れてきた「**ストーリーテリング**」です。

ストーリーテリングは、論理的な正しさよりも、感情的なつながりや共感を重視するコミュニケーションです。必ずしも結論から話しはじめる必要はありませんし、語りながら結論を探っていくこともあるでしょう。**自分を押し殺して「会社」を主語にするのではなく、むしろ「私」を主語にして、主観的に語る**ことが求められます。

冒険する組織においても、ロジカルなコミュニケーションはもちろん必要です。しかし、組織変革への動きをつくっていくうえでリーダーに欠かせないのは、**「説得」のコミュニケーションではなく、新しい可能性に向けた探究を〝自分たちの物語〟として意味づけし、「共感」を生み出していくコミュニケーション**です。

［要素②］タテ・ヨコ・ナナメ・社外とつながる「越境力」

ただでさえ多忙なミドルマネジャーは、目の前の仕事だけに囚われていると、所属チーム内だけの関係性に閉じてしまいがちです。しかし、組織の靭帯となるべきミドルマネジャーこそ、タテ・ヨコ・ナナメ、さらには社外へと「越境」し、積極的につながりをつくっていくべきです。

タテの越境というのは、直属の上司・部下を飛び越えて、さらに2階層以上離れた上司（部長や部門長、統括役員など）や部下とつながることです。**ヨコの越境**とは、ほかのチームを任されているミドルマネジャーとのつながり、**ナナメの越境**は、別のチームに所属しているメンバーとの関係性をつくることを意味します。

こうした日常業務を越えた人間関係を築くときには、やはり「勉強会」がおすすめです。また、社内の部活動やサークル、飲み会などのイベントも越境の手段になります。

あるいは、思い切って業務の困りごとを、チーム外のだれかに相談してみるのもいいでしょう。MIMIGURIでは、**公式なレポートラインを越えたカジュアルなミーティングを「お茶」と呼んでいて、気軽に「お茶しませんか？」と声をかけ合えるカルチャーを大切にしています。**

［要素③］矛盾を乗りこなす「ネガティブ・ケイパビリティ」

冒険する組織において、それぞれのメンバーが自己実現に向けた探究をしていく過程では、互いの意見や方向性が食い違うことも出てくるでしょう。マネジャーとして、本当はみんなのやりたいことを尊重したいのに、どうしてもそれが難しい局面もあると思います。また、複数のチームをマネジメントする立場になると、チームごとに前提が異なっていて、組織内部での衝突や摩擦が起きてくることもあります。

こうした矛盾に直面したとき、軍事的な組織のマネジャーには、**「AかBか？」というクリアな問題を立てて、すばやく「正解」を導き出す力**が求められていました。

他方で、冒険する組織のマネジメントにおいて求められるのは、**「AもBも」を成り立たせる答えが見つかるまで、パラドキシカル（逆説的）な状況にじっくり向き合い続ける力**です。

このように、不確実で曖昧な事態にも耐えながら、そこにある矛盾を乗りこなしていく力のことを**「ネガティブ・ケイパビリティ」**といいます。

ミドルマネジャーが組織変革を起こしていくためには、このネガティブ・ケイパビリティを磨く視点が欠かせません。矛盾に向き合うための思考法については、拙著『パラドックス思考』[46]で丁寧に解説しておいたので、ぜひそちらもご覧ください。

KEY 19 企業の「アイデンティティ危機」を変革のチャンスにする

会社にも「キャリアの階段」がある
——人・組織に共通する「3つのフェーズ」

前節では、ミドルマネジャーの「悩みやすさ」の原因が、「アイデンティティ危機」にあることを説明しました。

いちプレイヤーとして確固たる「得意技」を確立し、たしかなパフォーマンスを発揮してきた人ほど、マネジャーのポジションに置かれることで、「私らしさ」の認識が揺らぎ、なんのために働いているのかが見えなくなりがちです。また日本の場合、マネジャーになるタイミングはさまざまな社会的役割が変化する中年期とも重なりやすく、いわゆる「ミドルエイジ・クライシス（中年の危機）」に陥るケースも少なくありません。

この段階のアイデンティティ危機に正面から向き合い、なんらかのかたちで「新しい自分」を発見できた人は、よりいっそう成熟したミドル－シニア期を迎えることになります。そのフェーズでは、自分の「できること」や「らしさ」を周囲に還元するべく、より大きな社会的ミッションが探究されることになります。

この節で触れておきたいのは、**「ケイパビリティ（得意技）の探究→アイデンティティ（らしさ）の探究→社会的ミッションの探究」という「個人におけるキャリア発達」と同様のプロセスが組織にも見られる**ということです。しかも、これら3つの「企業のキャリアフェーズ」は、それぞれCCMにおける「探究の整合」の各要素に対応しています。

まず、創業してまもないスタートアップ企業にとって、なによりもの優先事項は、とにもかくにも最初の事業を成功させ、市場のなかで一定のポジションを築くことです。これは自社の「事業の得意技」を確立させるステージであり、「事業ケイパビリティ探究期」と呼ぶことにしましょう。

他方で、1つの事業で成功を収めた企業は、同じ分野でひたすらシェアを獲得するばかりではなく、第二、第三の新規事業を立ち上げ、いわゆる**「多角化」のフェーズ**に入っていくことになります。そして、事業ケイパビリティ（得意技）を増やしていくなかで、企業が直面することになるのが「**組織アイデンティティの危機**」です。

一般に、多様な事業へと手を広げていくこのフェーズでは、従業員数も100名を超えて、場合によっては1000名程度にまで組織規模が拡大していることも少なくありません。しかも、事業が広がっている分、さまざまな部門・チームが生まれ、組織構造も多層化し、働いているメンバーの価値観や関心も以前とは比べものにならないくらい多様化しているはずです（まさに404ページで触れたマネーフォワードのデザイン組織のような状態）。

1つのビジネスだけを追い求めていた時代には、「私たちは〇〇をする会社である」「〇〇こそが自分たちらしさである」と言い切れていた会社も、**多角化に伴って「自分たちは何者なのか？」「なんのために事業をやっているのか？」が見えなくなっていきます**。とくに、自社のアイデンティティに強く結びついていた既存事業が環境変化によって停滞することになったり、「自分たちらしさ」とは縁

企業の成長ステージ

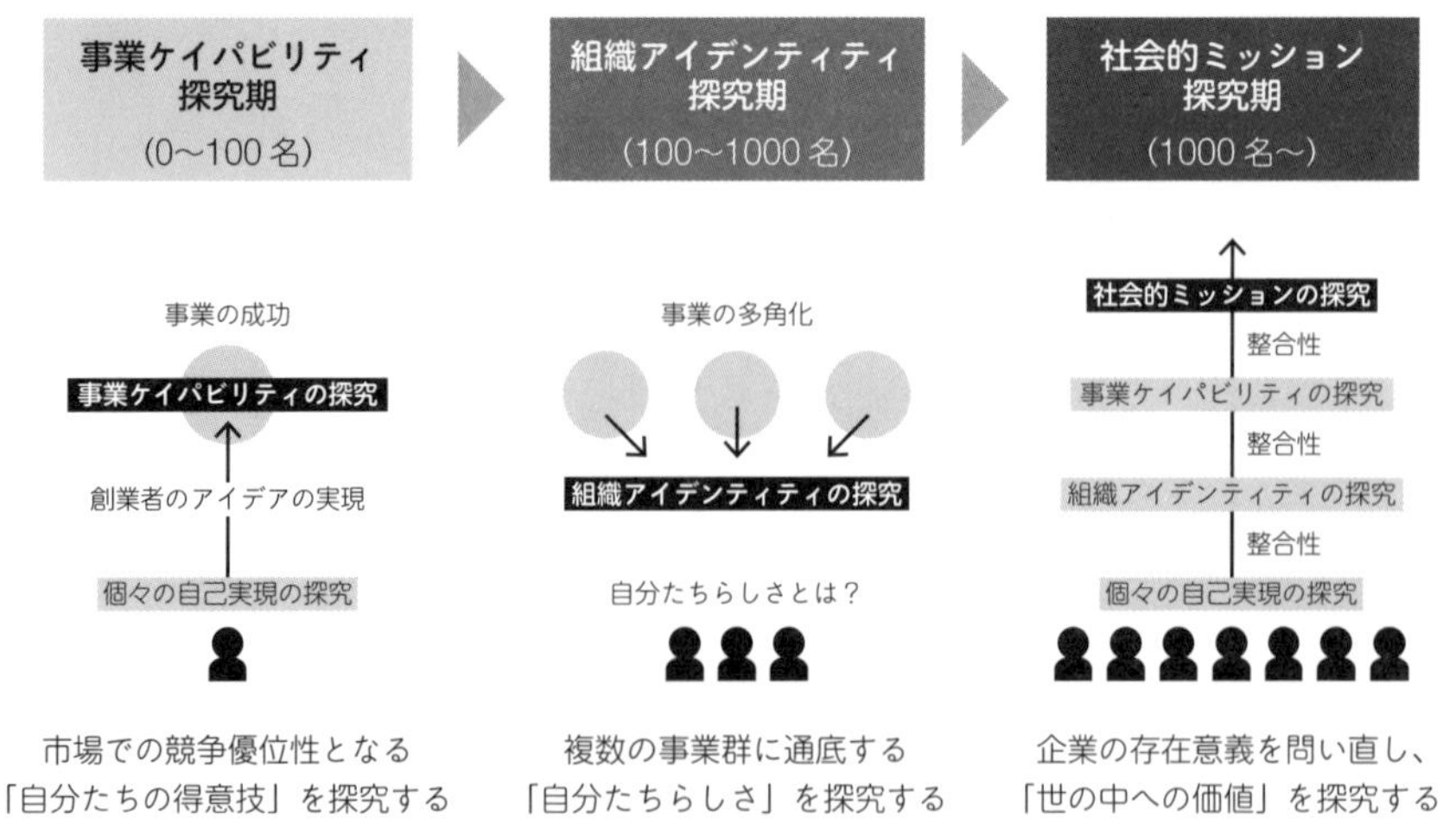

会社もまた「人間のキャリアステージ」と相似形で成長する

遠く思えていた新規ビジネスが自社内で急に成長しはじめたりしたとき、多くの企業は「自分たちらしさ」を見失います。

このフェーズに入った組織は、自社の構造と文化を整合させつつ、自分たちのアイデンティティを再定義する必要に迫られます。これを「**組織アイデンティティ探究期**」としておきましょう。

そして最後に訪れるのが、事業ケイパビリティの向上、組織アイデンティティの問い直しのみならず、同時に、**企業の「社会における存在意義」が問われてくる段階**です。事業の多角化に成功し、それらを束ねるような「らしさ」が生まれている企業では、従業員数が1000名を超える規模になっていることも珍しくありません。株式が上場していたりすれば、社員以外にもさまざまなステークホルダーが存在し、より強く社会的責任が求められるようになっているはずです。

この3つめのフェーズが「**社会的ミッション探究期**」です。［KEY2］で触れたとおり、リクルートは以前から掲げていた「まだ、ここにない、出会い。」というミッションを「まだ、ここにない、出会い。より速く、シンプルに、もっと近くに。」へと更新しました（219ページ）。これは、同社の経営陣がより高次な価値提供を探究した結果、それと整合するようにステートメントをアップデートした典型的なケースだと考えられます。

すべての企業がこのとおりに発達していくわけではありませんし、もちろん、「スタートアップは社会的ミッションを無視していい」「メガベンチャーはもはや事業ケイパビリティを磨かなくていい」という話でもありません。

どんな会社にとってもそれぞれの探究は欠かせませんが、組織変革を進めていくにあたっては、**「自社がどのキャリアフェーズにあるのか？」を意識し、注力すべきポイントを絞り込んでいく必要があるのです。**

たとえば、会社が明らかに「組織アイデンティティ探究期」に入っていて、新たな「らしさ」の確立が求められているのに、いつまでも事業ケイパビリティの増強・拡張ばかりに焦点を当てた変革をしていても、組織内のズレはなかなか解消されないでしょう。

「多角化」の時代だからこそ、「らしさ」を見失いやすい

このように、**個人の成長と会社の成長にはよく似た側面があります。**個人がそれぞれのキャリアフェーズで特有の悩みにぶつかるのと同じように、組織もまたそれぞれのフェーズにおいて「壁」にぶつかります。

3つのなかでもよく見られるのが、「組織アイデンティティの危機」です。**中年期にマネジャーになった人と同じように、ある程度成熟した組織もまた、「会社版ミドルエイジ・クライシス」を迎えることになる**のです。

しかも、現代のように不確実性の高い環境においては、単一の事業だけで会社を存続させていくのはきわめて困難です。したがって、二本足、三本足で自社を支える「**多角化経営**」は、中小企業にとってもあたりまえのものになっていくでしょう。

1つの領域での深掘りを進めながら（知の深化）、さまざまな可能性を探って道を広げていけば（知の探索）、当然ながら組織は「自分たちは何者なのか？」を見失いやすくなります。その意味で、**「多角化経営の時代＝組織アイデンティティ危機の時代」だとも言える**のです。

しかし、ここにあるのは決してネガティブな意味合いだけではありません。ミドルマネジャーにおけるアイデンティティ危機が「新しい自分」を見つけるうえでの好機になり得たのと同じように、**組織アイデンティティの危機もまた、組織変革にとっては絶好のチャンス**だと言えるからです。

実際、このタイミングで自社のアイデンティティを問い直すことで、みごとに生まれ変わる企業は少なくありません。経営理念を刷新するだけでなく、思い切って社名そのものを変更するなどして、自分たちのアイデンティティを更新するというケースすらあります。

たとえば、かつての**ビズリーチ**には、ハイクラス転職サイト・採用支援サービス「BizReach」を運営するチーム以外にも、新規事業開発を担うインキュベーション組織などがありました。そこで同社は、2020年に「ビジョナル株式会社」というホールディングカンパニーを設立し、その子会社として「株式会社ビズリーチ」や新会社の「ビジョナル・インキュベーション株式会社」を位置づけるという決断をしています。

「ビジョナル（Visional）」という社名には、「未来に生まれるさまざまな課題を、次々と『新しい可能性（＝ビジョン）』に変えていこう」という思いが込められているそうです。これはまさに、多角化した事業ケイパビリティを包括するような新たなアイデンティティを、ホールディングカンパニーの設立によって確立し直した事例だと言えるでしょう。〈47〉

組織のモヤモヤは「新たなアイデンティティ」の予兆
——MISHのケース

「自分たちらしさ？　そんなことに悩んでいられるのは、都会にある〝意識の高い〟大企業だけなのでは？」

そういう声をいただくことがありますが、決してそんなことはありません。

むしろ、**地方の老舗企業や中小規模の会社のほうが、組織アイデンティティの危機に直面する場面は多い**のではないかと思います。

ここで、MIMIGURIが伴走してきた企業のケースをご紹介しましょう。お伝えするのは、静岡県三島市にある**三島新聞堂**（**現・MISH**）という会社のお話です。

同社はその前身が1922年に創立され、新聞や折込チラシの販売・配達事業を中心として、地元のニーズに応えてきた老舗企業です。

新聞の購読者数が全国的に減少の一途をたどっているなか、同社でも新聞売上は低迷を続けていました。全国紙でも同じような動きがありますが、同社エリアで最大部数を誇る「静岡新聞」も紙の夕刊をとりやめて、朝刊とともにデジタル版の普及に注力しています。

もちろん、三島新聞堂もただ指をくわえて見ていたわけではなく、さまざまな取り組みをしてきました。とくに近年では、新聞市場の急速な縮小に対応するべく、新聞中心の事業構造を見直し、ビジネスの多角化を進めていました。そのなかで、彼らの次なる柱として見据えていたのが「広告事業」でした。

しかし、本気で広告事業のケイパビリティを磨き込んでいくとなると、「三島新聞堂」という社名との不整合は避けられません。そこで、社名などのリニューアルについて、私たちのところにご相談いただいたのが２０１９年のことでした。数年後に控えた「創業１００周年」のタイミングに向けて、同社はなんとか新たなアイデンティティをつくり直したいと考えていたのです。

ここからもわかるとおり、同社を動かしていたのは**「このままではまずい……」という危機感**だけではありませんでした。せっかく地域に対して情報やモノ・サービスを届けるネットワークを持っているのだから、これまで培《つちか》ってきたケイパビリティを「新聞」という分野だけに限っておくのは**「もったいない！」という意識**があったのです（３６８ページ）。

結論から言えば、三島新聞堂は２０２１年１月１日より社名を「株式会社ＭＩＳＨ《ミッシュ》」へと変更しました。新社名に「新聞」を入れなかったことが、社内外に対する大きなインパクトを生み、同社のさらなる変革推進のきっかけとなったのは間違いありません。

さきほど紹介した企業のキャリアステージでいえば、Ｍ

MISHにおける変革プロジェクトの全体像

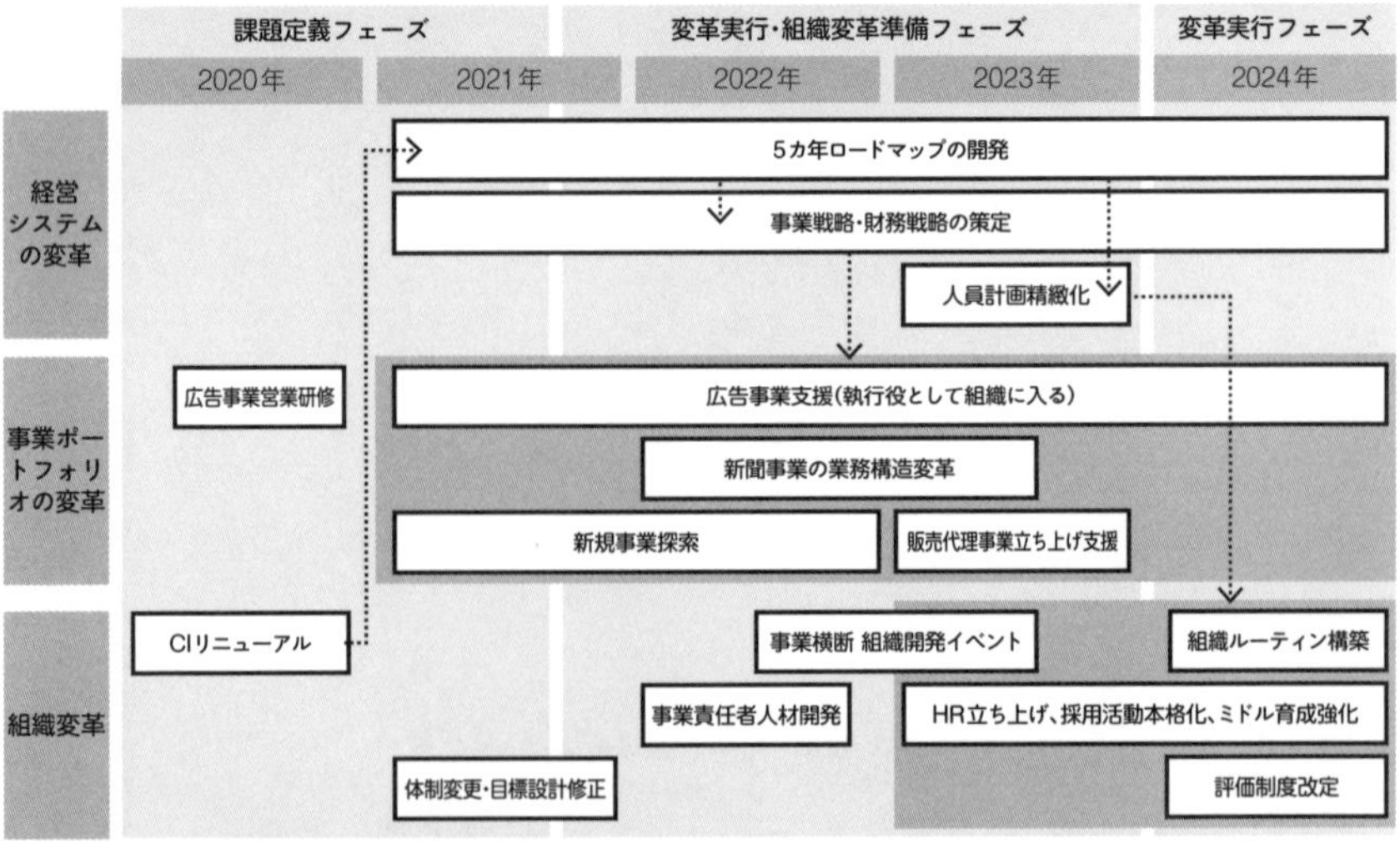

既存事業縮小・事業多角化に伴う不整合から生じる課題を、「組織アイデンティティ」を軸に段階的に解消

ＩＳＨは創業から約１００年間にわたってずっと「事業ケイパビリティ探究期」にあったと言えます。しかし、外部環境の変化を受けて、「新聞の販売・配達」という既存の事業ケイパビリティだけに頼らない次なる道が見えてきました。そこで、新しい「自分たちらしさ」を確立する「組織アイデンティティ探究期」にいよいよ入っていったのです。

ここで注意していただきたいのは、ＭＩＳＨでの事例は**「社名を変更すると、組織アイデンティティが再確立できる」などという安易な話ではない**ということです。

当初のご依頼は「広告事業へのシフトに伴う、社名とコーポレートアイデンティティ（ＣＩ）のリニューアル」でしたが、実際のところ、私たちはそれにとどまらない広範な取り組みを伴走させていただきました。つまり、新たな組織アイデンティティや事業ケイパビリティにマッチするよう、組織構造や事業構造の変革についても、同時並行でサポートしていったのです（右図参照）。

たとえば、ビジネスモデルマップや5カ年のロードマップ、それに必要な人員計画や評価制度を新たに策定したうえで、それらについて振り返る対話プログラムを用意し、ブラッシュアップを重ねていきました。

また、新社名に込めたアイデンティティが社内によりいっそう浸透していくよう、経営陣とのワークショップを行い、新たなロゴの作成、ミッション・ビジョン・バリューの開発、コーポレートサイトの制作、名刺デザインのリニューアルなどの取り組みも行っています。

つまり、**ＣＣＭで言うところの「構造の機能的整合」と「文化の精神的整合」とを同時に実現できるよう、あらゆる変革に伴走した**のです。

さらに、組織アイデンティティの刷新に伴って、**ＣＣＭにおける縦のライン「探究の整合」とバランスをとるための取り組みも用意しました。**

たとえば、同社はすでに広告事業へと舵を切る決断はしていたものの、当初はまだまだ営業力の面で不安がありました。そこで、広告営業メンバー向けのスキル研修を行ったり、実際にＭＩＭＩＧＵＲＩのコンサルタントがマネジャーとして同社に参画して、課長クラスの育成にも携わったりしたのです。これは、**新たな組織アイデンティティに見合うよう、事業ケイパビリティそのものを底上げする試み**だと言えるでしょう。

また同社では、組織アイデンティティを探究するなかで見えてきた「お客様の願い（ＷＩＳＨ）の実現」という社会的ミッションの探究に向き合う姿勢も生まれています。

CCMで読み解くMISHでの取り組み

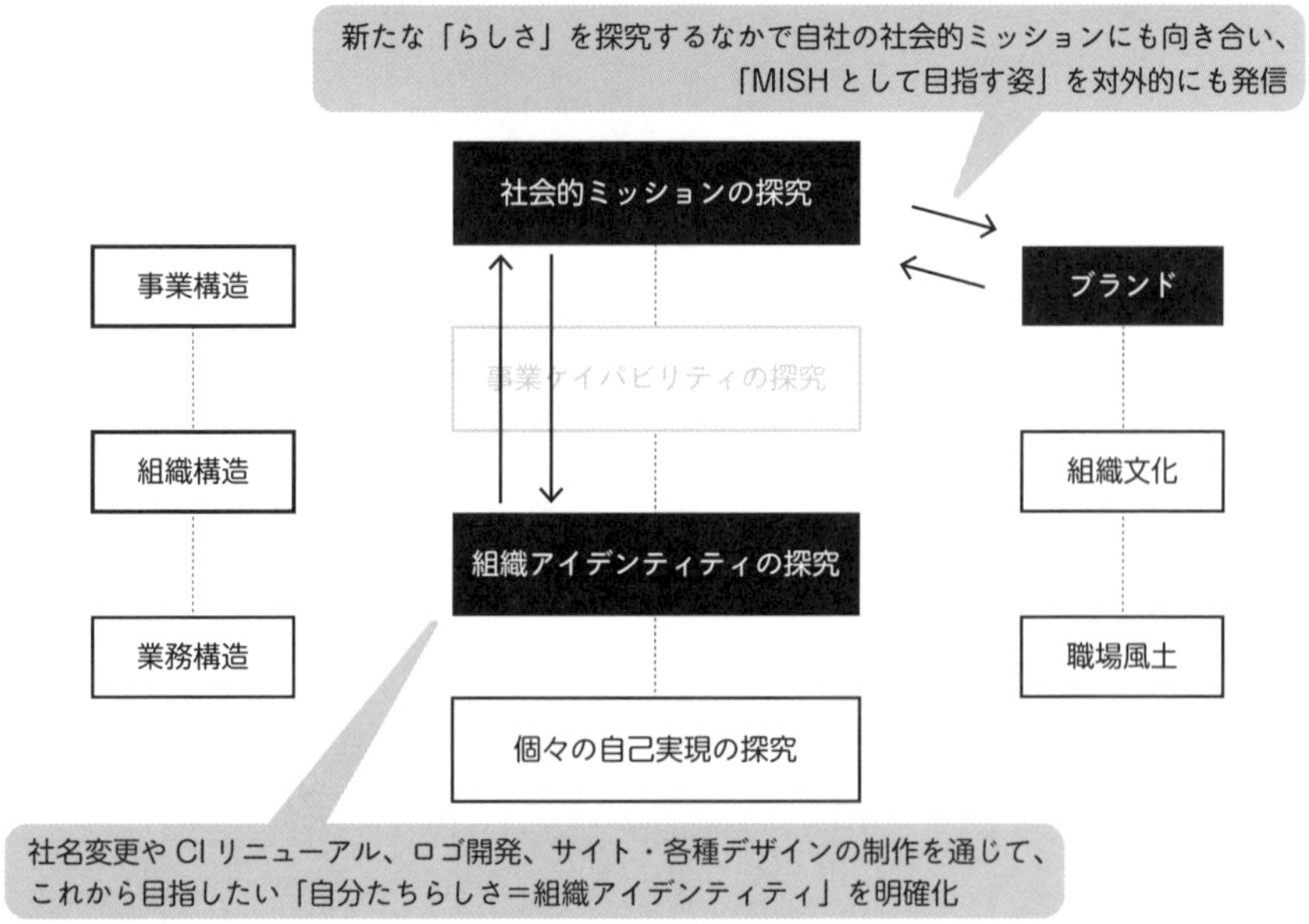

社名変更のタイミングで新聞広告を出すなど、自分たちが目指す姿を対外的にも発信し、ブランドの構築なども並行して進めていきました。

以上、**自社のアイデンティティ危機をみごと「変革のきっかけ」に変えた事例**として、MISHのエピソードをご紹介しました。

繰り返しになりますが、個人にとっても組織にとっても、「自分らしさ」が見えなくなるアイデンティティ危機には、決してネガティブなばかりではない側面があります。むしろ、**アイデンティティ喪失に伴う閉塞感やモヤモヤは、「これから新しい自分に生まれ変わろう」としているシグナル**なのです。

実際、MISHで変革を主導した経営チームメンバーの1人が、一連の変革プロセスを振り返りつつ、「**葛藤したり悩んだりしながら変えていくこと、それ自体がじつは楽しいことなんだと気づきました**」と語っていたのがとても印象的でした。〈48〉

MISHが社名変更のタイミングで打った新聞広告

KEY 20

垣根を越えた仲間へ。健全な「出会いと別れ」をデザインする

「履歴書」を提出しなくてもいい会社
——採用とは「対話」である

組織変革においては、人材の新陳代謝に対する長期的な視点も欠かせません。短いサイクルでメンバーが加入・卒業してもやっていける組織を目指すのか？　あえて長期雇用を前提とした組織にするのか——？

メンバーの新陳代謝には、「その組織らしさ」が表れます。労働力人口が著しく減少しつつある日本では、深刻な人手不足に陥った結果、目先の人材確保に追われている企業も少なくありません。また、事業戦略を優先するあまり、メンバーの出入りに関する課題対応がおざなり

になっている会社もあると思います。

しかし、「人と事業の可能性を広げる土壌」としての組織づくりは、長期的な営みです。新しいメンバーの採用、既存メンバーの退職、さらには経営の継承なども含めた「人的な循環」なども含め、**「組織としてどんな〝新陳代謝〟のリズムを理想とするのか？」**について、経営チームでよく話し合っておく必要があります。

冒険的組織づくりは変化と整合の連続であり、変革に終わりはありません。その途上では、出会いもあれば別れもあります。「最高の仲間が揃っている！」と実感できても、同じメンバーで同じ関係性のままずっと組織が続くことはないのです。

というわけで、最後のカギとなる［KEY20］では、**「採用」と「退職」のマネジメント**に触れておきたいと思います。

軍事的組織における採用とは、「**〝優秀な人材〟を確保する活動**」です。ここでは、あくまで事業目標を達成することが求められているので、戦略上の要件定義に適合していて学歴・経歴・資格・スキルなどのスペックが高い人材をできるだけ多く調達しようとします。「そのうちの何割かが生き残って活躍してくれればいい」といった適者生存的な考え方です。

一方、冒険する組織における採用は、「**〝波長が合う仲間〟を探す活動**」です。もちろん、事業の方向性に沿った人材であることは大前提ですが、ただスペックの優秀さだけではなく、「波長が合うかどうか」、つまり、**機能的な整合だけでなく、精神的な整合を築けそうかどうか**が重視されます。どれほど優秀であっても、冒険する組織においては〝波長が合う仲間〟でなければ、その才能を発揮して活躍し続けることは難しいからです。

採用段階でそんなことはたしかめようがない――そう考える人もいるかもしれません。しかし、旧来の採用のやり方に縛られずに工夫すれば、いくらでもやりようがあります。たしかに、どれだけ履歴書を眺めたり、過去の実績を尋ねたりしても、採用候補者が組織の精神的側面とマッチするかは判断しようがありません。**波長が合うかどうかをたしかめるために唯一できることがあるとすれば、それは「対話」**です。チームづくりと同様で、採用面談においても対話を重ねていくプロセスは不可欠です。

これまでどんなアイデンティティ探究を繰り返してきたか、どんな自己実現の展望を持っているのか、組織のカルチャーに合いそうか、ほかのメンバーとコラボレーションできそうか、一緒に探究を続けていけそうか――。さまざまな問いかけを繰り返しながら、時間をかけてじっくりお互いを理解していくのです。

こうした考えから、ＭＩＭＩＧＵＲＩでは採用時にいわゆる「履歴書」の提出を必須にしていません。その代わり、入社前に最低でも5回以上は面談を重ねるようにし、十分にお互いの理解を深めてから仲間に加わってもらうようにしています。

「これまでどんな探究をしてきたのか？」について詳しく語り合っていく過程で、相手のこれまでの職歴や業務内容についても把握できるので、スキル上のミスマッチが起きることはまずありません。ただし、決まったフォーマットに基づいて表面的なスペックを洗い出すことをしていないので、入社してしばらく経ってから仲間の出身大学や保有資格を知るといったサプライズはよくあります。

入社前からお互いを知り尽くす
――「メンバー巻き込み型」の採用面談

一方で、求職者が自身のキャリアについて、あらかじめ十分にリフレクションできているともかぎりません。

いきなり「あなたのアイデンティティは？」「転職したらどんな探究がしたい？」などと問いかけても、すらすらと答えてもらえることは稀でしょう。むしろ、**採用面談の場を通じて本人のアイデンティティの言語化を促していく**くらいのつもりで、粘り強く問いを投げかけていくしかありません。

このとき大切なのは、**求職者を一方的にジャッジする側に立たない**ことです。自分たちがこれまで考えてきたこと、いま考えていることを対等に開示し、「お互いを理解していくための場」として面接をデザインするようにしましょう。

採用する側が審査の眼を強めすぎると、相手側にも「よく見られよう」とする意識が働き、互いに取り繕ったコミュニケーションに陥りかねません。

また、面接の場には、できるかぎり幅広いメンバーに同席してもらい、多様な視点から相互理解を深めることも重要です。人事担当者や経営層、マネジャー層だけでなく、**所属候補先のリーダーやメンバーも採用面談に巻き込んで、求職者と同じ目線で対話に参加してもらう**のです。

スペックよりも波長が合うかどうかが大事なので、経営・人事が「採用したい！」と思えるだけでなく、**いま働いている人たちが「一緒に働きたい！」と思えなければ意味がありません。**求職者にとっても、人事やマネジャー層と話すだけではなかなか見えてこない「現場の雰囲気」をつかめるというメリットがあります。

同じ会社に長く勤めていても、自分のキャリアを振り返りながら、同僚と時間をかけて何度も語り合うという機会はほとんどないと思います。**入社前にこれだけの深い対話を繰り返しておけば、いわゆる「オンボーディング」もきわめてスムーズに進みます。**

また、このような対話を繰り返したあとに、もし不採用という結論になったとしても、それは決して時間の無駄ではありません。その人とはいずれどこかで縁がつながるかもしれないからです。さらに、所属候補チームのメンバーにとっては、会社を代表して求職者とコミュニケーションすることで、自分たちのキャリアを内省したり、チームのアイデンティティを見直したりする機会にもなります。**「メンバー巻き込み型採用」**がチームづくりにとって有効だという論点については、［KEY6］でもご紹介しました（263ページ）。

また、採用面談に時間をかける分、**「リファラル採用**（社員による紹介採用）」を積極的に活用したり、なるべく波長が合いそうな人にエントリーしてもらえるよう募集段階で工夫したりして、あらかじめ候補者を絞り込むことも大切です。

そのためには、「プロダクト／サービスのブランディング」と「採用のための広報活動」を切り離して考えるのではなく、地続きのものとして設計していくことが求められます。つまり、小手先の技術やデザインで自分たちの「外面」を取り繕うのではなく、できるかぎり**自分たちの「自然体」を社外に発信することに力を入れるべき**です。これは、CCM右側の縦ラインにおける「文化の整合（職場風土－組織文化－ブランド）」をつくっていく考え方です。

たとえばMIMIGURIでは、自社の実績を伝えるオウンドメディアの「ayatori」、組織づくりの最新知見を発信するウェブメディア「CULTIBASE」をはじめ、さまざまな映像・音声・

テキストコンテンツを配信しています。

このとき大事なのが、社内の広報部門だけではなく、経営陣やミドルマネジャー、事業部の現場メンバーも含めて、まさに「全員参加」でコンテンツを発信していくということです。こうすることで、MIMIGURIが展開するサービスの価値だけでなく、内部の文化や風土も含めた情報が「丸裸」で伝わります。波長が合う仲間を集めるためには、こうした情報発信が最も効果的だと感じています。

「辞めます」と言われたとき、「冒険する上司」が真っ先にやること

かつてのような終身雇用の前提が崩壊し、転職が当たり前になった現代において、会社から人が離れていくことは、もはや「日常」になりました。これは組織の世界観が軍事的だろうと冒険的だろうと同じです。どんなに波長の合う職場であっても、自身のキャリアを探究していく過程で「会社を離れる」という結論にならざるを得ないときはあるのです。

とはいえ、メンバーからの「会社を辞めます」という突然の申し出は、どんなリーダー、マ

ネジャーにとってもショッキングなものです。これからさらなる活躍を期待していて、さまざまにサポートしてきた仲間が、いきなり会社を去るとなればなおさらでしょう。「自分に至らないところがあったのでは……」と落ち込んだり、「なんと恩知らずな人間なんだ！」と怒りを覚えたりと、ふだん冷静な人であってもつい感情的に反応してしまいがちです。

ですが、冒険型の組織づくりを進めるマネジャーにとって、**メンバーからの退職希望は「対話のチャンス」**です。もしそれが「寝耳に水」の申し出であったのならば、それは相手のなかのアイデンティティの変化や葛藤、新たな自己実現欲求の芽生えなどをうまくキャッチできていなかった証拠です。つまり、それに気づくための「対話」が不足していたということなのです。

個人のキャリアにおいて「会社を辞める」という選択は、きわめて大きな主体的決断であり、本人の内面を深く知り得る絶好のチャンスでもあります。退職の意向は尊重しつつも、これまでどんな葛藤や心境の変化があり、どんなビジョンに基づいて転職という意思決定に至ったのかを、時間をかけてじっくりと聞いてみてください。

たしかに、メンバーの転職理由について尋ねるというのは、あまり気の進まないことかもしれません。組織に対する不満はもちろんですが、上司である自分に落ち度があるかもしれないからです。ですが、ここでの対話を先延ばしにする理由はありません。できるだけ早いうちに、じっくり話を聞く時間を持つことをおすすめします。

このとき、転職を思いとどまらせようとして、「引き止めの説得」を試みる人もいると思いますが、ぜひ心に留めておいていただきたいことがあります。それは**「対話と説得は違う」**ということです。

「できればこのまま残ってほしい」という気持ちや、相手への期待・評価をきちんと伝えることはもちろん大事ですが、あくまでも相手がどのような考えで退職を決意したのかに耳を傾けて、相手のキャリアにとってベストな選択を一緒に探る姿勢を貫きましょう。

そして、じっくり対話した結果、退職という意思決定に心から共感できたのならば、応援して背中を押してあげればいいのです。

ただし、退職理由について対話をする過程で、「わざわざ転職をしなくても、会社でまだチャレンジできる余地があるのでは？」と思えるような場合には、いまの職場で本人の自己実現を叶える道がないかについて、一緒に検討してみましょう。

実際、こうした対話を通じて本人のなかに新たなミッションが見つかった結果、退職を思いとどまることになっただけでなく、以前よりもモチベーションやエンゲージメントが高まるようなケースもあります。

考えてみればこれは当然です。**退職や転職を考えるということは、本人がそれくらい真剣に自身のキャリア探究に向き合っているという証拠**だからです。退職を決意するほど強い思いがあるのだから、まずはそれをしっかりと汲み取ることを考えるべきです。

これはクレーム連絡をしてくる顧客が、潜在的には優良顧客になり得るのと似ているかもしれません。クレームを出すということは、そのプロダクトやサービスに大きな期待を寄せて、強くコミットしようとしてくれていた証拠です。だからこそ、クレーム客に対して真摯《しんし》に対応した結果、その人が企業そのものの熱烈なファンに変身するという現象がしばしば見られるのです。

メンバーからの退職の申し出は、強固なつながりを生み出すための対話のチャンス——そんなふうに気持ちを切り替えましょう。

「会社を辞める＝仲間をやめる」ではない
——「アルムナイ」をつなぐ冒険的ネットワーク

いくら丁寧に対話を行っても、本人の退職の意思が変わらないケースは当然あります。たとえその判断に心からは共感できなかったとしても、最後はやはり本人の考えを尊重しましょう。

このときも、軍事的組織でよく見られるような「チームを見捨てた」「裏切った」「脱落した」

というものの見方は最悪です。あくまでも、共に冒険をしてきた仲間が、前向きな理由で組織を巣立っていったと考えるべきです。なにが起こるかわからない不確実な世の中ですから、またどこかで一緒に冒険をすることになるかもしれません。

冒険的世界観においては、チームとは精神的なつながりをベースにした共同体です。**会社を辞めて機能的なつながりがなくなったとしても、「共通体験」を持った仲間であることに変わりはない**のです。

実際、「一度辞めた人間は、二度と会社の敷居をまたがせない」というような考え方は、過去のものになりつつあります。背景には人手不足などののっぴきならない事情もあるものの、いわゆる**「アルムナイ（卒業生＝中途退職者）」のネットワークをコミュニティ化したり、そこからの「出戻り採用」を進めたりする企業**も大手を中心に増えてきました。

冒険の仲間は、同じ組織の内側にしかいないわけではありません。かつての仲間と事業パートナーとして一緒に仕事をしたり、クライアントとして関わったり、再び会社に合流してもらったりと、アルムナイ（＝組織の外にいる仲間）とのつながりには、無限の可能性があります。

ＳＮＳなどでつながりを保っておく、アルムナイネットワークをつくって「同窓会」を定期開催する、勉強会やセミナーなどのイベントに参加してもらうなど、**組織の新陳代謝をデザインするときには、退職者とのつながりづくりもセットで考える**ようにしましょう。

おわりに

「はじめに」でも述べたとおり、私自身はもともと「組織」や「会社」というものがあまり好きではありませんでした。どちらかと言うと、嫌いだったように思います。

幼少期から納得のいかない規則や慣習に縛られるのがイヤで、なるべく校則がない自由な私立校に進学しましたし、「会社では働きたくない」と漠然と感じていたことが、大学院に進むことに決めた理由の1つだったように思います。

そんななかで、私の人生を変えてくれたのが「ワークショップ」でした。

ワークショップとは、1つの場に複数人が集まって、ふだんはやらないような遊び心のあるテーマ設定の下で、手や身体を動かしながらなにかを創りだしていく学びの手法です。

よくよく調べていくと、この方法論には100年を超える歴史があり、アート・まちづくり・学校教育・カウンセリングなど、企業以外のさまざまな領域でも実践されてきたことが見えてきました。

ワークショップの根底には、「上位下達《じょういげたつ》」で物事が決まる近代的なシステムへのカウンターカルチャー（対抗文化）としての思想が流れています。単なる「話し合い」の場ではなく、そこにいる人々の抑圧されたポテンシャルを解放する「社会運動」の場として広がってきたのです。そしてなにより、よくデザインされたワークショップは、参加する人にとって単純に楽しくて面白い！　社会運動なのに、説教臭くないのです。

そんなワークショップにすっかり魅了された私は、大学院に進学して本格的に研究を開始し、自分でも場をつくって実践するようになりました。

私のワークショップには、子どもから大人まで、幅広い人たちが参加してくれました。そのなかには吃音《きつおん》があってうまくしゃべれない小学生、不登校の中学生など、学校教育や受験戦争のシステムに疲弊した子どもたちも少なくありませんでした。彼らがワークショップという非日常の場のなかで内なる好奇心を目覚めさせ、多様な参加者たちとコラボレーションしながら自分の才能を解き放っていく場面も、たくさん目の当たりにしてきました。

そうしたなかで、私のなかには「いい集団は、個の力を解放する」「多様な個の才能がうまくかけ合わされれば、集団の力は何倍にもなる」という確信がしだいに広がっていったのです。その洞察を博士論文としてまとめ上げ、2020年に『問いのデザイン〈19〉』として出版した結果、同書はベストセラーとなりました。

そのころには企業からのワークショップ依頼も増えており、どんな会社にも「組織を変えたい！」という想いを持った大人たちがいることにも気づかされました。

そして、彼らを支援するなかで「私が忌み嫌っていた『組織』や『会社』も、捨てたものではないのかもしれない……」「悪いのは『組織そのもの』ではなくて、その背後にある『人間を道具として抑圧するシステム』にあるのではないか」と考えるようになりました。

そこで生まれたのが、本書の根底にある「軍事的世界観から冒険的世界観へ」というスローガンです。

こうして、嫌いだったはずの「組織」論が、いつしか私の探究の中心となりました。

私は「経営者」ではありますが、研究者としての専門分野はあくまでも人間の学習や心理であり、いわゆる「経営学者」ではありません。

しかし、専門外の素人だからこそ、旧来の枠組みに囚われることなく、経営における「青臭い理想」を描けるのではないか？——そのような思いの下で、本書の出版企画は立ち上がりました。

じつのところを言えば、私は当初、「組織づくり」ではなく、「フィードバックの技術」に関する本を書くつもりでした。

「人材育成におけるフィードバックのやり方にこそ、軍事的世界観が最も色濃く反映されている。いきなり冒険的世界観の経営や組織論の全体像を語るのは難しいから、まずは手堅くフィードバックの実務論をアップデートしよう」――そんなふうに考えていたのです。

しかし、書籍の構成をお願いしたライターの井上佐保子さん、そして冒険的な出版社「テオリア」を創業されたばかりの藤田悠さんらとディスカッションを重ねるなかで、「フィードバックの話だけに閉じないほうが、著者としてのメッセージが伝わるのでは？」「冒険的世界観についても、すでに伝えられることがたくさんあるのでは？」と企画のポテンシャルを広げてもらい、この本の構想に至ったのです。

まさに「仲間」の存在によって、私自身の新たなアイデンティティが覚醒していくプロセスでした。

結果として生まれたのが、本書『冒険する組織のつくりかた』です。

［第Ⅰ部 理論編］では、新時代の組織づくりのモデル「ＣＣＭ（Creative Cultivation Model）」について解説しました。

しかしＣＣＭは、まだまだ発展途上のモデルであり、アップデートできる部分があると感じています。

また、［第Ⅱ部 実践編］では、ＣＣＭを羅針盤にしながら、「目標設定」「チームづくり」「対話の場づくり」「学習文化づくり」「組織変革」という5つの視点で、冒険する組織への「20のカギ」をまとめました。

これによって現状を打開する手がかりを示せたという手応えはありますが、これが冒険する組織をつくるための〝必要十分条件〟なのかといえば、まだまだ探究の余地はあるはずです。最後まで読み進めてくださったみなさんには、本書を探究の足がかりにしていただき、ぜひ御社だけの「21番目のカギ」を見つけていただきたいと思っています。

本文でも触れたとおり、冒険する組織における探究は、ある意味では軍事的世界観のそれよりも過酷な道になるかもしれません。

軍事的世界観を脱却したからといって、「戦わなくて済む」わけではないからです。

むしろ、全員の自己実現と社会的ミッションの両立をあきらめない組織づくりに着手するとなれば、最初のうちは「やることが増えた……」「大変だな……」と感じる機会も多いでしょう。

それでも、冒険的世界観のレンズが組織やチームにだんだん馴染んでいき、ＣＣＭの実践のコツがつかめてくると、日々の組織づくりが楽しくてたまらなくなってくるはずです。

そう、冒険とは、本質的には「楽しい」ものなのです。

とはいえ、どこから手をつければいいか、迷う人もいるかもしれません。

そんな人に向けて、最後に1つアドバイスを――。

MIMIGURIの経営においても、クライアント企業のコンサルティングにおいても、私がいつもいちばん大事にしていることがあります。

それは、一人ひとりの「衝動」を起点にするということです。

衝動とは、どんな人にも幼少期から備わっているもので、いわゆるモチベーションよりも手前の、より本能的な欲求です。

好奇心にも似ていますが、もっと行動に向けてウズウズしてしまうような状態、いわば「自分を行動に駆り立てる火種《ひだね》」です。

ワークショップの理論的源流とされる哲学者のジョン・デューイは、あらゆる行為の原動力は「衝動」にあると述べました。

ロジックを超えた「衝動」に身を任せることで、私たちは古い生活形式から抜け出し、新しい習慣を生み出すことができる。しかし、時にこれが軽視され、他人によってフタをされてしまう――そう彼は指摘しています。

私が組織づくりをするときには、組織のどこに「衝動」の火種があるのか、なにが衝動にフタをしているのか、それらを見つけるところからはじめます。

衝動は、他人を介して伝播《でんぱ》する力を持っています。最初のうちはどんなに小さなものであっても、組織内を駆け巡っていくなかで、大きな会社を変えるほどの「うねり」につながり得るのです。


みなさんがこの本を読むなかでは、「ちょっと難しそうだな……」とか「うちの会社では無理かもしれない……」と感じたことが、おそらくいくつもあったでしょう。

ですが、もし1つでもワクワクしたもの、やってみたいとウズウズする感覚を抱いたものがあれば、そこにこそあなたの衝動があります。それがあなたの組織を変革する〝火種〟です。

衝動は、ロウソクの火のように、放っておけばたちまち消えてしまいます。

その火種が消えぬうちに、この本を閉じたら、思い切ってアクションに移してみてください。


どうしても勇気が出なければ、もう1人、仲間を見つけるのもいいでしょう。

どんな冒険も「2人目」が肝心です。『ONE PIECE』も、ルフィの夢に乗ってくれたゾロやナミがいたからこそ、より大きな物語につながっていきました。

まずは、自分の密かな衝動に対して、共感してくれそうな同僚と話をしてみてください。

あるいは、この書籍を題材にして、社内で読書会や勉強会を開催するのもおすすめです。

もちろん、私自身も引き続き、冒険的世界観を実現するための探究を続けていきます。私が運営するVoicyチャンネル「安斎勇樹の冒険のヒント」や、組織づくりについて学べるウェブメディア「CULTIBASE」でも、出版後の探究の成果を日々発信していきますので、ぜひ遊びにきてください。

私は、この本を読んでくださったみなさんは、探究を共に進める「仲間」だと（勝手に）思っています。

ぜひみなさんもそれぞれの場で探究を進め、本書の続きを紡《つむ》いでいただけるとうれしいです。

さあ、冒険をはじめましょう！

2024年12月10日

安斎勇樹

最新情報＆限定コンテンツを公開中！

『冒険する組織のつくりかた』特設サイト

本書をさらに楽しみ、
実践に役立てるための
限定コンテンツや著者・安斎勇樹による
イベント情報などをお届けしていきます。
ここでしか手に入らない資料や
読者限定特典も充実！

特設サイトを訪れて、
『冒険する組織のつくりかた』の世界を
もっと深く探究しましょう。
ぜひ、以下の QR コードからアクセスしてご覧ください。

https://go.mimiguri.co.jp/bouken

※一部コンテンツの利用には登録が必要な場合がございます。
※当サービスは予告なく終了することがありますので、あらかじめご了承ください。
※当サイトは MIMIGURI が運営しています。ご不明の点は info@mimiguri.co.jp までお問い合わせください。

注

〈1〉 金谷治［訳注］『孫子』岩波文庫、２０００年
〈2〉 K・クラウゼヴィッツ［著］／篠田英雄［訳］『戦争論［上・中・下］』岩波文庫、１９６８年
〈3〉 戸部良一・寺本義也・鎌田伸一・杉之尾孝生・村井友秀・野中郁次郎［著］『失敗の本質――日本軍の組織論的研究』中公文庫、１９９１年
〈4〉 Simon, H. A. (1947). *Administrative Behavior: A Study of Decision-Making Processes in Administrative Organization*, 4th. ed. 1997, The Free.
〈5〉 CULTIBASE（山縣正幸・安斎勇樹［出演］）「経営観の歴史：軍事的世界観の起源を探る」（2024/04/30）[https://www.cultibase.jp/videos/14962]
〈6〉 Global Footprint Network. National Footprint and Biocapacity Accounts 2022.
〈7〉 Gratton, L., & Scott, A. J. (2016). *The 100-year Life: Living and Working in an Age of Longevity*. Bloomsbury Publishing.（池村千秋［訳］『ＬＩＦＥ ＳＨＩＦＴ』東洋経済新報社、２０１６年）
〈8〉 Cameron, K. S. (1985). Cultural Congruence, Strength, and Type: Relationships to Effectiveness. ASHE 1985 Annual Meeting Paper; Quinn, R. E., & Rohrbaugh, J. (1983). A Spatial Model of Effectiveness Criteria: Towards a Competing Values Approach to Organizational Analysis. *Management Science*, 29(3), 363-377.
〈9〉 古屋星斗［著］『ゆるい職場――若者の不安の知られざる理由』中公新書ラクレ、２０２２年
〈10〉 安斎勇樹［著］『問いかけの作法』ディスカヴァー・トゥエンティワン、２０２１年
〈11〉 Lévi-Strauss, C. (1962). La pensée sauvage, Plon.（大橋保夫［訳］『野生の思考』みすず書房、１９７６年）
〈12〉 Heifetz, R. A., Linsky, M. & Grashow, A. (2009). *The Practice of Adaptive Leadership: Tools and Tactics for Changing Your Organization and the World*. Harvard Business Press.（水上雅人［訳］『最難関のリーダーシップ――変革をやり遂げる意志とスキル』英治出版、２０１７年）; Heifetz, R. A., & Linsky, M. (2017). *Leadership on the Line, with a New Preface: Staying Alive through the Dangers of Change*. Harvard Business Press.（野津智子［訳］『［新訳］最前線のリーダーシップ――何が生死を分けるのか』英治出版、２０１８年）
〈13〉 原泰久［作］『キングダム』集英社〈ヤングジャンプ・コミックス〉65巻（７０９話）、１４８ページ、２０２２年
〈14〉 Watson, J. B. (1913). Psychology as the Behaviorist Views it. *Psychological Review*, Vol. 20, pp. 158-177.
〈15〉 三宅香帆［著］『なぜ働いていると本が読めなくなるのか』集英社新書、２０２４年

〈16〉Han, B. C. (2011). *Müdigkeitsgesellschaft*, Matthes & Seitz.（横山陸［訳］『疲労社会』祥伝社、２０２１年）
〈17〉Erikson, E. H. (1968). *Identity: Youth and Crisis*. Norton & Co.
〈18〉山内祐平・森玲奈・安斎勇樹［著］『ワークショップデザイン論［第２版］』慶應義塾大学出版会、２０２１年
〈19〉安斎勇樹・塩瀬隆之［著］『問いのデザイン——創造的対話のファシリテーション』学芸出版社、２０２０年
〈20〉Chandler Jr., A. D. (1969). *Strategy and Structure: Chapters in the History of the American Industrial Enterprise*. MIT Press.（有賀裕子［訳］『組織は戦略に従う』ダイヤモンド社、２００４年）
〈21〉Ansoff, H. (2007). *Strategic Management*. Springer.（中村元一［監訳］／田中英之・青木孝一・崔大龍［訳］『アンゾフ 戦略経営論〔新訳　新装版〕』中央経済社、２０１５年）
〈22〉Nadler, D. A., & Tushman, M. L. (1989). Organizational Frame Bending: Principles for Managing Reorientation. *Academy of Management Executive*, 3, 194-204.
〈23〉McKinsey & Company. Enduring Ideas: The 7-S Framework. McKinsey Quarterly, March 1, 2008.
〈24〉O'Reilly III, C. A., & Tushman, M. L. (2016). *Lead and Disrupt: How to Solve the Innovator's Dilemma*. Stanford University Press.（渡部典子［訳］『両利きの経営』東洋経済新報社、２０１９年）
〈25〉尾田栄一郎［作］『ONE PIECE』集英社〈ジャンプ・コミックス〉、84巻（８４４話）、２０１７年
〈26〉Graeber, D. (2018). *Bullshit Jobs: A Theory*. Allen Lane.（酒井隆史・芳賀達彦・森田和樹［訳］『ブルシット・ジョブ——クソどうでもいい仕事の理論』岩波書店、２０２０年）
〈27〉東浩紀［著］『訂正する力』朝日新書、２０２３年
〈28〉Doran, G. T. (1981). There's a S.M.A.R.T. Way to Write Management's Goals and Objectives. *Management Review*, 70(11).
〈29〉Schein, E. H. & Schein, P. A. (2019). *The Corporate Culture Survival Guide*, 3rd Edition. Wiley.（(尾川丈一［監修］、松本美央［訳］『企業文化［改訂版］——ダイバーシティと文化の仕組み』白桃書房、２０１６年）
〈30〉Kotter, J. P. (1996). *Leading Change*. Harvard Business School Press.（梅津祐良［訳］『企業変革力』日経ＢＰ、２００２年）
〈31〉安藤史江・浅井秀明・伊藤秀仁・杉原浩志［著］『組織変革のレバレッジ』白桃書房、２０１７年
〈32〉佐宗邦威［著］『理念経営２・０——会社の「理想と戦略」をつなぐ7つのステップ』ダイヤモンド社、２０２３年
〈33〉ayatori「次の１００年に向かう組織の足並みを揃える。東急１００周年ステートメントを開発」[https://mimiguri.co.jp/ayatori/works/tokyu]
〈34〉ayatori「パーパスの解釈を多様なまま受容する。ＴＢＳグロウディアが目指す、人々の『免疫力』が向上する未来とは」[https://mimiguri.co.jp/ayatori/works/tbsglowdia/]

〈35〉 Edmondson, A. C. (2019). *The Fearless Organization: Creating Psychological Safety in the Workplace for Learning, Innovation, and Growth*. John Wiley & Sons Inc.（野津智子［訳］／村瀬俊朗［解説］『恐れのない組織――「心理的安全性」が学習・イノベーション・成長をもたらす』英治出版、２０２１年）

〈36〉 CULTIBASE（伊達洋駆・東南裕美［出演］）「『心理的安全性の誤解』の誤解」（2023/11/14）[https://www.cultibase.jp/videos/14487]／伊達洋駆［著］『60分でわかる！ 心理的安全性 超入門』技術評論社、２０２３年

〈37〉 Pearsall, M. J., & Ellis, A. P. (2011). Thick as Thieves: the Effects of Ethical Orientation and Psychological Safety on Unethical Team Behavior. *Journal of Applied Psychology*, 96(2), 401.

〈38〉 中原淳［著］『フィードバック入門――耳の痛いことを伝えて部下と職場を立て直す技術』ＰＨＰビジネス新書、２０１７年

〈39〉 Polanyi, M. (1966). *The Tacit Dimension*. University of Chicago Press.（高橋勇夫［訳］『暗黙知の次元』ちくま学芸文庫、２００３年）

〈40〉 野中郁次郎・竹内弘高［著］、梅本勝博［訳］『知識創造企業［新装版］』東洋経済新報社、２０２０年

〈41〉 野中郁次郎・竹内弘高［著］、黒輪篤嗣［訳］『ワイズカンパニー――知識創造から知識実践への新しいモデル』東洋経済新報社、２０２０年

〈42〉 Microsoftウェブサイト（Japan News Center）「ボトムアップで始めた小さな活動が全社的な取り組みに――Power Platformで市民開発を推進するトヨタ自動車」（2022/05/17）[https://news.microsoft.com/ja-jp/2022/05/17/220517-toyota-motor-corporation-promoting-citizen-development-on-the-power-platform/]

〈43〉 田中聡・中原淳［著］『「事業を創る人」の大研究』クロスメディア・パブリッシング、２０１８年

〈44〉 厚生労働省「令和５年賃金構造基本統計調査の概況」[https://www.mhlw.go.jp/toukei/itiran/roudou/chingin/kouzou/z2023/dl/13.pdf]

〈45〉 岡本祐子［著］『アイデンティティ生涯発達論の射程』ミネルヴァ書房、２００２年

〈46〉 舘野泰一・安斎勇樹［著］『パラドックス思考』ダイヤモンド社、２０２３年

〈47〉 ビズリーチウェブサイト「株式会社ビズリーチ、グループ経営体制へ移行　新グループ名『Visional（ビジョナル）』」（2019/12/23）[https://www.bizreach.co.jp/pressroom/pressrelease/2019/1223.html]

〈48〉 ＭＩＳＨの変革プロジェクトの詳細については、次の動画も参照。CULTIBASE（渡辺幸一郎・土屋正直・原田・濱脇賢一［出演］）「１００年企業の転換点。伝統と革新が共栄する企業づくりの秘訣」（2024/11/19）[https://www.cultibase.jp/videos/tradition-and-innovation-synergy]

［写真提供］iStock.com / VectorInspiration (P.38), Lilanakani (P.72), TopVectors (P.78), emma (P.84, 124, 138, 276, 293, 364), Olga Ubirailo (P.268)

著者プロフィール

安斎 勇樹（あんざい・ゆうき）

株式会社 MIMIGURI 代表取締役 Co-CEO
1985年生まれ。東京都出身。東京大学工学部卒業、東京大学大学院学際情報学府博士課程修了。博士（学際情報学）。
組織づくりを得意領域とする経営コンサルティングファーム「MIMIGURI（ミミグリ）」を創業。資生堂、シチズン、京セラ、三菱電機、キッコーマン、竹中工務店、東急などの大企業から、マネーフォワード、SmartHR、ANYCOLORなどのベンチャー企業に至るまで、計350社以上の組織づくりを支援。また、文部科学省認定の研究機関として、学術的成果と現場の実践を架橋させながら、人と組織の創造性を高める「知の開発」にも力を入れている。ウェブメディア「CULTIBASE」編集長。東京大学大学院 情報学環 客員研究員。
主な著書に『問いかけの作法』（ディスカヴァー・トゥエンティワン）、共著に『問いのデザイン』（学芸出版社）、『リサーチ・ドリブン・イノベーション』（翔泳社）、『パラドックス思考』（ダイヤモンド社）、『チームレジリエンス』（JMAM）など。本書が2冊目の単著となる。

X　@YukiAnzai
note　https://note.com/yuki_anzai
Voicy　https://voicy.jp/channel/4331/（安斎勇樹の冒険のヒント）

MIMIGURI ウェブサイト https://mimiguri.co.jp/
CULTIBASE（人と組織の探究メディア）https://www.cultibase.jp/

冒険する組織のつくりかた

「軍事的世界観」を抜け出す5つの思考法

2025年1月26日　第1刷発行
2025年4月15日　第5刷発行

著者　安斎勇樹
編集・発行者　藤田 悠
発行所　株式会社テオリア
https://theoria-inc.co.jp/
ブックデザイン　杉山健太郎
カバーイラスト　どいせな
校正　鷗来堂
編集協力　井上佐保子
発売　株式会社ディスカヴァー・トゥエンティワン
〒102-0093　東京都千代田区平河町2-16-1 平河町森タワー11F
TEL 03-3237-8321(代表) ／ FAX 03-3237-8323
http://www.d21.co.jp
印刷・製本　株式会社ダイヤモンド・グラフィック社

Printed in Japan　ISBN 978-4-7993-3117-0